华南国际知识产权研究文丛

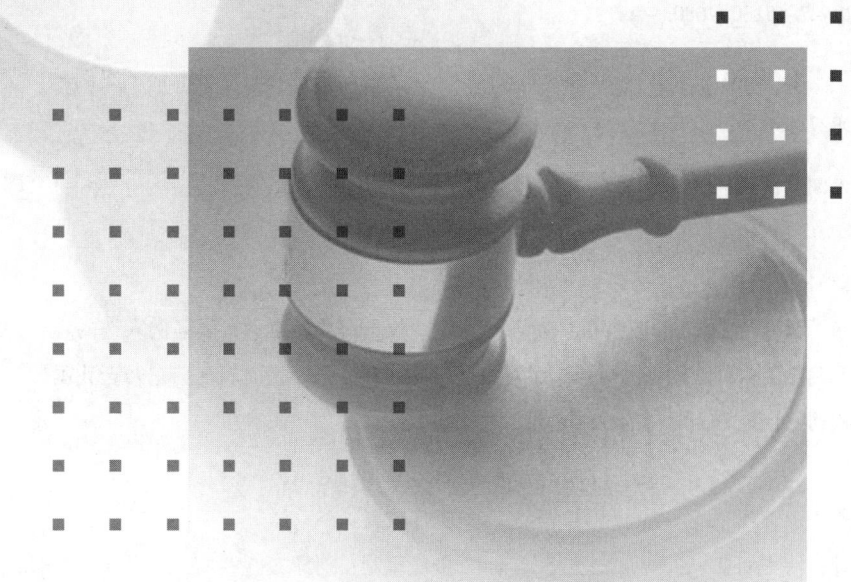

广东涉外知识产权诉讼典型案例解析 2018—2019

赵盛和 叶昌富 常廷彬／编著

知识产权出版社
全国百佳图书出版单位
—北京—

图书在版编目（CIP）数据

广东涉外知识产权诉讼典型案例解析.2018－2019/赵盛和，叶昌富，常廷彬编著.—北京：知识产权出版社，2020.4

ISBN 978－7－5130－6803－1

Ⅰ.①广… Ⅱ.①赵… ②叶… ③常… Ⅲ.①涉外经济—知识产权—民事诉讼—案例—广东 Ⅳ.①D927.650.345

中国版本图书馆 CIP 数据核字（2020）第 037620 号

内容提要

本书收录了 2018 年度和 2019 年度广东涉外知识产权十大典型案例，以案例入选的理由以及案例所确立的裁判规则等为重点，对案例进行评述和分析，进而展现广东乃至我国涉外知识产权司法保护方面取得的成绩和面临的问题。

责任编辑：王玉茂　可　为　　　　　责任校对：谷　洋
封面设计：博华创意·张冀　　　　　　责任印制：刘译文

广东涉外知识产权诉讼典型案例解析（2018—2019）

赵盛和　叶昌富　常廷彬　编著

出版发行	知识产权出版社 有限责任公司	网　　址	http://www.ipph.cn
社　　址	北京市海淀区气象路 50 号院	邮　　编	100081
责编电话	010－82000860 转 8541	责编邮箱	wangyumao@cnipr.com
发行电话	010－82000860 转 8101/8102	发行传真	010－82000893/82005070/82000270
印　　刷	天津嘉恒印务有限公司	经　　销	各大网上书店、新华书店及相关专业书店
开　　本	720 mm×1000 mm　1/16	印　　张	19.75
版　　次	2020 年 4 月第 1 版	印　　次	2020 年 4 月第 1 次印刷
字　　数	300 千字	定　　价	80.00 元

ISBN 978-7-5130-6803-1

出版权专有　侵权必究

如有印装质量问题，本社负责调换。

华南国际知识产权研究文丛
总　序

　　党的十九大报告明确指出："创新是引领发展的第一动力，是建设现代化经济体系的战略支撑。"知识产权制度通过合理确定人们对于知识及其他信息的权利，调整人们在创造、运用知识和信息过程中产生的利益关系，激励创新，推动经济发展和社会进步。随着知识经济和经济全球化的深入发展，知识产权日益成为推动世界各国发展的战略性资源，成为增强各国国际竞争力的核心要素，成为建设创新型国家的重要支撑和掌握发展主动权的关键。

　　广东外语外贸大学作为一所具有鲜明国际化特色的广东省属重点大学，是华南地区国际化人才培养和外国语言文化、对外经济贸易、国际战略研究的重要基地。为了更好地服务于创新驱动发展战略和"一带一路"倡议的实施和科技创新强省的建设，广东外语外贸大学和广东省知识产权局于2017年3月共同成立了省级科研机构——华南国际知识产权研究院。该研究院本着"国际视野、服务实践"的理念，整合运用广东外语外贸大学在法学、经贸、外语等领域中的人才和资源，以全方位视角致力于涉外及涉港澳台知识产权领域重大理论和实践问题的综合研究，力争建设成为一个国际化、专业化和高水平的知识产权研究基地和国际知识产权智库。

　　为了增强研究能力，更好地服务于营造法治化、国际化营商环境和粤港澳大湾区的建设，我们决定组织编写"华南国际知识产权研究文丛"。该文丛以广东省以及粤港澳大湾区这一特定区域内的知识产权情况为研究对象，对区域内具有涉外以及涉港澳台因素的知识产权创造、保护和运营等情况进行深入研究，为提升广东、粤港澳大湾区乃至全国知识产权创造、保护和运用水平，促进社会经济文化的创新发展，提供智力支持。

该文丛是内容相对集中的开放式书库，包括但不限于以下三个系列。

《广东涉外知识产权年度报告》系列丛书。其以广东省涉外知识产权的司法和行政保护以及广东省企业在国外进行知识产权创造和运用等情况作为研究对象，立足广东，从国内和国际两个市场，从整体上研究我国知识产权的创造、保护和运用情况，为进一步完善我国的知识产权法律制度，提高行政机构的知识产权管理和服务能力，提升知识产权的司法和行政保护水平，增强企业在国内和国外两个市场进行知识产权创造、应用和防范、应对知识产权风险的能力，进而为推动我国"一带一路"倡议、"走出去"等国家政策的实施，提供智力支持。

《粤港澳大湾区知识产权研究报告》系列丛书。其以粤港澳大湾区内的香港、澳门、广州、深圳等11个城市的知识产权情况为研究对象，全面和深入研究各地的知识产权制度以及知识产权创造、保护和运用等情况，力求推动大湾区内部的知识产权交流与合作，增强和提升大湾区知识产权创造、保护和运用的能力和水平。

《广东涉外知识产权诉讼典型案例解析》系列丛书。其以华南国际知识产权研究院每年评选出的"广东十大涉外知识产权诉讼典型案例"为研究对象，深入解读典型案例所确立的裁判规则，分析涉外知识产权司法保护中的经验和不足，以推动我国知识产权司法保护工作的发展，增强我国企业、个人防范和应对知识产权诉讼的能力。

我们期望并且相信，经过各方的共同努力，该文丛必将成为知识产权研究的特色、精品佳作，为知识产权创造、运用、保护、管理提供高质量的智力指导。

是为序。

石佑启

2019年7月10日

前　言

案例来源于实践，是生动具体的法治。在我国法律实践中，典型案例的引领、示范、指导作用日益凸显。因此，在华南国际知识产权研究院成立伊始，我们就将选评和发布广东涉外知识产权十大典型案例列为该研究院的工作重点之一，每年定时进行评选和发布典型涉外案例。至今，我们已经完成了2016年、2017年、2018年三个年度的广东涉外知识产权十大典型案例的评选和发布工作。考虑到这些案例具有较高的典型意义，为进一步挖掘案例的价值，我们决定对评选出的典型案例作"深加工"——进行较为详细的解析，出版这套《广东涉外知识产权诉讼典型案例解析》系列丛书。

我们认为，包括知识产权诉讼在内的各类民事诉讼的功能不仅在于个案的纠纷解决，而且在于确立规则；不仅在于追究个案的公平正义，而且在于为国家经济社会的发展保驾护航。在知识产权民事纠纷案件中，涉外涉港澳台地区案件虽是"小众"的，但其作为一面"镜子"，映像巨大，意义非凡。

其一，作为知识产权创造、运用的镜子，其可以在一定程度上反映我国在知识产权创造、运用方面取得的成绩和存在的不足。涉外知识产权纠纷案件绝大多数是国外或者我国港澳台地区的企业、个人以我国内地企业、个人为被告提起的维权诉讼。通过分析和研究这些案例，可以让我国企业和个人发现知识产权创造、保护和运用方面所面临的风险和存在的不足，"有则改之、无则加勉"，防范知识产权风险，推动企业的健康发展。

其二，作为知识产权保护的镜子，可反映我国知识产权司法保护的能力和水平。对于外部而言，涉外知识产权案例作为代表，可以反映我国知识产权司法保护的能力和水平；就内部来说，涉外知识产权案例作为我国知识产权审判的重要组成部分，与非涉外知识产权案例一起，可反映我国知识产权司法保护的实际情况。

需要特别指出的是，虽然所选案例为广东法院审理的涉外知识产权案件，但基于广东知识产权审判在我国所具有的重要地位，其具有较强的代表性，因此，其所反映的情况均非地方和局部性的，而是全国和全局性的。

本书是《广东涉外知识产权典型案例解析》系列丛书的第二册，所解析的案例来自华南国际知识产权研究院评选、发布的第三届广东十大涉外知识产权案例。本书的作者和分工如下：案例1~4由赵盛和博士负责解析，案例5、案例6、案例10由叶昌富教授负责解析，案例7~9由常廷彬教授负责解析。

囿于学识、能力和时间等方面的限制，本书还存在一些不足之处，敬请各位读者批评和指正。我们将会在今后的工作中更加努力，不断提高本系列丛书的编著质量，以更好地回馈各位读者。

作者

2019年12月于广州

CONTENTS 目录

第一部分 涉外专利权纠纷

1 发明和实用新型专利权利要求的解释规则 / 3

2 专利相同侵权的判断 / 67

3 外观设计专利侵权的判断标准与抵触申请抗辩的法律适用 / 88

4 涉外职务发明创造发明人报酬纠纷案的法律适用 / 114

第二部分 涉外商标权纠纷

5 NBA集体肖像权、特征识别库财产利益的法律保护 / 139

6 商标性使用与否的判断及企业名称英文翻译的规则 / 193

7 商标权利用尽原则的适用 / 215

8 商标授权程序中一事不再理原则的适用 / 254

9 确认不侵犯商标权诉讼的起诉条件 / 265

第三部分　涉外著作权纠纷

10　著作权权属认定的举证规则／285

第一部分　涉外专利权纠纷

1 发明和实用新型专利权利要求的解释规则

——大自达电线股份有限公司(日本)诉广州方邦电子股份有限公司侵害发明专利权纠纷案

裁判要旨

(1) 法院在对权利要求进行解释时,除了应当运用说明书、附图及其他相关权利要求以外,还应当结合专利审查档案进行解释,并且说明书、附图、其他相关权利要求以及专利审查档案对于权利要求的解释作用优于工具书、教科书等公知文献以及本领域普通技术人员对权利要求含义的通常理解,后者仅在前者不足以明确权利要求时起补充解释的作用。通过审查专利审查档案的内容,可以明确申请人在专利申请过程中对于专利权保护范围所作的真实意思表示与客观行为,确定国家知识产权局与申请人在划定专利权边界上达成何种一致的意见,并对社会公众形成何种公示作用,从而使法院认定的专利权保护范围符合专利权产生时所公示的边界,符合国家授予、保护这种专有性、垄断性权利的初衷,如此才能为社会公众提供明确的法律预期,避免不当压缩社会公众对于公有技术自由运用的空间。

(2) 等同原则的运用应符合涉案专利发明目的。而在涉案专利已明确将"波纹结构"作为必不可少的技术特征、说明书明确发明目的在于"提供反复弯曲……金属层难以发生破坏",专利权人在诉讼中也明确承认锯齿形、连续凹凸形等不符合发明目的的情况下,该案显然不能通过等同原则将涉案专利摈弃的内容纳入涉案专利保护范围。

入选理由

该案当事人系电磁屏蔽膜行业两大竞争对手,在中国市场份额排名分别位列第一和第三。争议技术系该行业核心技术,涉案金额将近1亿元,案件结果决定相关行业市场竞争格局,故备受社会关注,被评为广东省法院"服务创新驱动发展十大典型案例"。该案一审、二审法院通过证据保全、传唤鉴定人、咨询技术调查官以及技术顾问等程序,依法平等保护双方诉讼权利,查明相关争议事实,并根据专利权利解释规则和行业常识,对争议专利权利要求作出合理限定和正确解释,充分保障了社会公众在专利权保护范围之外的技术运用,以及后续技术创新的合理空间。

案例索引

一审:广州知识产权法院(2017)粤73民初263号

二审:广东省高级人民法院(2017)粤民终2363号

基本案情

上诉人(原审原告):大自达电线股份有限公司(日本)(以下简称"大自达公司")

被上诉人(原审被告):广州方邦电子股份有限公司(以下简称"方邦公司")

一审诉请

大自达公司向一审法院起诉请求:(1)判令方邦公司立即停止制造、销售、许诺销售侵害大自达公司专利号为ZL200880101719.7、名称为"印刷布线板用屏蔽膜以及印刷布线板"发明专利权的型号为 HSF6000－2、HSF8000－2、HSF－USB3、HSF－USB3－C、HSF－KDT－02、HSF－KDT－04、HSF－KDT－10、HSF－KDT－12 的 8 款屏蔽膜产品,并销毁专用于生产上述侵权产品的设备和模具,以及销毁所有库存的侵权产品;(2)判令方邦公司赔偿大自达公司经济损失 9200 万元、合理维权费用 72 万元,合计 9272 万元;(3)判令方邦公司负担该案诉讼费用。

事实和理由:大自达公司是专利号为 ZL200880101719.7、名称为"印刷布线板用屏蔽膜以及印刷布线板"发明专利权人,该专利至今合法有效,应受法律保护,大自达公司在该案中主张保护的是该专利权利要求 8、权利要求 9、权利要求 10。方邦公司未经大自达公司许可,擅自大量制造、销售、许诺销售侵害大自达公司专利权的型号为 HSF6000－2、HSF8000－2、HSF－USB3、HSF－USB3－C、HSF－KDT－02、HSF－KDT－04、HSF－KDT－10、HSF－KDT－12 的 8 款屏蔽膜产品,获利巨大,给大自达公司造成了巨大的经济损失,因此大自达公司提起该案诉讼,以维护自身的合法权益。

案件事实

一审法院经审理查明:2010 年 2 月 3 日,大自达系统电子株式会社向中国国家知识产权局提交发明专利原始申请文件,发明名称为"印刷布线板用屏蔽膜以及印刷布线板",申请号为 200880101719.7,其中权利要求 1、权利要求 2、权利要求 3 的内容如下:(1)一种印刷布线板用屏蔽膜,其特征在于,具有在绝缘层的单面表面形成的第一金属层,所述绝缘层的单面表面的算术平均粗糙度(JIS B 0601(1994 年))是 $0.5 \sim 5.0 \mu m$,并且所述第一金属层以沿着所述绝缘层的单面表面成为波纹结构的方式形成。(2)如权利要求 1 所述的印刷布线板用屏蔽膜,其特征在于,所述第一金属层的与所述绝缘层相反一侧的面的算术平均粗糙度是 $0.5 \sim 5.0 \mu m$。(3)如权利要求 1 或权利要求 2 所述的印刷布线板用屏蔽膜,其特征在于,所述第一金属层是使用镍、铜、银、锡、金、钯、铝、铬、钛、锌以及包含这些材料中任意一种以上的合金中的任意一种材料的层。

在提交原始申请文件后，申请人大自达系统电子株式会社对专利的权利要求进行了修改，原权利要求1修改为权利要求8、原权利要求2修改为权利要求9、原权利要求3修改为权利要求10，修改后的权利要求8、权利要求9、权利要求10内容分别为：权利要求8——一种印刷布线板用屏蔽膜，其特征在于，具有：单面表面的算术平均粗糙度（JIS B 0601（1994年））是0.5～5.0μm的绝缘层；在所述绝缘层的所述单面表面形成的第一金属层，所述第一金属层的两面沿着所述绝缘层的所述单面表面形成。权利要求9——如权利要求8所述的印刷布线板用屏蔽膜，其特征在于，所述第一金属层的与所述绝缘层相反一侧的面的算术平均粗糙度是0.5～5.0μm。权利要求10——如权利要求8或权利要求9所述的印刷布线板用屏蔽膜，其特征在于，所述第一金属层是使用镍、铜、银、锡、金、钯、铝、铬、钛、锌以及包含这些材料中任意一种以上的合金中的任意一种材料的层。原始申请文件的说明书及附图的内容未作修改。2010年8月4日，中国国家知识产权局发出发明专利申请公布及进入实质审查阶段通知书。

2011年6月27日，中国国家知识产权局发出第一次审查意见通知书，载明审查是针对下列申请文件进行的：依据《专利合作条约》第二十八条或者第四十一条提交的修改，权利要求第1～32项；2010年2月3日提交的说明书第1～188段、说明书附图、说明书摘要、摘要附图。审查意见包括以下内容：修改后的权利要求8不符合《专利法》第三十三条的规定。申请人于2010年2月3日提交的按照《专利合作条约》第四十一条作出的修改文本超出了原说明书和权利要求书记载的范围，不符合《专利法》第三十三条的规定。新提交的权利要求8修改后的技术特征"第一金属层的两面沿着所述绝缘层的单面表面形成"在原申请文件中没有记载。原申请文件仅记载了波纹结构的第一金属层和大致平坦结构的第一金属层两种实施例，没有给出第一金属层以其他方式（比如锯齿形或连续的凹凸形）的形成结构，而且该领域技术人员也不能从原申请文件记载的内容直接、毫无疑义地得到除了波纹和平坦方式以外的其他形成结构；同时由于第一金属层在绝缘体的单面形成，与绝缘体仅单面相贴，该领域技术人员也不能从原申请文件记载的内容直接、

发明和实用新型专利权利要求的解释规则

毫无疑义地得出如何将第一金属层的哪两个面沿着绝缘层的单面延展形成的结论，因此这一修改超出了原说明书和权利要求书记载的范围。修改之后权利要求8的技术方案和原技术方案相比有实质性的区别，使得新的权利要求出现了原申请中没有记载的新的技术方案，因此不符合《专利法》第三十三条有关修改不得超出原权利要求书和说明书记载的范围的规定。……申请人应当重新提交符合《专利法》规定的修改文件，并对该通知书中提出的所有问题逐一详细地作出说明。申请人对申请文件的修改应当符合《专利法》第三十三条的规定，不得超出原说明书和权利要求书记载的范围。申请人提交的任何修改都应在意见陈述书中详细陈述修改的依据和修改没有超出原申请记载范围的理由。

2011年10月25日，申请人针对上述国家知识产权局的第一次审查意见通知书作出意见陈述书：贵审查员指出权利要求8的技术特征"第一金属层的两面沿着所述绝缘层的单面表面形成"没有记载在原申请文件中，不符合《专利法》第三十三条的规定。对此，申请人将权利要求8的上述特征修改成"所述第一金属层以沿着所述绝缘层的所述单面表面成为波纹结构的方式形成"。通过上述修改，权利要求8的记载技术方案与原说明书记载的内容一致，符合《专利法》第三十三条的规定。

2012年4月20日，国家知识产权局作出第二次审查意见通知书，包括以下内容：指出权利要求1、6、8中出现了"算术平均粗糙度（JIS B 0601（1994年））"的特征，括号的使用使得权利要求限定出两个不同的保护范围，因此这些权利要求是不清楚的，不符合《专利法》第二十六条第四款的规定。此外，建议申请人也在权利要求9中对"算术平均粗糙度"采用 JIS B 0601（1994年）标准作出限定。

2012年6月11日，申请人针对上述国家知识产权局的第二次审查意见通知书作出意见陈述书：贵审查员指出权利要求1、6、8中出现的"算术平均粗糙度（JIS B 0601（1994年））"的特征因为使用括号而不清楚。对此，申请人删除了括号并保留了括号中的内容，即根据原括号中的内容在权利要求中定义了"所述算术平均粗糙度是由1994年的 JIS B 0601 标准定义的算术平均粗糙度"。同样地，申请人按照贵审查员的建议也对权利要求9中的"算术平均粗糙度"进行了"所述算术平均粗糙度是由1994年的JIS B 0601标准定义的算术平均粗糙度"的定义。通过上述修改，权利要求1、6、8、9变得清楚，符合《专利法》第二十六条第四款的规定。

2012年7月26日，国家知识产权局作出授予发明专利权通知书，指出授予专利权的发明专利申请是以下列申请文件为基础的：2010年2月3日提交的说明书第1～188段、说明书附图、说明书摘要、摘要附图；2012年6月18日提交的权利要求第1～32项。2012年10月17日，申请人由大自达系统电子株式会社变更为大自达公司。2012年11月28日，涉案发明专利授权公告，专利权人为大自达公司，名称为"印刷布线板用屏蔽膜以及印刷布线板"，申请号为ZL200880101719.7，根据2016年7月11日的专利登记簿副本，专利第8年度年费已缴纳。专利权利要求8、9、10的内容如下：权利要求8——一种印刷布线板用屏蔽膜，其特征在于，具有：单面表面的算术平均粗糙度是0.5～5.0μm的绝缘层；在所述绝缘层的所述单面表面形成的第一金属层，其中，所述算术平均粗糙度是由1994年的JIS B 0601标准定义的算术平均粗糙度、所述第一金属层以沿着所述绝缘层的所述单面表面成为波纹结构的方式形成。权利要求9——如权利要求8所述的印刷布线板用屏蔽膜，其特征在于，所述第一金属层的与所述绝缘层相反一侧的面的算术平均粗糙度是0.5～5.0μm，其中，所述算术平均粗糙度是1994年JIS B 0601标准定义的算术平均粗糙度。权利要求10——如权利要求8或权利要求9所述的印刷布线板用屏蔽膜，其特征在于，所述第一金属层是使用镍、铜、银、锡、金、钯、铝、铬、钛、锌以及包含这些材料中任意一种以上的合金中的任意一种材料的层。专利说明书包括以下等内容：背景技术［0002］一直以来使用金属层的印刷布线板用屏蔽膜是众所周知的。例如，存在下述专利文献1所公开的印刷布线板用屏蔽膜。在专利文献1中公开了一种带导电性黏结层的转印用金属薄膜片，其特征在于，在合成树脂片基材的至少一个表面层叠有金属层，该金属层和合成树脂片的剥离强度为5N/cm以下，并且，该带导电性黏结层的转印用金属薄膜片的特征还在于，在能够容易地转印到FPC等上的转印用金属薄膜片以及该转印用金属薄膜片的金属层表面层叠导电性黏结层，该导电性黏结层是在树脂组成物中分散金属粉末以及/或者碳粉末而成的。［0003］专利文献1：日本特开2006－297714号公报。发明内容［0005］近年来，在计算机、通信设备、摄像机等装置中，期望有能够更经得住从大的弯曲半径至变为小的弯曲半径（1.0mm）的反复弯曲及滑动的印刷布线板用屏蔽膜以及印刷布线板。［0006］但是，专利文献1的带导电性黏结层的转印用金属薄膜片虽然具有某种程度的可挠性，但是，对从大的弯曲半径至变为小的弯曲半径（1.0mm）的反复弯曲及滑动并没有考虑，当进行这样的从大的弯曲半径至变为小的弯曲半径（1.0mm）的反复弯曲及滑动时，存在金属层发生破坏的情况，从而导致电磁波屏蔽特性下降。［0007］因此，该发明的目的在于提供一种对于从大的弯曲半径至变为小的弯曲半径（1.0mm）的反复弯曲及滑动，金属层难以发生破坏的印刷布线板用屏蔽膜以及印刷布线板。［0009］由于金属层是具有高弯曲性的波纹结构，所以，能够提供一种对于从大的弯曲半径至变为小的弯曲半径（1.0mm）的反复弯曲及滑动，金属层难以发生破坏的印刷布线板用屏蔽膜。因此，能够提供一种电磁波屏蔽特性难以降低的印刷布线板用屏蔽膜。另外，在贴附在印刷布线板上使用时，保护印刷布线板，并且，即使印刷布线板反复弯曲及滑动，也能够维持电磁波屏蔽特性。［0098］对该发明的第一实施方式的印刷布线板用屏蔽膜进行说明。图1是本发明的第一实施方式的印刷布线板用屏蔽膜的示意剖视图。［0099］图1所示的印刷布线板用屏蔽膜10是在绝缘层1的单面（表面的算术平均粗糙度（JIS B 0601（1994年））为$0.5\sim5.0\mu m$）设置波纹结构的金属层2而形成的。［0101］作为绝缘层1的表面粗糙度的调整方法，能够举出用沙子等粒子对绝缘层1的表面自身进行打磨的喷沙法、在绝缘层1的表面涂敷分散混入微粒子的合成树脂以形成凹凸的化学粗糙法、在硬化前的树脂材料自身中预先混入微粒子并进行硬化来形成绝缘层1的混入法、利用酸性药剂或者碱性药剂等药剂进行蚀刻的蚀刻法、等离子体蚀刻法等。［0115］接着，对该发明的第三实施方式的印刷布线板用屏蔽膜进行说明。图3是该发明的第三实施方式的印刷布线板用屏蔽膜的示意剖视图。［0116］对于图3所示的印刷布线板用屏蔽膜30来说,在绝缘层21的大致平坦的单面上设置通过堆积一种以上的鳞片状金属粒子而形成的金属层22。[0072]图13的(a)是该发明的实施例1的印刷布线板用屏蔽膜的SEM照片,(b)是表示(a)的SEM照片的拍摄方向的示意图。说明书附图的图1、图3、图13见附件一。

方邦公司为证明涉案专利权利要求8中"所述第一金属层以沿着所述绝缘层的所述单面表面成为波纹结构的方式形成"的技术特征是涉案专利区别于现有技术的核心必要技术特征,提交了涉案专利说明书背景技术中提及的日本特开2006-297714号发明专利,以及另行检索的在我国台湾地区申请注册的申请号为93111834、名称为"电磁波遮蔽性光扩散片材"的发明专利。其中,日本特开2006-297714号发明专利名称为"转印用金属薄膜片",发明目的是提供一种作用电磁波屏蔽胶带材料具有优良的电磁波遮蔽性能,非常薄,并且不损伤被覆盖体的柔软性的转印用金属薄膜片以及具有导电性黏合层的转印用金属薄膜片。权利要求1为一种转印用金属薄膜片,其特征在于在合成树脂片基材的至少一侧表面压有金属薄膜层,该金属薄膜层与合成树脂片基材的剥离强度为5N/cm以下;权利要求2为根据权利要求1所述的转印用金属薄膜片,其特征在于在合成树脂片基材的表面形成有微量的凹凸,以使其光泽度为5%～30%。在说明书[0012]有以下内容:可在合成树脂片基材的表面形成0.01～5μm的微量的凹凸,作为形成微量的凹凸的方法,可列举用砂磨法打磨成型后的膜表面的方法、在成型后的膜表面涂敷在合成树脂中分散有微小粒子的涂敷剂的化学磨砂法、在成型前的树脂材料中预先混入微小粒子再成型的揉入法等。方邦公司认为日本特开2006-297714号发明专利中的合成树脂片基材对应的是涉案专利的绝缘层,而该日本专利中的合成树脂片基材表面的微量的凹凸对应的是涉案专利的绝缘层表面的算术平均粗糙度,且日本专利说明书[0012]与涉案专利说明书[0101]中关于表面粗糙度的形成都描述了基本相同的对应方法。因此,方邦公司认为相对于背景技术日本特开2006-297714号发明专利而言,第一金属层以沿着所述绝缘层的所述单面表面成为波纹结构的方式形成的技术特征是实现涉案专利"由于金属层是具有高弯曲性的波纹结构,所以能够提供一种对于从大的弯曲半径至变为小的弯曲半径（1.0mm）的反复弯曲及滑动，金属层难以发生破坏的印刷布线板用屏蔽膜"的发明目的的核心必要技术特征。

方邦公司是股份有限公司，成立于2010年12月15日，主营业务是计算机、通信和其他电子设备制造业，注册资本为6000万元。方邦公司制造、销售、许诺销售了型号为HSF6000-2、HSF8000-2、HSF-USB3、HSF-USB3-C、HSF-KDT-02、HSF-KDT-04、HSF-KDT-10、HSF-KDT-12的8款屏蔽膜产品，方邦公司确认其2013—2016年就上述产品获得的销售毛利为305884943.84元，扣除运营费用及税费后净利润为172723417.74元。

2016年，大自达公司通过公证购买方式取得了型号为HSF8000-2的屏蔽膜产品；2017年，在该案起诉后，根据大自达公司的申请，一审法院作出证据保全裁定，保全取得了型号为HSF6000-2、HSF-USB3、HSF-USB3-C、HSF-KDT-02、HSF-KDT-04、HSF-KDT-10、HSF-KDT-12的7款屏蔽膜产品及相关的销售合同、发票等文件资料的复印件。

2016年2月25日，北京市金杜律师事务所委托北京智慧知识产权司法鉴定中心就方邦公司制造的型号为HSF-USB3/HSF8000的屏蔽膜产品与大自达公司涉案专利的权利要求8～10上记载的技术特征是否相同或者等同进行鉴定，该鉴定机构于2016年7月9日完成鉴定，作出智慧司法鉴定中心[2016]知鉴字第7号司法鉴定意见书（涉案鉴定意见）。鉴定方法是对被鉴定物截面做切片，通过扫描电子显微镜和能量色散X射线谱仪分析被鉴定物截面分层情况及各层成分，结论是被鉴定物包含与涉案专利权利要求8～10记载的全部技术特征相同的技术特征。其中，涉案鉴定意见的附件2是被鉴定物成分分析的检测报告，由附件2可知被鉴定物共分五层（见附件二），白色部分的第三层即测试位置3是金属层，金属层下方的第四层即测试位置4是绝缘层；涉案鉴定意见的附件3是关于被鉴定物切片的SEM分析，形成149幅切片SEM结果图（见附件三），其中白色部分是被鉴定物第一金属层的结构，涉案鉴定意见将这149幅图片文件输入粗糙度计算软件，计算出金属层与绝缘层相接触面的表面算术平均粗糙度为0.6938μm，金属层与绝缘层相接触面的相对一面的表面算术平均粗糙度为0.5834μm。大自达公司主张8款被诉侵权屏蔽膜产品实施的技术方案是相同的，8款被诉侵权屏蔽膜产品的技术特征与涉案鉴定意见所证明的被鉴定物的技术特征内容一致，其中切片SEM结果图中的白色部分是8款被诉侵权屏蔽膜产品第一金属层的结构。庭审中，方邦公司确认8款被诉侵权的屏蔽膜产品实施的技术方案是相同的，因此可以统一与涉案专利的权利要求8～10进行比对；被诉侵权产品除了存在第一金属层并非以波纹结构的方式形成这个与涉案专利既不相同也不等同的区别特征外，被诉侵权产品实施的技术方案包含涉案专利要求8～10的其他全部技术特征。并且，方邦公司确认8款被诉侵权屏蔽膜产品的第一金属层的结构与涉案鉴定意见的附件2及附件3中的切片SEM结果图所体现的被鉴定物第一金属层的结构是一致的。也就是说，双方当事人均确认涉案鉴定意见的切片SEM结果图的白色部分呈现的正是8款被诉侵权屏蔽膜产品（被诉侵权产品）的技术方案中双方当事人唯一存在争议的技术特征第一金属层的结构。

针对涉案鉴定意见，一审法院通知鉴定人出庭作证。鉴定人称在委托鉴定时委托人并未向鉴定机构出具涉案专利从申请到获得授权期间的文件，因此鉴定人在作出鉴定意见前，并不了解专利申请后申请人对权利要求的修改，国家知识产权局的第一次、第二次审查意见通知书以及申请人针对审查意见作出的意见陈述书等情况。在一审法院向鉴定人出示以上证据后，鉴定人认为：根据以上文件，波纹结构的第一金属层与连续的凹凸形结构的第一金属层有可能存在不同；根据涉案鉴定意见的切片SEM结果图所体现的被诉侵权产品第一金属层的结构，可以排除该结构属于锯齿结构，但是难以区分属于波纹结构还是连续的凹凸形结构，假设权利要求将第一金属层的结构表述为连续的凹凸形结构，鉴定人认为被诉侵权产品的第一金属层的结构也是落入权利要求保护范围的。

对于涉案鉴定意见的切片SEM结果图所体现的被诉侵权产品第一金属层的结构是否属于波纹结构，双方当事人在庭审中及庭审后提交的代理词中陈述了不同意见。方邦公司认为：首先，根据国家知识产权局第一次的审查意见以及大自达公司针对该审查意见的意见陈述，依据禁止反悔原则，涉案专利权利要求8中记载第一金属层的波纹结构应当仅限于涉案专利说明书附图1

中所显示的由多个等高等长的弧形构成的波纹结构,而不包括锯齿形、连续的凹凸形等形态的结构。其次,涉案专利权利要求 8 第一金属层的"波纹结构"与"算术平均粗糙度"两个技术特征相比,应当分别属于宏观和微观的概念,前者是权利人希望具有特定形状的,而后者属于随机无序且无特定形状的,既然权利要求中记载微观的"算术平均粗糙度"为 $0.5 \sim 5.0 \mu m$,则宏观的"波纹结构"的波高应当远远大于 $5.0 \mu m$。再次,涉案鉴定意见的切片 SEM 结果图所体现的被诉侵权产品第一金属层的细微凹凸不平目测最高点到最低点应该小于 $5.0 \mu m$,实质只是由于第一金属层的"算术平均粗糙度"造成的,因此被诉侵权产品第一金属层的结构应当属于大致平坦的结构而非波纹结构。最后,退一步而言,即使认为被诉侵权产品第一金属层的细微凹凸不是粗糙度的问题,而是属于凹凸结构,由于 149 幅切片 SEM 结果图中的第一金属层结构没有一张是完全相同的,因此该种结构与涉案专利权利要求 8 由多个等高等长的弧形构成的波纹结构既不相同也不等同。对于方邦公司的意见,大自达公司认为:第一,关于权利要求 8 记载的波纹结构,根据《现代汉语词典(第 7 版)》,波纹的含义是"小波浪形成的水纹",生活常识中这种水纹都是平滑的上下波动,同时结合涉案专利发明目的,为了避免第一金属层在反复弯曲和滑动中由于曲率突变发生断裂的情形,权利要求 8 的波纹结构应当理解为"基本平滑的上下波动的结构";而国家知识产权局第一次的审查意见提及的锯齿形和连续的凹凸形(见附件四)指的都是曲率突变的形状,不是权利要求 8 的波纹结构,而且申请人的修改也只是将权利要求恢复到原始申请文件的状态,并未表示要放弃某些技术方案。第二,对涉案产品而言,方邦公司的产品手册提及其屏蔽膜产品中金属层的厚度在 $0.2 \sim 1.5 \mu m$,因此放大到 μm 级别来观察第一金属层的形状结构是合理的;被诉侵权产品的第一金属层呈现了明显的波纹结构。

2016 年 7 月 12 日,大自达公司委托代理人在公证人员监督下浏览中国证券监督管理委员会网站内容,公证处据此出具(2016)京国信内经证字第 03893 号公证书。在上述网站"信息披露"的"预先披露"栏目中发现"广州方邦电子股份有限公司创业板首次公开发行股票招股说明书(申报稿 2016

年6月16日报送)",该招股说明书中包含以下陈述：目前在全球范围内除方邦公司外，只有大自达公司、东洋科美等少数厂家可以生产技术性能稳定的高端电子屏蔽膜；2000年大自达公司首先开发出电磁屏蔽膜，占据全球主要市场地位，规模最大；2012年方邦公司成功开发出具有自主知识产权的电磁屏蔽膜产品，规模仅次于大自达公司；东洋科美在大自达公司之后开发出电磁屏蔽膜产品等。

在方邦公司的产品手册中，对于型号为HSF6000的屏蔽膜产品，方邦公司自述金属合金层的厚度为0.2μm，绝缘层厚度为5μm，计算单位均为μm。

另查明，大自达公司主张其为该案侵权诉讼支出了72万元合理费用，具体包括以下费用：(1)公证费14000元，大自达公司提交了金额分别为9000元和5000元的公证费发票两张；(2)鉴定费85000元，大自达公司提交了上述费用的发票；(3)复印证据保全的财务资料费2400元，大自达公司提交了上述费用的发票；(4)鉴定人员出庭费用3000元及交通住宿费用5374元，大自达公司提交了鉴定人员出庭费用的发票以及航空运输电子客票行程单、酒店住宿的网络订单；(5)购买被诉侵权产品费用13000元；(6)律师费用559000元，大自达公司提交了发票，但未提交委托代理合同；(7)调查咨询费32064元，大自达公司提交了咨询费发票。方邦公司认为律师费用和咨询费用与本案无关，对其他费用的真实性和关联性没有异议。

在一审法院查明事实的基础上，二审法院另有查明。

(一)关于绝缘层及其形成方式

涉案专利说明书背景技术提到日本特开2006-297714号公报。在该背景技术文献中，揭示了一种在合成树脂片基材的至少一侧表面层压有金属薄膜片的转印用金属薄膜片。该背景技术说明书第［0012］段记载："可在上述合成树脂片基材的表面形成0.01～5μm的微量的凹凸。凹凸的尺寸不到0.01μm的情况下，有可能形成不了均一的金属薄膜层，超过5μm的情况下，金属薄膜层的连续性有可能劣化……作为形成微量的凹凸的方法，可列举用砂磨法打磨成型后的膜表面的方法，在成型后的膜表面涂敷在合成树脂中分散有微小粒子的涂敷剂的化学磨砂法、在成型前的树脂材料中预先混入微小粒子再成型的揉入法。"

涉案专利说明书第[0101]段记载：作为绝缘层1的表面粗糙度的调整方法，能够举出用沙子等粒子对绝缘层1的表面自身进行打磨的喷沙法、在绝缘层1的表面涂敷分散混入微粒子的合成树脂以形成凹凸的化学粗糙法、在硬化前的树脂材料自身中预先混入微粒子并进行硬化来形成绝缘层1的混入法、利用酸性药剂或者碱性药剂等药剂进行蚀刻的蚀刻法、等离子体蚀刻法等。

（二）关于金属层及其波纹结构的记载

除了一审查明的涉案专利说明书第[0006]段和第[0007]段记载外，说明书第[0008]段和第[0009]段记载："（1）本发明的印刷布线板用屏蔽膜，具有在绝缘层的单面形成的第一金属层，所述绝缘层的单面表面的算术平均粗糙度（JIS B 0601（1994年））是0.5~5.0μm，并且，所述第一金属层以沿着所述绝缘层的单面表面成为波纹结构的方式形成。若采用上述结构，由于金属层是具有高弯曲性的波纹结构，所以，能够提供一种对于从大的弯曲半径至变为小的弯曲半径（1.0mm）的反复弯曲及滑动，金属层难以发生破坏的印刷布线板用屏蔽膜。因此，能够提供一种电磁波屏蔽特性难以降低的印刷布线板用屏蔽膜。另外，在贴附在印刷布线板上使用时，保护印刷布线板，并且，即使印刷布线板反复弯曲及滑动，也能够维持电磁波屏蔽特性。"第[0010]段和第[0011]段记载："在上述（1）的印刷布线板用屏蔽膜中，优选所述第一金属层的与所述绝缘层相反一层的面的算术平均粗糙度为0.5~5.0μm。若采用上述结构，能够形成更理想的形状的波纹结构，能够更可靠地起到上述（1）的效果。"

涉案专利说明书第[0097]段至第[0107]段记载了第一实施方式，即在绝缘层1的单面设置波纹结构的金属层2而形成的印刷布线板用屏蔽膜（图1所示）。其中，第[0102]段记载："金属层2的与绝缘层相反一侧的面的算术平均粗糙度为0.5~5.0μm，形成所希望的形状的波纹结构……作为形成金属层2的金属材料……金属材料以及厚度根据所要求的电磁波屏蔽特性以及反复弯曲及滑动耐性适当选择即可，但是，关于厚度，是0.1~8μm的厚度即可。此外，作为金属层2的形成方法，有电解电镀法、无电解电镀法、溅射法、电子束蒸镀法、真空蒸镀法、CVD法、金属有机化学气相沉积法等。"第［0107］段记载："根据本实施方式，由于金属层2是具有高弯曲性的波纹结构，所以，能够提供一种对于从大的弯曲半径至变为小的弯曲半径（1.0mm）的反复弯曲及滑动，金属层难以发生破坏的印刷布线板用屏蔽膜。因此，能够提供一种电磁波屏蔽特性难以降低的印刷布线板用屏蔽膜10。另外，在贴附在印刷布线板上使用时，保护印刷布线板，并且，即使印刷布线板反复弯曲及滑动，也能够维持电磁波屏蔽特性。"

（三）双方二审庭审陈述

二审庭审时，双方当事人均认可"波纹结构"并非涉案印刷布线板用屏蔽膜领域通用术语，无统一含义。大自达公司声称"波纹结构"是专利权人自己提出的。对于审查员针对专利申请文件提到的"锯齿形、连续的凹凸形"与"波纹结构"的不同，大自达公司一方面主张审查员的意见不正确，一方面又主张"锯齿形、凹凸形"存在尖锐性，会影响抗弯曲的效果，该领域技术人员通过说明书能够自然排除掉这种尖锐的有基点的结构。大自达公司称，应将波纹结构理解为"相对平滑的上下波动"，一是通过专利附图13（a）体现，二是专利所要解决的问题即发明目的，同时考虑到制作工艺。从制造工艺来看，涉案专利所涉金属层形成于绝缘层上，首先要对绝缘层通过打磨处理产生凹凸结构，使表面粗糙，再通过电镀喷射，使金属层相对均匀地形成在绝缘层上。大自达公司陈述金属层的形成可以通过人为控制，但绝缘层的处理是在整体上进行喷砂后电镀，无法做到完全规整，故现实中无法实现方邦公司所述的"相等波长、相等波高"或一审法院所述的"周期性"。

方邦公司则强调，专利申请文件的审查过程表明不能对波纹结构作无限扩大解释。从说明书记载来看，波纹结构不应包括随机变化，否则与其要实现的形状是矛盾的。据此，波纹结构形状应当是相对光滑的、规则的起伏形状，且其形状应当固定，每个截面的形状应该一样。而本案中，恰恰没有一张SEM照片是完全一样的，说明被诉产品金属层没有具体的形状。

二审期间，大自达公司向本院提交如下三组新证据：（1）SEM照片一张，大自达公司声称该照片系与涉案专利说明书中图13（a）同期拍摄的照片，拟证明涉案专利限定的"波纹结构"是非周期性的；（2）国家图书馆科技查新中心于2017年8月22日出具的文献复制证明及《铸件清理及热处理问答》《基本通信原理》《通信原理基本教程》三份节选文献复印资料，拟证明各技术领域都未将"波纹结构"限定为周期性的；（3）国家图书馆科技查新中心于2017年9月26日出具的文献复制证明及《金属膜片的设计》节选复印资料，拟证明"波纹结构"的通常含义，并认为该文献记载了包括规则与不规则的各种波纹结构，其中还包括锯齿结构，说明通常含义上，波纹结构与连续的凹凸之间是相同的含义，两者只是描述的不同。对前述三组证据，方邦公司质证认为，以上证据均超过举证期限方提交，不属于新证据。对第一组证据确认该照片的真实性，但与该案无关联性。第二组和第三组证据与该案均无直接关联性。第三组证据未对波纹结构是否具有周期性进行描述，不意味着没有限定波纹结构是周期性的。结合双方当事人的举证质证意见，二审法院对前述三组证据认证如下：第一组证据系大自达公司声称与涉案专利说明书中图13（a）同期拍摄的照片，虽然方邦公司对该照片真实性不持异议，但因该照片不属于涉案专利权利要求书、说明书或专利审查档案资料，不能作为对涉案专利"波纹结构"进行定义的依据，二审法院不予采纳。第二组证据分别涉及铸造生产领域所涉电流波形、通信领域随机信号波形和噪声波形，与该案专利所涉领域无关，二审法院不作为证据采纳；第三组证据涉及金属膜片波纹的形状，方邦公司认为与该案并无直接关联，考虑到大自达公司在庭审中也声称"波纹结构"系其在涉案发明中自行引入的术语，非通用概念，故二审法院仅将该组证据作为资料参考，不作为证据采纳。

一审判决

一审法院认为，该案属于侵害发明专利权纠纷，根据大自达公司的诉讼请求、事实理由以及方邦公司的答辩及陈述，大自达公司是涉案专利的权利人，该专利权处于合法有效状态，应受法律保护。方邦公司制造、销售、许诺销售了8款被诉侵权产品且8款被诉侵权产品所实施的技术方案均相同，方邦公司认为被诉侵权技术方案缺少涉案专利权利要求8中"第一金属层以沿着所述绝缘层的所述单面表面成为波纹结构的方式形成"的技术特征,第一金属层并非以波纹结构的方式形成;除此以外,被诉侵权技术方案包含涉案专利权利要求8～10的其他全部技术特征。双方当事人主要存在的争议焦点如下:(1)如何解释涉案专利权利要求8中关于第一金属层以波纹结构的方式形成这个技术特征,从而确定大自达公司涉案专利权的保护范围。(2)被诉侵权技术方案是否包含与"第一金属层以沿着所述绝缘层的所述单面表面成为波纹结构的方式形成"的技术特征相同或等同的技术特征,从而确定被诉侵权技术方案是否落入大自达公司涉案专利权的保护范围。(3)在方邦公司构成侵权的情况下,大自达公司主张的侵权责任应否得到支持。

(一)在确定涉案发明专利权的保护范围时,双方当事人关于权利要求的解释存在争议的技术特征是权利要求8中"第一金属层以沿着所述绝缘层的所述单面表面成为波纹结构的方式形成",关键在于其中第一金属层的波纹结构应如何解释

《专利法》第五十九条规定,发明或者实用新型专利权的保护范围以其权利要求的内容为准,说明书及附图可以用于解释权利要求的内容。《最高人民法院关于审理侵犯专利权纠纷案件应用法律若干问题的解释》第三条规定,人民法院对于权利要求,可以运用说明书及附图、权利要求书中的相关权利要求、专利审查档案进行解释。说明书对权利要求用语有特别界定的,从其特别界定。以上述方法仍不能明确权利要求含义的,可以结合工具书、教科书等公知文献以及本领域普通技术人员的通常理解进行解释。据此,法院在对权利要求进行解释时,除了应当运用说明书、附图及其他相关权利要求以外,还应当结合专利审查档案进行解释,并且说明书、附图、其他相关权利要求以及专利审查档案对于权利要求的解释作用,优于工具书、教科书等公知文献以及本领域普通技术人员对权利要求含义的通常理解,后者仅在前者不足以明确权利要求时起补充解释的作用。通过审查专利审查档案的内容,可以明确申请人在专利申请过程中对于专利权保护范围所作的真实意思表示与客观行为,确定国家知识产权局与申请人在划定专利权边界上达成何种一

致的意见，并对社会公众形成何种公示作用，从而使法院认定的专利权保护范围符合专利权产生时所公示的边界，符合国家授予、保护这种专有性、垄断性权利的初衷，如此才能为社会公众提供明确的法律预期，避免不当压缩社会公众对于公有技术自由运用的空间。

该案中，在大自达公司于2012年10月17日成为涉案专利申请人之前，原申请人大自达系统电子株式会社于2010年2月3日提交的发明专利原始申请文件中，对应的技术特征位于权利要求1，具体内容为"第一金属层以沿着所述绝缘层的单面表面成为波纹结构的方式形成"，与专利授权的该项技术特征在文字表述上并无区别。但是，原申请人曾在提交发明专利原始申请文件后，将该项特征修改为"第一金属层的两面沿着所述绝缘层的所述单面表面形成"，该项特征所处的权利要求1也改为权利要求8。国家知识产权局对于上述修改提出了第一次审查意见，指出原申请文件仅记载了波纹结构的第一金属层和大致平坦结构的第一金属层两种实施例，没有给出第一金属层以其他方式（比如锯齿形或连续的凹凸形）的形成结构，而且该领域技术人员也不能从原申请文件记载的内容直接、毫无疑义地得到除了波纹和平坦方式以外的形成结构。同时，由于第一金属层在绝缘体的单面形成，与绝缘体仅单面相贴，该领域技术人员也不能从原申请文件记载的内容直接、毫无疑义地得出如何将第一金属层的哪两个面沿着绝缘层的单面延展形成的结论。因此，修改之后的权利要求8的技术方案和原技术方案相比有实质性的区别，使得新的权利要求出现原申请中没有记载的新的技术方案，超出了原说明书和权利要求书记载的范围，并且还提示了申请人再次提交的任何修改都应在意见陈述书中详细陈述修改的依据和修改没有超出原申请记载范围的理由。之后，原申请人针对审查意见作出意见陈述，称申请人将权利要求8的上述特征修改成"所述第一金属层以沿着所述绝缘层的所述单面表面成为波纹结构的方式形成"。通过上述修改，权利要求8的记载技术方案与原说明书记载的内容一致，能够符合《专利法》第三十三条的规定。根据原申请人的意见陈述以及再次修改特征的行为，应当视为原申请人同意国家知识产权局认为"修改后的权利要求8'第一金属层的两面沿着所述绝缘层的所述单面表面形成'

的技术特征除了包含第一金属层以波纹结构的方式形成（原有范围的特征）外，还包含第一金属层其他方式（比如锯齿形或连续的凹凸形）的形成结构，以及两个面沿着绝缘层的单面延展形成，因而超出了原申请文件记载范围"的结论，并对权利要求再次进行修改。之后，国家知识产权局的第二次审查意见对该技术特征未再提出超出原说明书和权利要求书记载范围的审查意见。综上，一审法院对于"第一金属层以沿着所述绝缘层的单面表面成为波纹结构的方式形成"特征中波纹结构的认定如下。

首先，审查意见认为第一金属层的形成结构仅有波纹结构和大致平坦结构属于原申请文件记载的范围，并且对以上两种结构的解释应当结合说明书的实施例进行，以上审查意见符合《专利法》第五十九条关于"说明书及附图可以用于解释权利要求的内容"的规定。由于涉案专利的说明书和附图自专利申请后未曾改动过，因此对于第一金属层波纹结构的解释应当结合说明书中实施例1的示意图即说明书附图1以及实施例1的SEM照片图即说明书附图13进行。虽然实施例1的示意图显示第一金属层的波纹结构是以相等波长（两个波峰之间的水平距离）、相等波高（波峰和波谷之间的垂直距离）的细微波浪形成的，但是根据说明书中关于"金属层具有高弯曲性的波纹结构，能够提供一种对于从大的弯曲半径至变为小的弯曲半径的反复弯曲及滑动，金属层难以发生破坏"的发明目的，以及实施例1中体现实际效果的SEM照片图，均难以得出方邦公司所主张的波纹结构应当加以限定相等波长、相等波高的结论，因此根据说明书和附图，对波纹结构应解释为具有周期性、基本平滑并朝着一个方向连续上下波动的结构，但不应限定于相等波长或相等波高。

其次，审查意见进一步认为，该领域技术人员不能从原申请文件记载的内容直接、毫无疑义地得到第一金属层除了波纹和大致平坦方式以外的比如锯齿形或连续的凹凸形等形成结构，修改超出了原说明书和权利要求书记载的范围；原申请人表示同意审查意见对权利要求再次进行修改，对审查意见未作任何反驳，特别是未对审查意见认为修改后权利要求8包含的第一金属层其他方式（比如锯齿形或连续的凹凸形）的形成结构超出原申请文件记载平均粗糙度的技术特征，涉案鉴定意见分别测算为 $0.6938\mu m$ 与 $0.5834\mu m$。因此，方邦公司将白色部分的第一金属层凹凸不平的结构整体理解为第一金属层的"算术平均粗糙度"的意见，与事实不符，一审法院不予采纳。

关于涉案鉴定意见认为被鉴定物包含与涉案专利权利要求 8～10 记载的全部技术特征相同的技术特征的结论，经查，首先，涉案鉴定意见的结论并非经一审法院通过司法鉴定程序产生，属于大自达公司的委托代理人在立案前单方委托鉴定机构所作鉴定，从证据形式而言不属于《民事诉讼法》第六十三条第一款第（七）项规定的法院通过委托鉴定所形成的鉴定意见。虽然方邦公司确认被诉侵权产品的第一金属层的结构与涉案鉴定意见附件 2 及附件 3 中的切片 SEM 结果图所体现的被鉴定物第一金属层的结构是一致的，因此可以依据上述内容进行侵权比对，但对于涉案鉴定意见比对结论，双方当事人存有争议，一审法院依法对于涉案鉴定意见进行审查。经一审法院传唤出庭的鉴定人当庭陈述，委托人在委托鉴定时并未向鉴定机构出具涉案专利从申请到获得授权期间的文件，因此鉴定人在作出涉案鉴定意见前，并不了解专利申请后申请人对权利要求的修改，国家知识产权局的第一次、第二次审查意见通知书以及申请人针对审查意见作出的意见陈述书等文件；而且，鉴定人也在庭审中陈述根据涉案鉴定意见的切片 SEM 结果图所体现的被诉侵权产品第一金属层的结构，难以区分属于波纹结构还是连续的凹凸形结构，假设权利要求将第一金属层的结构表述为连续的凹凸形结构，鉴定人认为被诉侵权产品的第一金属层的结构也是落入权利要求保护范围的。以上内容说明鉴定人在对权利要求 8 所涉的波纹结构进行理解时，由于缺少专利审查档案，对于波纹结构与连续的凹凸形结构的区分存在偏差，一审法院对于涉案鉴定意见关于被鉴定物包含与涉案专利权利要求 8～10 记载的全部技术特征相同的技术特征的结论不予采纳。

虽然方邦公司制造、销售、许诺销售了被诉侵权产品，但由于被诉侵权技术方案未落入涉案专利权的保护范围，因此方邦公司的行为不构成侵权，对于大自达公司在该案中提出的全部诉讼请求，一审法院均不予支持。

综上所述，一审法院依据《专利法》第五十九条第一款，《最高人民法院关于审理侵犯专利权纠纷案件应用法律若干问题的解释》第三条、第七条，《民事诉讼法》第六十四条第一款，《最高人民法院关于适用〈中华人民共和国民事诉讼法〉的解释》第九十条的规定，判决如下：驳回大自达公司的全部诉讼请求。该案一审案件受理费505400元，由大自达公司负担。

二审判决

广东省高级人民法院认为，该案系侵害发明专利权纠纷。根据上诉人的上诉请求与理由，该案的争议焦点为：（1）被诉产品是否落入涉案专利保护范围；（2）若构成侵权，方邦公司应承担何种侵权责任。

该案中，双方当事人均确认，将被诉产品与涉案专利权利要求8～10相比，除了对被诉产品所涉第一金属层是否以波纹结构的方式形成这一特征存在争议外，对于被诉产品具有涉案专利权利要求8～10所记载的其他技术特征并无异议，二审法院予以确认。因此，二审法案的关键在于被诉产品是否具有与涉案专利所述"第一金属层以……成为波纹结构的方式形成"相同或等同的技术特征，从而构成侵权。

一、关于如何理解涉案专利"波纹结构"的问题

《最高人民法院关于审理侵犯专利权纠纷案件应用法律若干问题的解释》第三条第一款规定："人民法院对于权利要求，可以运用说明书及附图、权利要求书中的相关权利要求、专利审查档案进行解释。说明书对权利要求用语有特别界定的，从其特别界定。"该案中，涉案专利权利要求书及说明书均未对"波纹结构"作出特别定义，双方当事人亦均认可，"波纹结构"在涉案专利所涉印刷布线板用屏蔽膜领域中非通用术语，无统一含义。大自达公司在二审庭审中还声称"波纹结构"是其在申请涉案专利时自行提出的技术特征。故该案对于"波纹结构"的理解依法应依据说明书及附图、权利要求书中的相关权利要求、专利审查档案进行理解。首先，从专利权利要求书的相关记载来看，权利要求8记载了三个技术特征，即除了"单面表面的算术平均粗糙度是0.5～5.0μm的绝缘层"与"在所述绝缘层的所述单面表面形成的第一金属层"技术特征之外，还记载了"所述第一金属层以沿着所述绝缘层的所述单面表面成为波纹结构的方式形成"特征。权利要求书虽然未对如何使所述第一金属层以波纹结构的方式形成的具体手段作出限制，但显然不能将仅仅系因绝缘层表面凹凸不平而自然导致的不平坦形状纳入"波纹结构"，否则，权利要求8不必附加"所述第一金属层以沿着所述绝缘层的所述单面表面成为波纹结构的方式形成"特征。其次，从说明书的相关记载来看，说明书第［0009］段记载："由于金属层是具有高弯曲性的波纹结构，所以，能够提供一种对于从大的弯曲半径至变为小的弯曲半径（1.0mm）的反复弯曲及滑动，金属层难以发生破坏的印刷布线板用屏蔽膜。"结合说明书第［0006］段和第［0007］段内容，可认定"波纹结构"系区别背景技术、实现涉案发明目的的发明点。除了说明书第［0009］段强调"高弯曲性"外，说明书第［0010］段和第［0011］段记载："优选所述第一金属层的与所述绝缘层相反一层的面的算术平均粗糙度为$0.5 \sim 5.0\mu m$。若采用上述结构，能够形成更理想的形状的波纹结构。"第［0012］段也出现"形成所希望的形状的波纹结构"。以上说明，所述金属层的波纹结构应该具有较明显的弯曲性，其形状是涉案专利希望形成并可通过具体方法控制形成更理想形状的波纹结构，从而更可靠地收到金属层难以发生破坏、维持电磁波屏蔽特性的效果。最后，涉案专利申请文件审查过程中，审查员专门针对申请文件将原"所述第一金属层以沿着所述绝缘层的所述单面表面成为波纹结构的方式形成"表述修改为"所述第一金属层的两面沿着所述绝缘层的单面表面形成"，提出"原申请文件仅记载了波纹结构的第一金属层和大致平坦结构的第一金属层两种实施例，没有给出第一金属层以其他方式（比如锯齿形或连续的凹凸形）的形成结构"，从而提出相关修改不符合《专利法》第三十三条规定的意见。大自达公司接受该审查意见，放弃原修改方案而恢复原表述，进而获得专利授权。可见，大自达公司对于涉案专利在所述第一金属层的"波纹结构"可能存在的争议是清楚的。作为该领域的资深企业，如不接受相关审查意见，应当作出相应说明回应，或者在进一步修改时清晰、合理地对相关技术特征进行限定或解释。大自达公司接受相关审查意见，获得了专利授权，却在该案诉讼中主张审查员的相关意见错误，主张"锯齿形或连续的凹凸形"应属于"波纹结构"，或应对"锯齿形或连续的凹凸形"作相对狭窄的理解，相关行为显然不符合诚实信用原则。一审法院据此强调专利审查文件的公示作用，并无不当。此外，虽不能依据实施例来限定"波纹结构"，但涉案专利说明书附图1和图13（a）以不同形式反映的同一"波纹结构"，亦明显表明专利权人希望实现的相对规则、相对连续平滑起伏、高弯曲性的"波纹结构"。根据以上分析，并结合一审、二审庭审中无论是大自达公司还是鉴定人，均认可曲率突变、尖锐突起或不具有弯曲性均影响抗弯曲性、不符合发明目的，二审法院认为，涉案专利所谓的"波纹结构"至少应当是相对规则、相对明显、相对平滑的连续高低起伏波动结构，排除因绝缘层表面凹凸不平而自然导致的金属层无规律性高低起伏，亦排除不具有高弯曲性的大致平坦、锯齿形或连续的凹凸形结构。

二、关于被诉侵权产品是否落入涉案专利保护范围的问题

该案中，大自达公司向一审法院提交了其单方委托北京智慧知识产权司法鉴定中心作出的智慧司法鉴定中心［2016］知鉴字第7号司法鉴定意见书。方邦公司虽不认可该意见书，但认可该鉴定意见的附件2（中国赛宝实验室出具的报告编号为FX03－L201601782的检测报告）与附件3（中国赛宝实验室出具的报告编号为FX03－L201602060的检测报告）内容。根据前述检测报告的内容、庭审情况和向鉴定人询问情况，结合前述"波纹结构"的理解，二审法院认为，首先，被诉产品149幅切片SEM结果图呈现的非直线效果形成原因难以判断，很可能系因绝缘层表面凹凸不平而导致。上诉人主张，从测试报告显示的被诉产品分层情况来看，其他层次的表面形状均呈直线，只有金属层呈现曲线状态，故主张该结构属于"波纹结构"。如前所述，专利所述"波纹结构"系专利权人通过某种方式刻意实现的形状结构，应排除因绝缘层表面凹凸不平而导致的金属层随机高低起伏情况。该案中，涉案产品绝缘层单面表面需满足一定算术平均粗糙度，需通过喷砂法等方法在绝缘层表面形成微量凹凸不平，此在涉案专利的说明书及专利背景资料（日本特开2006－

297714 公报）中均有所记载。上诉人在二审庭审中也陈述绝缘层的制作工艺决定不能实现绝缘层表面的完全规整。以上决定了绝缘层上表面呈现非直线状态。而与绝缘层表面形状难以控制规整的状况不同，上诉人在庭审中陈述金属层系通过电镀相对均匀地形成在绝缘层上，可人为控制。专利说明书第〔0010〕段和第〔0011〕段亦记载可通过金属层上表面的平均算术粗糙度的控制来形成理想的形状的波纹结构。据此，如金属层的形状系人为刻意追求，则至少该金属层上表面的形状应与绝缘层上表面形状有所区别。二审法院留意到，在放大倍数为1000倍的SEM照片中，金属层的下表面与绝缘层上表面紧密结合，呈现非直线状态，而金属层上表面的非直线形状与其相同。在大自达公司并无证据证明被诉产品金属层形状并非因绝缘层上表面凹凸不平的原因导致，且其在庭审中亦确认绝缘层上表面的形状在制作工艺上就难以人为控制的情况下，二审法院不能仅因相关检测图体现的非直线状态就认定被诉产品的相关金属层系"以波纹结构的方式形成"。其次，从被诉产品149幅切片SEM结果图来看，被诉产品金属层形状呈现无规律、随机起伏的特点，既有起伏相对微弱甚至平坦的片段，也有曲率突变的片段。结合前述对"波纹结构"的理解，此显然不符合涉案专利所述的"波纹结构"。因此，大自达公司主张被诉产品的金属层具有"以沿着所述绝缘层的所述单面表面成为波纹结构的方式形成"特征的主张不能成立，二审法院不予支持。至于大自达公司主张该案应当认定等同侵权的问题，二审法院认为，等同原则的运用应符合涉案专利发明目的。而在涉案专利已明确将"波纹结构"作为必不可少的技术特征，且说明书明确发明目的"在于提供一种对于从大的弯曲半径至变为小的弯曲半径（1.0mm）的反复弯曲及滑动，金属层难以发生破坏"，上诉人在诉讼中也明确表述锯齿形、连续凹凸形等不符合发明目的的情况下，该案显然不能通过等同原则将涉案专利摈弃的内容纳入涉案专利保护范围。故对该上诉主张，二审法院不予支持。大自达公司还上诉称，一审法院未经审理直接裁判是否构成等同构成程序违法。经查，大自达公司在一审中的诉讼请求系方邦公司停止制造、销售和许诺销售侵害涉案专利的被诉8款产品。大自达公司基于自身认识选择了两者构成相同侵权的主张，而方邦公司的答辩意见则一直是两者既不相同亦不等同。大自达公司在一审庭审时未对是否构成等同发表过多论述，不影响一审法院根据该案证据和庭审情况审查判断被诉产品是否构成相同或等同侵权，故该案不存在大自达公司声称的未审径判、程序违法的问题。至于大自达公司向二审法院申请进行司法鉴定一节，二审法院留意到，大自达公司曾向一审法院申请司法鉴定，后又主动撤回。且大自达公司在一审中提交的司法鉴定报告虽然是其单方委托作出的，但方邦公司对于该报告中的附件2、附件3即两份检测报告的内容是明确承认的。一审法院还依大自达公司的申请，传唤鉴定人出庭并进行询问。故该案不存在需另行鉴定查明所涉争议技术事实的情况。现大自达公司以需检测被诉产品是否具有耐弯曲效果为由，再次申请鉴定，但该问题与该案争议的所涉金属层是否具有"波纹结构"并无直接关系，故对该申请，二审法院不予准许。

综上，大自达公司不能证明被诉产品具有"所述第一金属层以……成为波纹结构的方式形成"特征，其所谓被诉产品落入涉案专利权利要求8、权利要求9、权利要求10保护范围的主张不能成立，二审法院不予支持。在被诉产品不构成侵权的情况下，该案无须评述方邦公司相关侵权责任。

综上所述，大自达公司上诉请求与理由不成立，二审法院不予支持。一审法院事实查明清楚，裁判结果正确，二审法院予以维持。依照《民事诉讼法》第一百七十条第一款第（一）项之规定，判决如下：

驳回上诉，维持原判。

二审案件受理费505400元，由上诉人大自达公司负担。

案例解析

该案是一个典型的涉外实用新型专利权侵权纠纷案件，该类案件的焦点和难点在于侵权与否的判断。与其他侵权纠纷案件不同，专利权侵权的构成要件有两个：一是被诉侵权人实施了具体的被诉侵权行为；二是被诉侵权技术方案或者外观设计方案落入专利权的保护范围。《专利法》第五十九条第一款规定，发明或者实用新型专利权的保护范围以其权利要求的内容为准，说明书及附图可以用于解释权利要求。由于专利权的保护范围就是权利要求的范围，因此，我们在划定专利权的保护范围时，首先应当对权利要求的具体内容作出妥当的解释。

关于被诉侵权技术方案是否落入专利权保护范围的判断，根据《最高人民法院关于审理侵犯专利权纠纷案件应用法律若干问题的解释》第七条的规定，应当审查权利人主张的权利要求所记载的全部技术特征。被诉侵权技术方案包含与权利要求记载的全部技术特征相同或者等同的技术特征的，法院应当认定其落入专利权的保护范围；被诉侵权技术方案的技术特征与权利要求记载的全部技术特征相比，缺少权利要求记载的一个以上的技术特征，或者有一个以上技术特征不相同也不等同的，法院应当认定其没有落入专利权的保护范围。该规定明确了专利侵权的构成采取全面覆盖原则，具体包括相同侵权和等同侵权两种情形。

一、权利保护范围的确定：权利要求解释的原则和方法

在判断被诉侵权技术方案或者外观设计方案是否落入专利权的保护范围之前，需要先对专利权的保护范围进行界定，这也就是所谓的权利要求的解释。法律的适用离不开法律的解释，合同条款的理解也离不开合同的解释，同理，权利保护范围的确定也离不开权利要求内容的解释。我国《专利法》及最高人民法院相关司法解释对发明和实用新型专利权利要求解释的原则和方法作出了具体的规定。

（一）以权利要求的文字或者措辞为解释的基础

权利要求的具体内容如何，是通过其使用的文字或者措辞表达出来的，因此，对权利要求的文字或者措辞的含义进行解释，是权利要求解释的基础。对于权利要求中没有记载的内容，不可以将其解释到权利要求的保护范围之内。对此，《最高人民法院关于审理侵犯专利权纠纷案件应用法律若干问题的解释》第五条明确规定："对于仅在说明书或者附图中描述而在权利要求中未记载的技术方案，权利人在侵犯专利权纠纷案件中将其纳入专利权保护范围的，人民法院不予支持。"

1. 按照文字或者措辞的通常含义进行解释

《最高人民法院关于审理侵犯专利权纠纷案件应用法律若干问题的解释》第二条规定:"人民法院应当根据权利要求的记载,结合本领域普通技术人员阅读说明书及附图后对权利要求的理解,确定专利法第五十九条第一款规定的权利要求的内容。"据此,对解释权利要求的文字或者措辞的解释应当以其通常含义为准。当然,这里的通常含义应当是该领域普通技术人员的通常理解,而不是普通消费者或者该领域内技术专家的通常理解。也就是说,如果权利要求中所使用的文字或者措辞在该专利所属的技术领域具有公认的规范含义,一般应当采用这一含义来解释该文字或者措辞。按照这种方式进行的解释,符合该领域技术人员的一般理解,使得权利要求的解释更客观,权利要求的保护范围更明确。

2. 按照文字或者措辞的特定含义进行解释

专利权人有选择技术术语和表达方式的自由,允许其采用的措辞的含义与通常理解不同,只要说明书符合《专利法》关于清楚完整的规定,使该领域技术人员能够理解发明创造,并且确保权利要求中所使用的措辞和术语与说明书的措辞和术语一致即可。所以,说明书往往被称为权利要求的辞典。说明书的这种解释作用最集中、最典型的情形就是,说明书直接给出其所使用术语的定义,这种定义既可以是对于一个全新的、过去不曾存在过的概念的定义,也可以是对已知的概念在该专利中进行重新定义,只要这种定义不与该领域技术人员的通常理解完全相悖即可。对此,《最高人民法院关于审理侵犯专利权纠纷案件应用法律若干问题的解释》第三条规定:"人民法院对于权利要求,可以运用说明书及附图、权利要求书中的相关权利要求、专利审查档案进行解释。说明书对权利要求用语有特别界定的,从其特别界定。"根据该规定可知,如果说明书中已经对文字或者措辞的具体含义进行明确的界定,即便其与通常含义不同,也应当以说明书的特别界定为准。

(二) 内部证据优先、参考外部证据进行解释

解释权利要求的依据有内部证据和外部证据之分。所谓内部证据,包括说明书及附图、权利要求书中的相关权利要求、专利审查档案等;所谓外部

证据，包括工具书、教科书等公知文献。根据《最高人民法院关于审理侵犯专利权纠纷案件应用法律若干问题的解释》第三条的规定，法院对于权利要求，应当优先运用说明书及附图、权利要求书中的相关权利要求、专利审查档案进行解释。在通过内部证据仍不能明确权利要求含义的，才需要结合工具书、教科书等公知文献以及该领域普通技术人员的通常理解进行解释。[1] 具体而言，在运用内部证据和外部证据解释权利要求时，应当遵循如下规则。

1. 运用说明书及附图进行解释

《专利法》第二十六条规定，发明或者实用新型专利的说明书应当对发明或者实用新型作出清楚、完整的说明，以所属技术领域的技术人员能够实现为准；必要的时候，应当有附图。权利要求书应当以说明书为依据，清楚、简要地限定要求专利保护的范围。该法第五十九条第一款规定，发明或者实用新型专利权的保护范围以其权利要求的内容为准，说明书及附图可以用于解释权利要求。《专利法实施细则》第十七条规定，发明、实用新型专利的说明书应当包括技术领域、背景技术、发明内容、附图说明和具体实施方式。根据上述规定可知，在解释权利要求时，应当结合说明书中所记载的技术领域、背景技术、发明内容、附图说明和具体实施方式等内容来确定权利要求中相关技术术语的具体含义。

第一，发明目的的解释作用。

权利要求描述的是为了实现一定的发明目的（或称为所要解决的技术问题）、达到一定的技术效果而提出的技术方案，而该发明目的往往是针对现有技术中存在的不足、缺陷等提出的，其背景技术描述的即是专利权人所理解和掌握的现有技术，因此权利要求、背景技术以及发明目的、技术效果之间具有密切的关系，而这种关系成为我们根据背景技术和发明目的来解释权利要求的基础。

在申诉人辽宁般若网络科技有限公司与被申诉人原国家知识产权局专利

---

[1] 需要注意的是，"本领域普通技术人员的通常理解"并不是与"工具书""教科书"等公知文献并列的外部证据，后者恰恰是确定前者的外部证据。参见张晓都. 专利民事诉讼法律问题与审判实践 [M]. 北京：法律出版社，2014：4.

复审委员会、一审第三人中国惠普有限公司发明专利权无效行政纠纷案〔（2013）行提字第17号〕中，最高人民法院指出，对于权利要求中字面含义存在歧义的技术特征的解释，应当结合说明书及附图中已经公开的内容，并符合该案专利的发明目的，且不得与该领域的公知常识相矛盾。在再审申请人青岛美嘉隆包装机械有限公司与被申请人青岛市知识产权局、一审第三人王承君专利侵权行政处理纠纷案〔（2018）最高法行申1545号〕中，最高人民法院指出，权利要求的解释要考虑说明书中有关本专利发明目的的说明，即便权利要求中对某一特征没有进行明确限定，但被诉侵权技术方案明显采用与实现该专利发明目的不同的技术手段的，不应认定构成侵权。

北京市高级人民法院《专利侵权判定指南（2017）》明确规定，在解释权利要求时，应当符合发明目的原则。在确定专利权保护范围时，不应将不能实现发明目的、效果的技术方案解释到权利要求的保护范围中，即不应当将本领域普通技术人员在结合本领域的技术背景的基础上，在阅读了说明书及附图的全部内容之后，仍然认为不能解决专利的技术问题、实现专利的技术效果的技术方案解释到专利权的保护范围内。❶

第二，实施例的解释作用。

需要注意的是，一般而言，不能以实施例限定权利保护范围，但功能性技术特征除外。对此，《最高人民法院关于审理侵犯专利权纠纷案件应用法律若干问题的解释》第四条规定："对于权利要求中以功能或者效果表述的技术特征，人民法院应当结合说明书和附图描述的该功能或者效果的具体实施方式及其等同的实施方式，确定该技术特征的内容。"

2. 结合相关权利要求进行解释

不论是法律解释还是合同解释，体系解释均是一种重要的解释方法。这实际上就是对权利要求的具体技术术语作体系解释。对权利要求进行体系解释时，应当遵循的基本原则包括：（1）推定独立权利要求与其从属权利要求所限定的保护范围互不相同。独立权利要求的保护范围大于其从属权利要求

---

❶ 参见北京市高级人民法院《专利侵权判定指南（2017）》第四条。

的保护范围，在前从属权利要求的保护范围大于在后引用该在前从属权利要求的保护范围，但本领域普通技术人员根据专利说明书及附图、专利审查档案等内部证据，可以作出相反解释的除外。❶（2）不同权利要求采用的相同术语一般解释为具有相同的含义；当不同的权利要求中对相同或者类似的技术概念采用不同的措辞或者术语时，一般应当认为这导致其要求的保护范围有所不同。

3. 结合专利审查档案进行解释

专利审查档案，包括专利审查、复审、无效程序中专利申请人或者专利权人提交的书面材料，国务院专利行政部门及其原专利复审委员会❷制作的审查意见通知书、会晤记录、口头审理记录、生效的专利复审请求审查决定书和专利权无效宣告请求审查决定书等。上述档案内容可以作为外部证据，用于解释权利要求的内容。在运用专利审查档案解释权利要求时，应当注意的是，不能将权利人已经放弃的技术方案引入权利要求，这就是所谓的禁止反悔原则。

通常所称的禁止反悔原则，是专利侵权诉讼中的一种法律规则，其含义是指专利权人如果在专利审批（包括专利申请的审查过程或者专利授权后的无效、异议、再审程序）过程中，为了满足法定授权要求而对权利要求的范围进行限缩（如限制性的修改或解释），在主张专利权时，不得将通过该限缩而放弃的内容纳入专利权的保护范围。

关于禁止反悔原则，《最高人民法院关于审理侵犯专利权纠纷案件应用法律若干问题的解释》第六条规定："专利申请人、专利权人在专利授权或者无效宣告程序中，通过对权利要求、说明书的修改或者意见陈述而放弃的技术方案，权利人在侵犯专利权纠纷案件中又将其纳入专利权保护范围的，人民法院不予支持。"《最高人民法院关于审理侵犯专利权纠纷案件应用法律若干问题的解释（二）》第十三条进一步规定："权利人证明专利申请人、专利权

---

❶ 参见北京市高级人民法院《专利侵权判定指南（2017）》第十七条。
❷ 专利复审委员会为2019年知识产权机构改革前的旧称，现为专利局专利复审和无效审理部。

人在专利授权确权程序中对权利要求书、说明书及附图的限缩性修改或者陈述被明确否定的，人民法院应当认定该修改或者陈述未导致技术方案的放弃。"

关于禁止反悔原则的意义以及其适用的范围，理论和司法实践中存有争议。一种观点认为，禁止反悔原则和捐献原则一样，一般是作为对等同原则的限制性规则来适用的。该原则禁止专利权人（或其他有权主张专利权者）对通过审查过程中为了获得授权而放弃的内容适用等同原则。其宗旨在于防止专利权人采取出尔反尔的策略，即在审查过程中为了容易地获得专利权而对专利保护范围进行各种限制性的修改或解释，或者强调某个技术特征的重要性，在授权之后的侵权诉讼中又试图取消这些限缩或者声称该技术特征可有可无，以图应用等同原则来覆盖被控侵权物。

另一种观点则认为，从禁止反悔原则设立的目的来看，该制度在于确保专利权人在专利行政程序和民事侵权程序中对权利要求的解释保持一致，避免专利权人"两头得利"，损害公共利益，故禁止反悔原则与为"防止盗用发明实质"目的而设立的等同原则之间并没有必然联系。禁止反悔原则本身应当独立于等同原则而成为权利要求解释所应遵循的一项基本原则，故在相同侵权判定时，其完全可以作为解释权利要求的规则发挥作用，以对抗专利权人的侵权指控。❶

（三）该案的解析

该案中，当事人争议和法院审理的重点在于如何理解涉案专利权利要求中"波纹结构"的具体含义。由于专利权利要求书及说明书均未对"波纹结构"作出特别定义，而且该"波纹结构"在涉案专利所涉印刷布线板用屏蔽膜领域中也并非通用术语，无统一含义。因此，法院依法应依据说明书及附图、权利要求书中的相关权利要求、专利审查档案对该技术术语的具体含义进行解释。现结合二审法院的裁判理由，对其运用的解释方法进行分析。

---

❶ 参见宋健，张晓阳. 关于专利侵权诉讼中适用禁止反悔原则的几个问题［J］. 法律适用·司法案例，2018（8）.

首先，法院指出，权利要求书虽然未对如何使所述第一金属层以波纹结构的方式形成的具体手段作出限制，但显然不能将仅仅系因绝缘层表面凹凸不平而自然导致的不平坦形状纳入"波纹结构"，否则，权利要求8不必附加"所述第一金属层以沿着所述绝缘层的所述单面表面成为波纹结构的方式形成"特征。显然，这是运用体系解释的方法，结合其他权利要求，对"波纹结构"进行初步解释。

其次，法院根据说明书的相关记载认定，所述金属层的"波纹结构"应该具有较明显的弯曲性，其形状是涉案专利希望形成并可通过具体方法控制形成更理想形状的"波纹结构"，从而更可靠地起到金属层难以发生破坏、维持电磁波屏蔽特性的效果。

再次，通过对涉案专利申请文件审查过程的分析，法院认为：大自达公司一方面接受相关审查意见，获得了专利授权；另一方面却在该案诉讼中主张审查员的相关意见错误，主张"锯齿形或连续的凹凸形"应属于"波纹结构"，或应对"锯齿形或连续的凹凸形"作相对狭窄的理解，相关行为显然不符合诚实信用原则。一审法院据此强调专利审查文件的公示作用，并无不当。

最后，法院结合涉案专利说明书所附实施例以及大自达公司和鉴定人的意见，参考发明目的，将涉案专利所谓的"波纹结构"解释为相对规则、相对明显、相对平滑的连续高低起伏波动结构，排除因绝缘层表面凹凸不平而自然导致的金属层无规律性高低起伏，亦排除不具有高弯曲性的大致平坦、锯齿形或连续的凹凸形结构。

二、等同侵权的适用

《最高人民法院关于审理侵犯专利权纠纷案件应用法律若干问题的解释》第七条规定："人民法院判定被诉侵权技术方案是否落入专利权的保护范围，应当审查权利人主张的权利要求所记载的全部技术特征。被诉侵权技术方案包含与权利要求记载的全部技术特征相同或者等同的技术特征的，人民法院应当认定其落入专利权的保护范围；被诉侵权技术方案的技术特征与权利要求记载的全部技术特征相比，缺少权利要求记载的一个以上的技术特征，或者有一个以上技术特征不相同也不等同的，人民法院应当认定其没有落入专利权的保护范围。"《最高人民法院关于审理专利纠纷案件适用法律问题的若干规定》第十七条亦规定："专利法第五十九条第一款所称的'发明或者实用新型专利权的保护范围以其权利要求的内容为准，说明书及附图可以用于解释权利要求的内容'，是指专利权的保护范围应当以权利要求记载的全部技术特征所确定的范围为准，也包括与该技术特征相等同的特征所确定的范围……"根据上述规定，专利侵权实际上可以分为两类：一是被诉侵权技术方案包含与权利要求记载的全部技术特征相同的技术特征，这种情形下构成的专利侵权，被称为相同侵权；二是被诉侵权技术方案包含与权利要求记载的全部技术特征等同的技术特征，这种情形下构成的专利侵权则被称为等同侵权。

（一）等同侵权的判断标准

根据《最高人民法院关于审理专利纠纷案件适用法律问题的若干规定》第十七条第二款的规定，所谓等同特征，是指与所记载的技术特征以基本相同的手段，实现基本相同的功能，达到基本相同的效果，并且本领域普通技术人员在被诉侵权行为发生时无须经过创造性劳动就能够联想到的特征。据此，等同特征的构成要件有以下四个。

（1）采取与所记载的技术特征基本相同的手段。北京市高级人民法院《专利侵权判定指南（2017）》第四十六条规定："基本相同的手段，是指被诉侵权技术方案中的技术特征与权利要求对应技术特征在技术内容上并无实质性差异。"

（2）实现与所记载的技术特征基本相同的功能。北京市高级人民法院《专利侵权判定指南（2017）》第四十七条规定："基本相同的功能，是指被诉侵权技术方案中的技术特征与权利要求对应技术特征在各自技术方案中所起的作用基本相同。被诉侵权技术方案中的技术特征与权利要求对应技术特征相比还有其他作用的，不予考虑。"

（3）达到与所记载的技术特征基本相同的效果。北京市高级人民法院《专利侵权判定指南（2017）》第四十八条规定："基本相同的效果，是指被诉侵权技术方案中的技术特征与权利要求对应技术特征在各自技术方案中所达到的技术效果基本相当。被诉侵权技术方案中的技术特征与权利要求对应技术特征相比还有其他技术效果的，不予考虑。"

（4）该领域普通技术人员在被诉侵权行为发生时无需经过创造性劳动就能够联想到。北京市高级人民法院《专利侵权判定指南（2017）》第四十九条规定："无需经过创造性劳动就能够想到，是指对于本领域普通技术人员而言，被诉侵权技术方案中的技术特征与权利要求对应技术特征相互替换是容易想到的。在具体判断时可考虑以下因素：两技术特征是否属于同一或相近的技术类别；两技术特征所利用的工作原理是否相同；两技术特征之间是否存在简单的直接替换关系，即两技术特征之间的替换是否需对其他部分作出重新设计，但简单的尺寸和接口位置的调整不属于重新设计。"

（二）等同侵权的程序问题

专利侵权存在相同侵权和等同侵权两种表现形式，两种侵权的关系主要表现在两个方面：一是两者存在排斥关系，即当被诉侵权行为构成相同侵权时，则自然不会同时构成等同侵权，反之亦然；二是两者存在一个层递关系，当被诉侵权行为不构成相同侵权时，仍存在构成等同侵权的可能性。因此，在专利侵权诉讼中，判断被诉侵权行为是否构成侵权时，应当首先判断其是否构成相同侵权，如果认定构成相同侵权，自然也就排出等同侵权，因而无须对是否构成等同侵权进行审理；如果认定不构成相同侵权，则需要进一步判断被诉行为是否构成等同侵权，只有在被诉侵权行为既不构成相同侵权也不构成等同侵权的情况下，才能作出被诉侵权行为不构成侵权的最终判断。既然相同侵权不成立的情况下还有存在等同侵权的可能性，则在原告主张被告相同侵权时，如果法院经审理认为相同侵权不成立的情况下，是否应当主动判断是否构成等同侵权？对此，理论和司法实践中存在争议。有观点认为，法院对等同侵权的审查应以权利人主张等同侵权为前提条件。如果权利人没有主张等同侵权，则法院在认定被告不构成相同侵权时，就应当直接驳回权利人的主张，而不应当主动审查和认定构成等同侵权。❶ 不过，我国司法实践的主流观点认为："在专利侵权判定中，在相同侵权不成立的情况下，应当判断是否构成等同侵权。"❷

该案中，在大自达公司没有主张等同侵权的情况下，一审法院认为被告既不构成相同侵权也不构成等同侵权，进而驳回其诉讼请求。大自达公司就此上诉提出，一审法院未经审理直接裁判是否构成等同构成程序违法。二审法院认为："大自达公司基于自身认识选择了两者构成相同侵权的主张，而方邦公司的答辩意见则一直是两者既不相同亦不等同。大自达公司在一审庭审时未对是否构成等同发表过多论述，不影响一审法院根据本案证据和庭审情况审查判断被诉产品是否构成相同或等同侵权，故本案不存在大自达公司声称的未审径判、程序违法的问题。"从二审法院的上述论理来看，其实际上也认为法院应当对是否构成等同侵权主动进行审查。

笔者认为，根据民事诉讼法理，对于等同侵权的主动审查，法院应持慎重态度：即在权利人仅主张相同侵权而非主张等同侵权的情况下，如果经审理认为相同侵权的主张不成立，应当主动向权利人进行释明，要求其对是否主张等同侵权发表意见。权利人主张等同侵权的，法院应当对被告是否构成等同侵权作出判断；权利人仍然不主张等同侵权的，法院则不能也不必对被告是否构成等同侵权进行审查。具体理由分析如下。

首先，民事诉讼奉行当事人主义，遵循不告不理和处分原则。在原告没有提出等同侵权主张的情况下，法院主动对被告是否构成等同侵权进行审理，明显违反上述民事诉讼的基本原理。虽说法院主动适用等同原则有利于保护专利权人的权利，但是，专利侵权与其他财产侵权一样，均属于当事人之间发生的私权争议，权利人是否主张、如何维护其个人的权利，应该由其自行决定。法院作为裁判者，始终应当保持其不偏不倚的中立地位，对双方当事人的诉辩主张进行审判。假设法院主动适用等同原则，在当事人未提出主张

---

❶ 参见张晓都. 专利民事诉讼法律问题与审判实践［M］. 北京：法律出版社，2014：135.
❷ 北京市高级人民法院《专利侵权判定指南（2017）》第四十四条第一款。

的情况下主动适用等同原则，如果最终认定被告不构成等同侵权，原告自然会对法院的判决有意见；而如果最终认定被告构成等同侵权，又难免使人产生法院的判决有"偏帮"原告之嫌。

其次，不论是相同侵权还是等同侵权是否成立的判断，法院都离不开证据。根据证明责任的基本原理，原告主张被告专利侵权的，不论是构成相同侵权还是等同侵权，其均需要提供相应的证据予以证实，如果其不能提供充分证据证明，则要承担举证不能的不利后果。在原告未主张等同侵权的情况下，其自然也就不会提供相应用于证明被告构成等同侵权的证据。此种情况下，法院主动对被告是否构成等同侵权进行审理：一方面会大大增加法院的工作负担，浪费司法资源；另一方面也会因缺乏证据资料而无法作出具体的判断。

最后，在原告未提出等同侵权主张的情况下，被告往往不会对该问题进行积极的答辩，双方也就不会对该问题展开充分的举证和辩论。在当事人未对是否构成等同侵权这一问题展开充分辩论的情况下，法院直接对其作出判断，对被告而言构成突然袭击❶，这有违民事诉讼的诚实信用原则。

（三）对该案的解析

关于等同原则的适用问题，该案涉及上文已经论述的两个问题：一是被告是否构成等同侵权；二是在原告未主张的情况下，法院能否主动对其作出裁判。

对于前一个问题。如前所述，所谓等同特征，是指与所记载的技术特征以基本相同的手段，实现基本相同的功能，达到基本相同的效果，并且该领域普通技术人员在被诉侵权行为发生时无需经过创造性劳动就能够联想到的特征。该案中，被诉侵权产品的第一金属层的结构属于随机变化的、无规律高低起伏的连续凹凸形结构，一二审法院均认为，其与涉案专利权利要求的"波纹结构"这一技术特征既不相同也不等同。这一结论无疑是正确的。

对于后一个问题。大自达公司上诉认为，一审法院未经审理直接裁判是

---

❶ 参见闫文军. 专利权的保护范围[M]. 2版. 北京：法律出版社，2018：665.

否构成等同构成程序违法。二审法院对其该上述理由未予采纳,其原因在于:"大自达公司基于自身认识选择了两者构成相同侵权的主张,而方邦公司的答辩意见则一直是两者既不相同亦不等同。大自达公司在一审庭审时未对是否构成等同发表过多论述,不影响一审法院根据本案证据和庭审情况审查判断被诉产品是否构成相同或等同侵权,故本案不存在大自达公司声称的未审径判、程序违法的问题。"显然,一审、二审法院均持法院可以主动适用等同原则的观点。如前所述,这种观点和做法既可能违反民事诉讼的基本原理和原则,又徒增审判者的负担。妥当的做法应当是:法官可以积极行使释明权,然后根据原告的主张来确定是否对该问题进行审理和作出判断。

附件一:涉案发明专利说明书附图

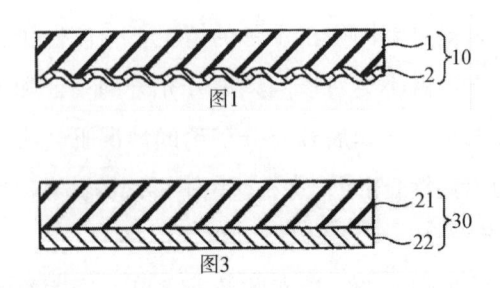

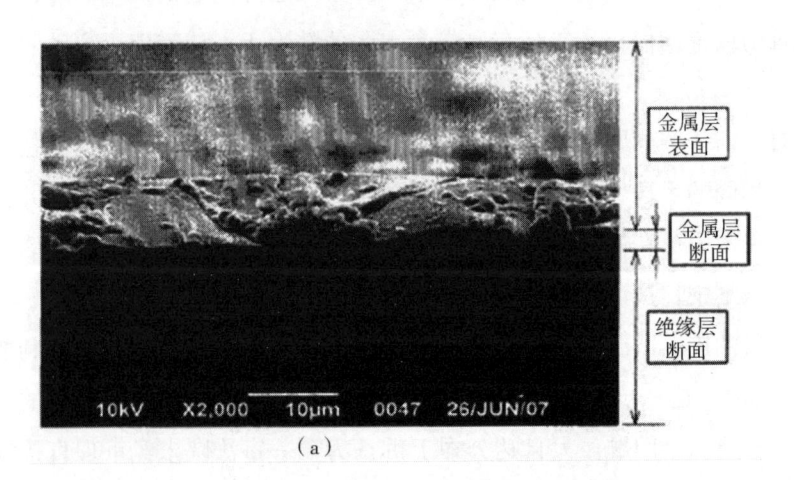

（b）
图13

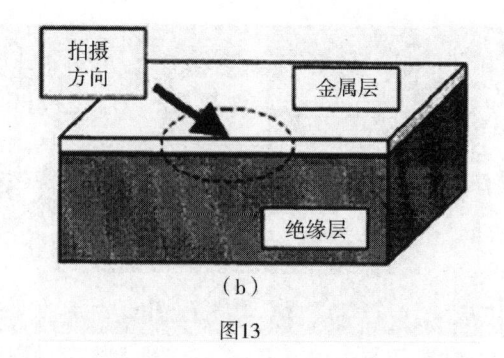

附件二：涉案鉴定意见附件 2 中被鉴定物分层

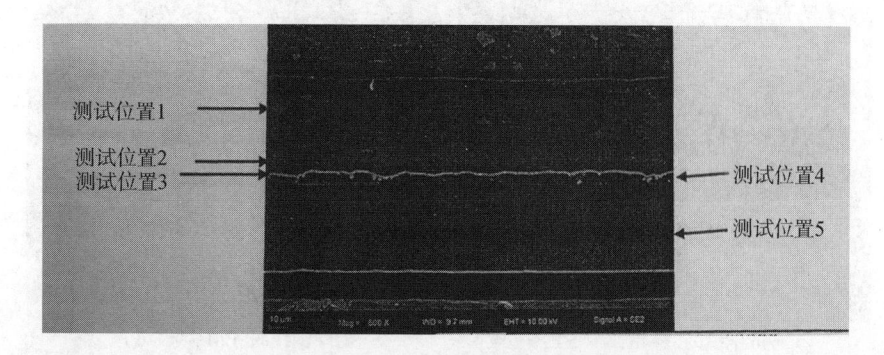

附件三：涉案鉴定意见附件 3 中被鉴定物 149 幅切片 SEM 结果图

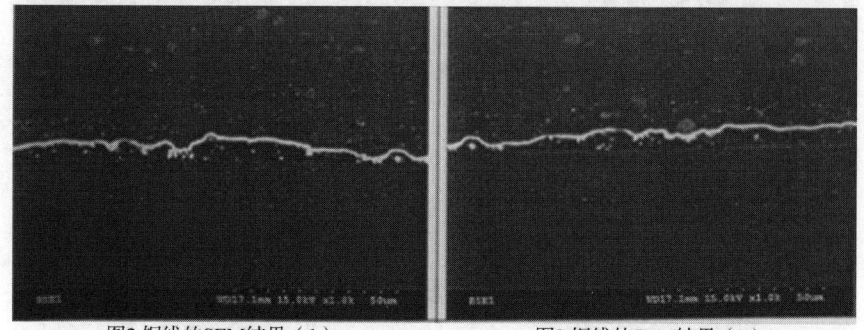

图2 铜线的SEM结果（1）　　图3 铜线的SEM结果（2）

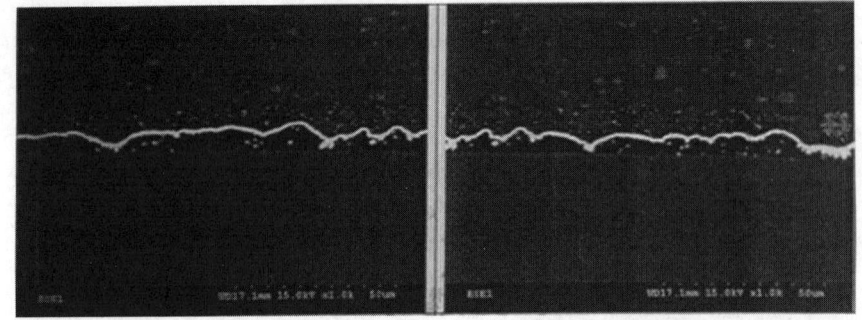

图4 铜线的SEM结果（3）

图5 铜线的SEM结果（4）

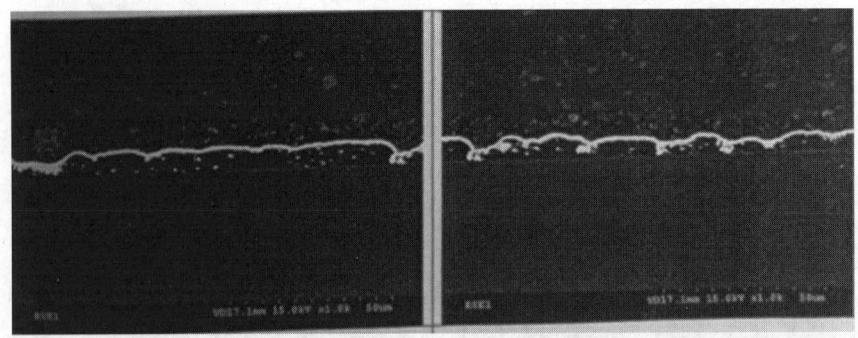

图6 铜线的SEM结果（5）

图7 铜线的SEM结果（6）

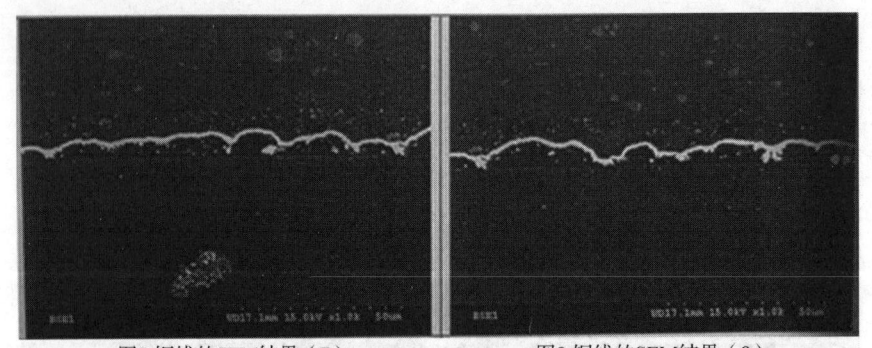

图8 铜线的SEM结果（7）

图9 铜线的SEM结果（8）

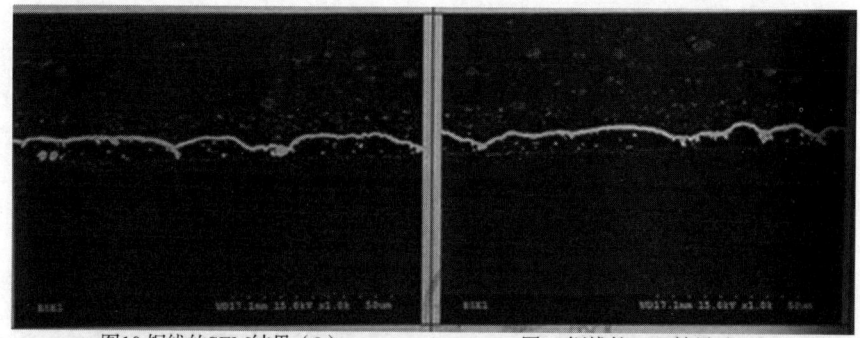

图10 铜线的SEM结果（9）　　图11 铜线的SEM结果（10）

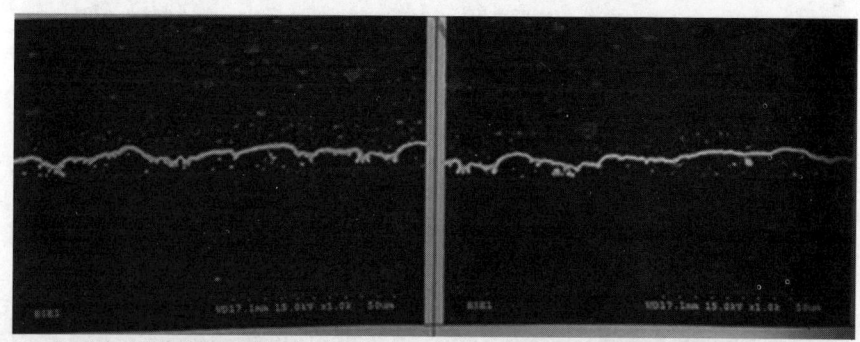

图12 铜线的SEM结果（11）　　图13 铜线的SEM结果（12）

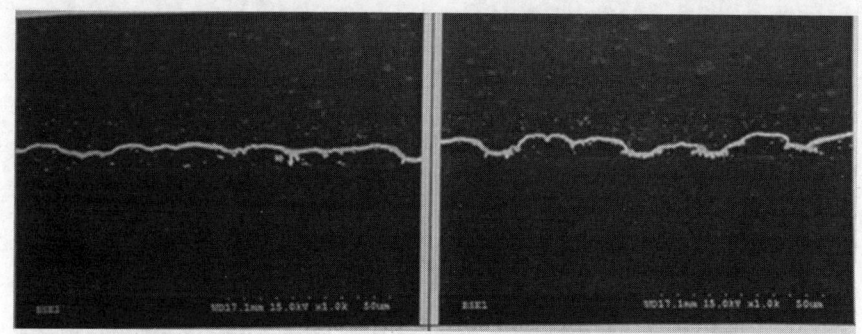

图14 铜线的SEM结果（13）　　图15 铜线的SEM结果（14）

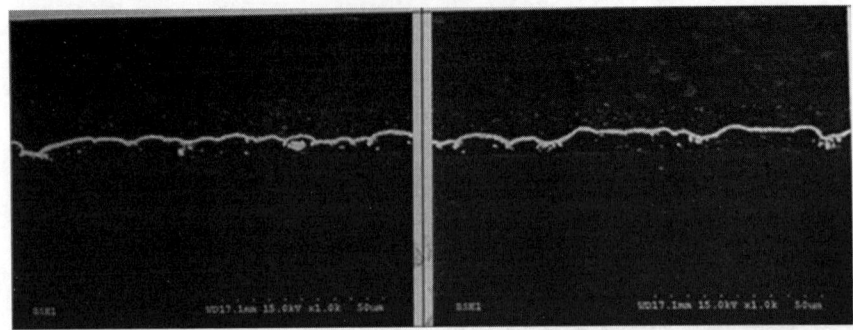

图16 铜线的SEM结果（15） 图17 铜线的SEM结果（16）

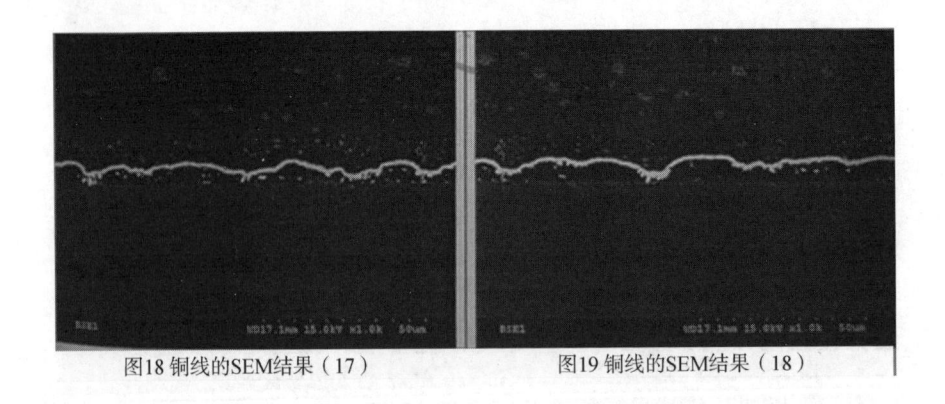

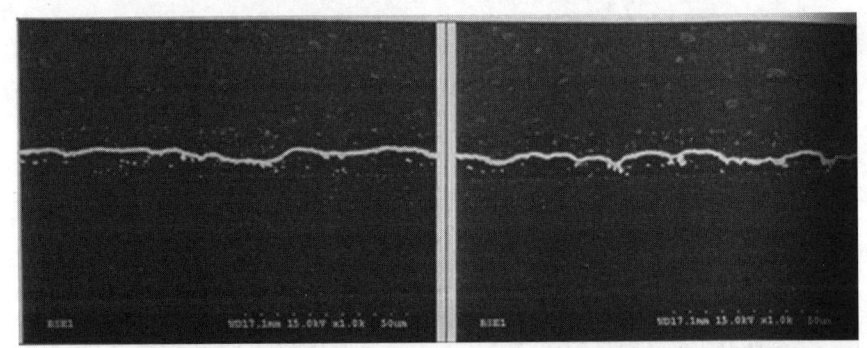

图18 铜线的SEM结果（17） 图19 铜线的SEM结果（18）

图20 铜线的SEM结果（19） 图21 铜线的SEM结果（20）

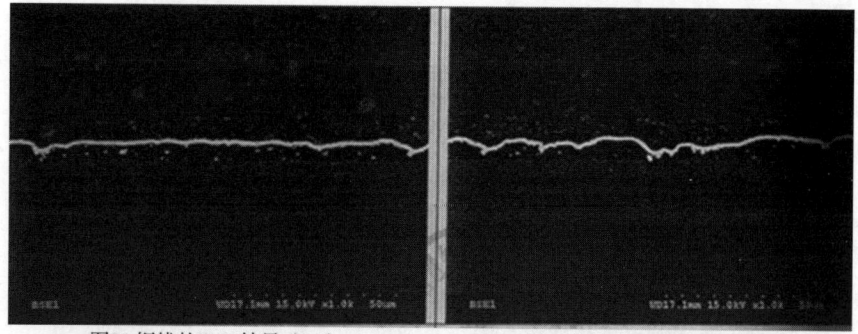

图22 铜线的SEM结果(21)　　图23 铜线的SEM结果(22)

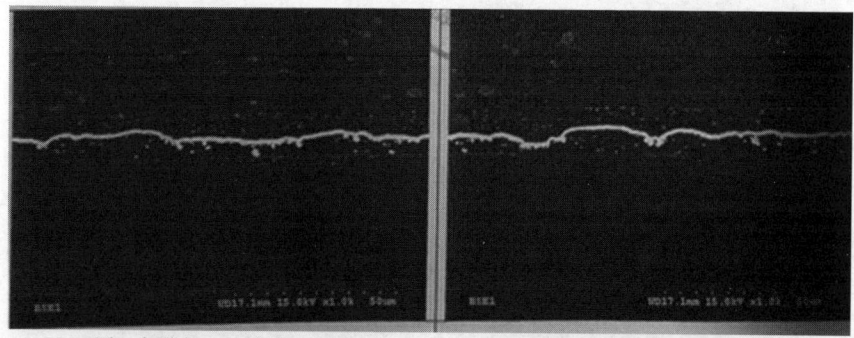

图24 铜线的SEM结果(23)　　图25 铜线的SEM结果(24)

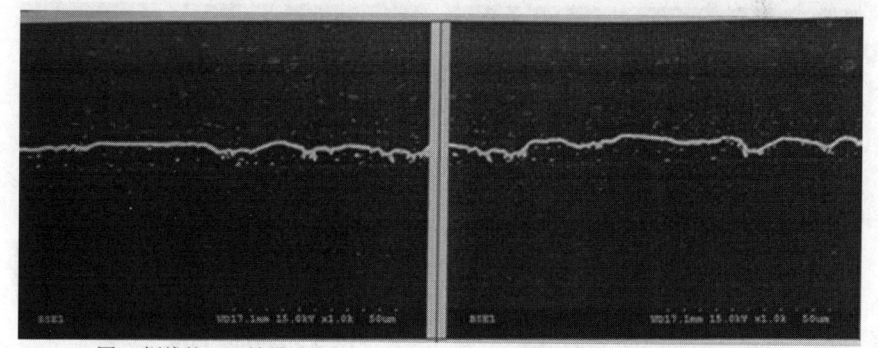

图26 铜线的SEM结果(25)　　图27 铜线的SEM结果(26)

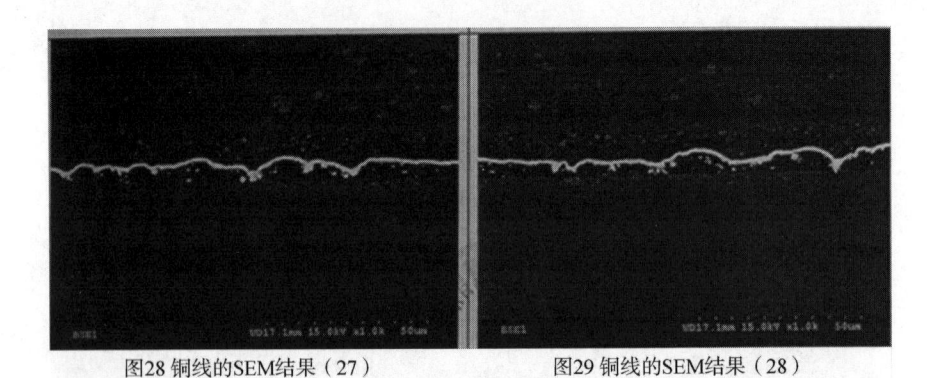

图28 铜线的SEM结果（27）　　图29 铜线的SEM结果（28）

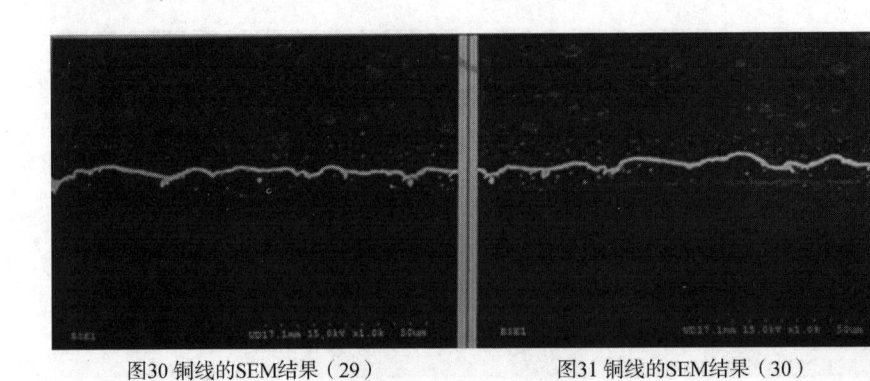

图30 铜线的SEM结果（29）　　图31 铜线的SEM结果（30）

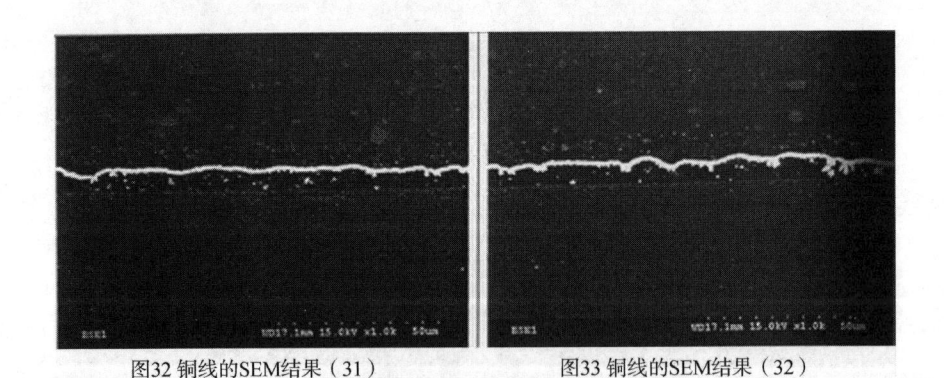

图32 铜线的SEM结果（31）　　图33 铜线的SEM结果（32）

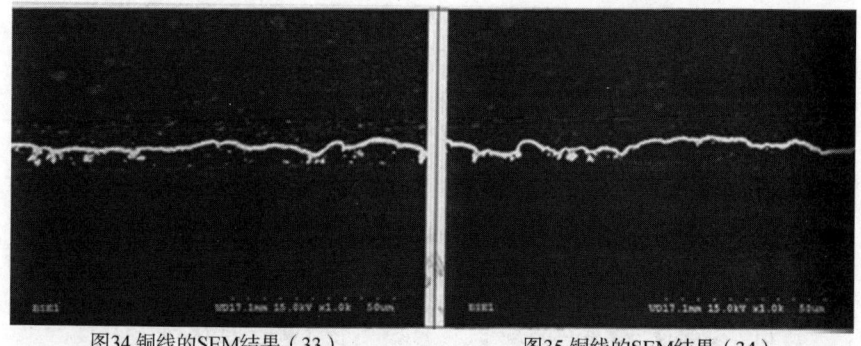

图34 铜线的SEM结果（33）　　　　　　图35 铜线的SEM结果（34）

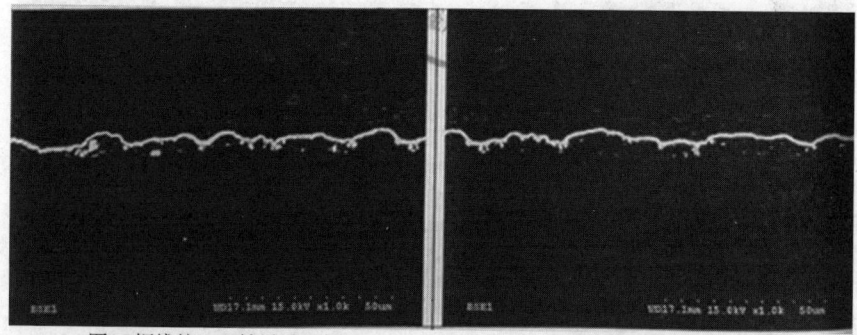

图36 铜线的SEM结果（35）　　　　　　图37 铜线的SEM结果（36）

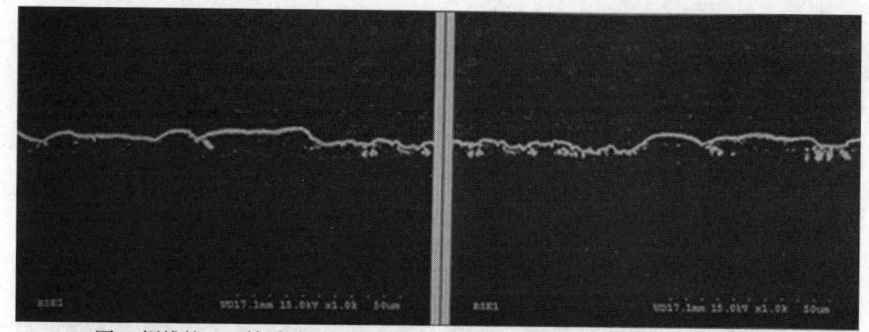

图38 铜线的SEM结果（37）　　　　　　图39 铜线的SEM结果（38）

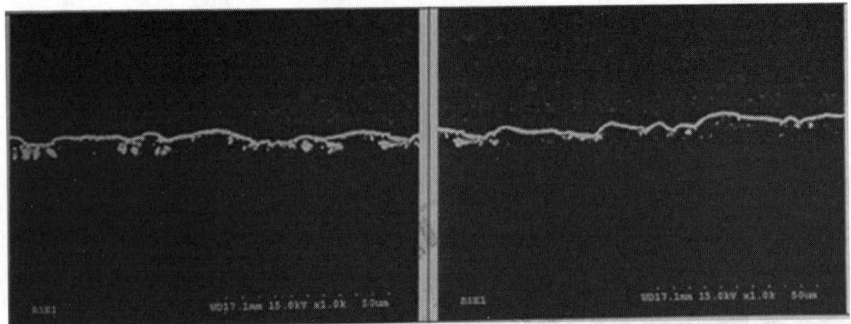

图40 铜线的SEM结果（39）

图41 铜线的SEM结果（40）

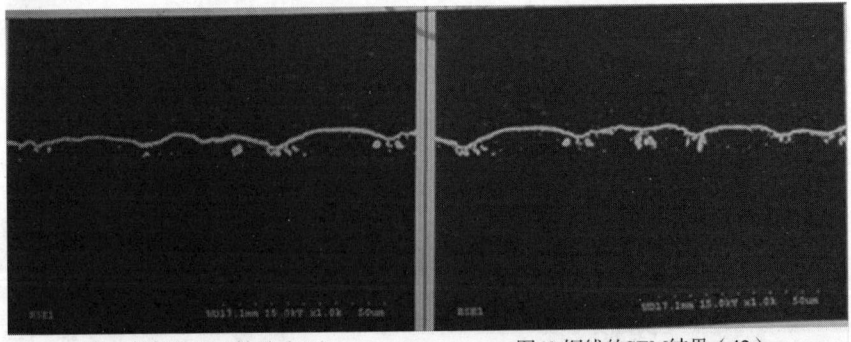

图42 铜线的SEM结果（41）

图43 铜线的SEM结果（42）

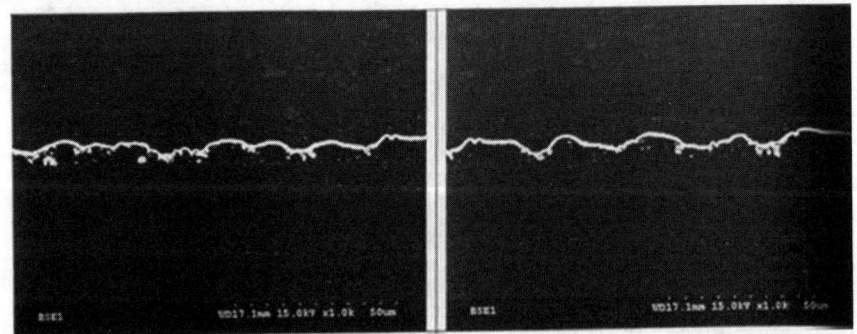

图44 铜线的SEM结果（43）

图45 铜线的SEM结果（44）

图46 铜线的SEM结果（45）　　　　图47 铜线的SEM结果（46）

图48 铜线的SEM结果（47）　　　　图49 铜线的SEM结果（48）

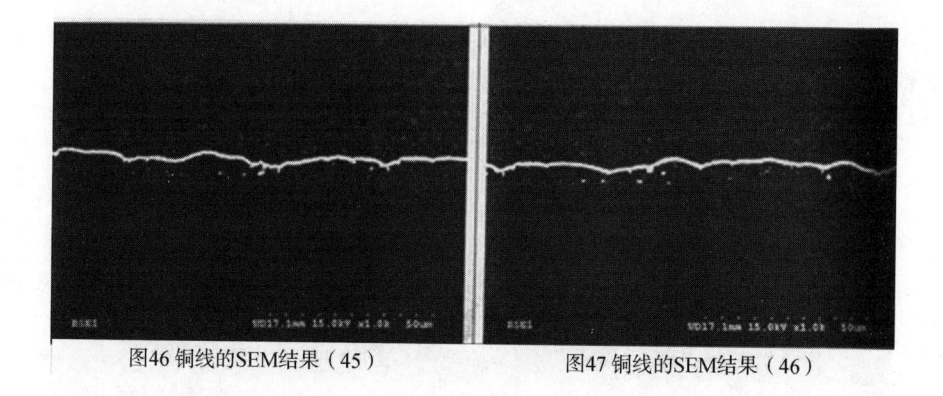

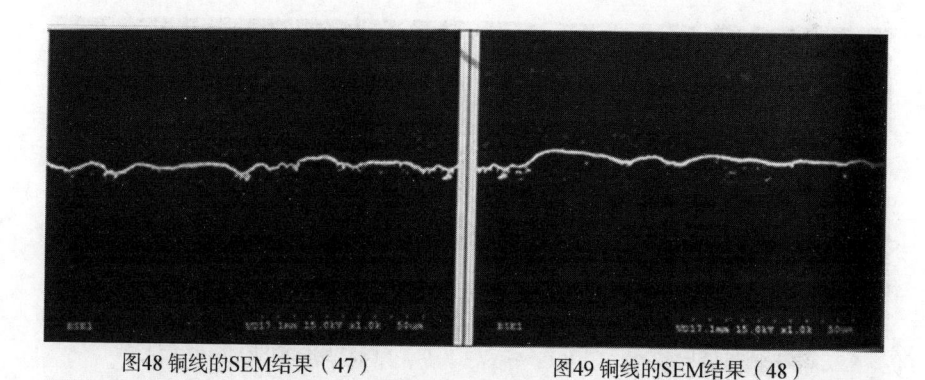

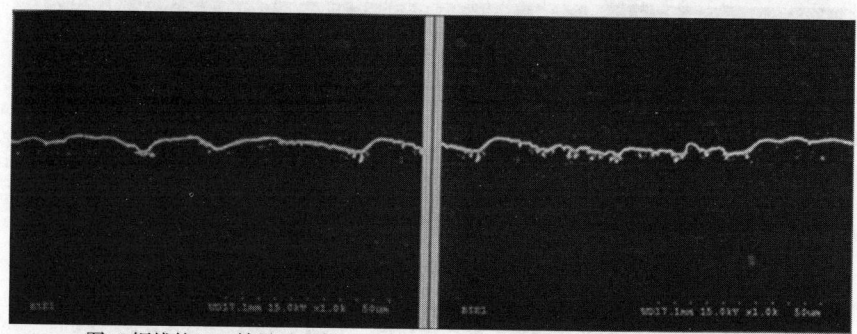

图50 铜线的SEM结果（49）　　　　图51 铜线的SEM结果（50）

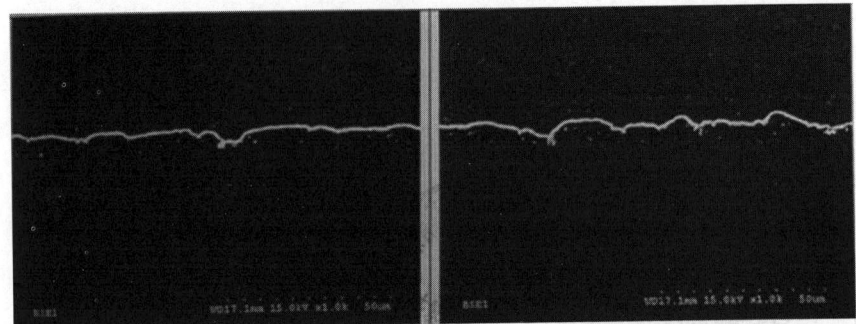

图52 铜线的SEM结果（51）　　　　图53 铜线的SEM结果（52）

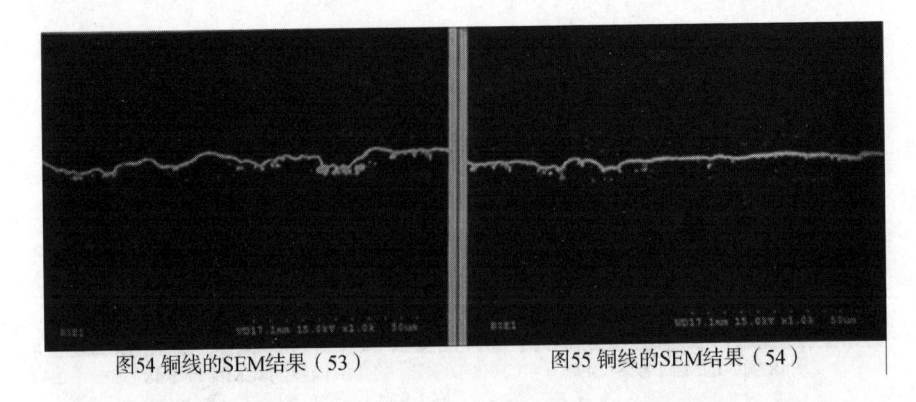

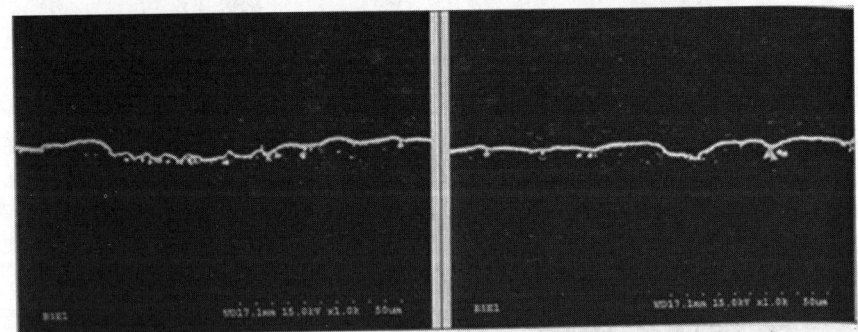

图54 铜线的SEM结果（53）　　　　图55 铜线的SEM结果（54）

图56 铜线的SEM结果（55）　　　　图57 铜线的SEM结果（56）

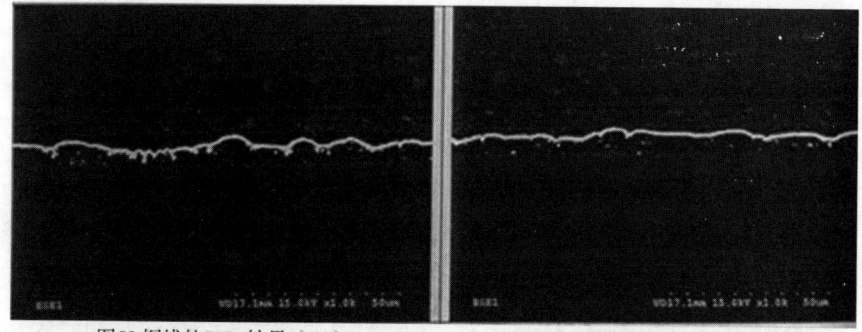

图58 铜线的SEM结果（57）　　　图59 铜线的SEM结果（58）

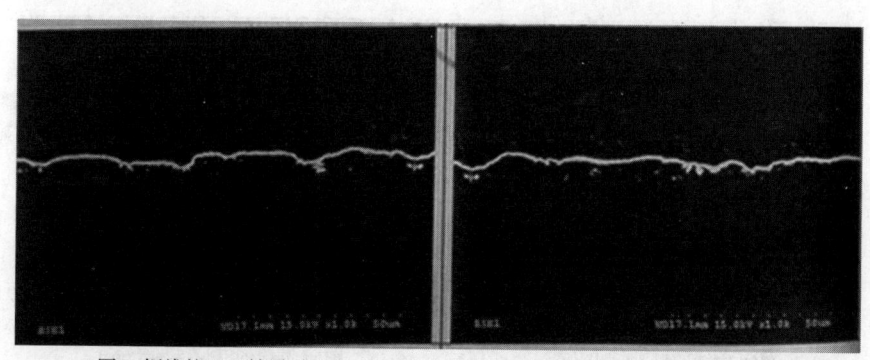

图60 铜线的SEM结果（59）　　　图61 铜线的SEM结果（60）

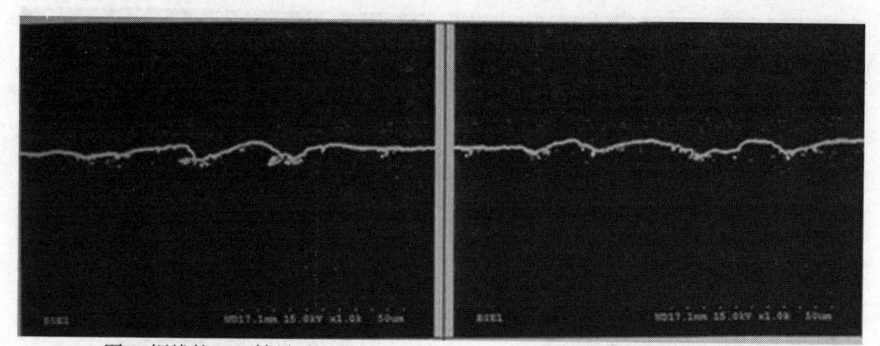

图62 铜线的SEM结果（61）　　　图63 铜线的SEM结果（62）

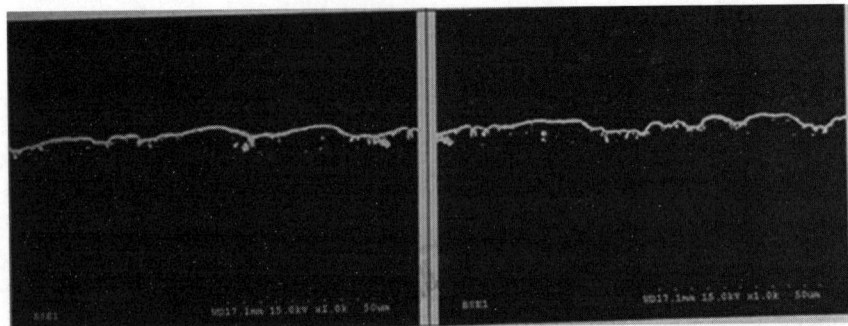

图64 铜线的SEM结果（63）　　图65 铜线的SEM结果（64）

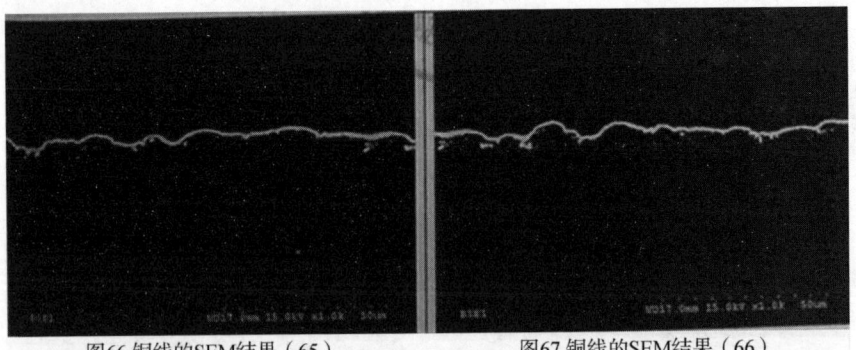

图66 铜线的SEM结果（65）　　图67 铜线的SEM结果（66）

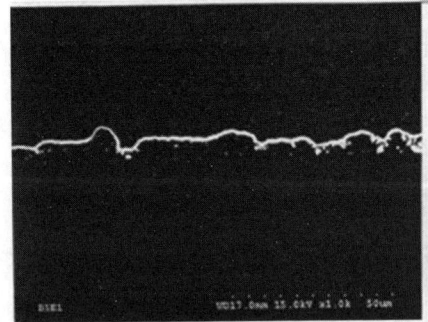

图68 铜线的SEM结果（67） 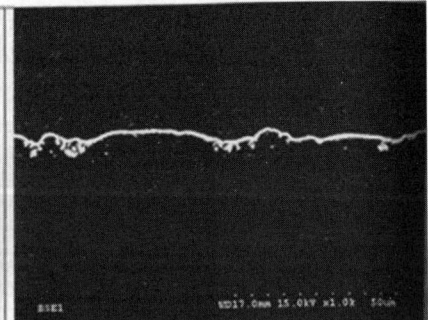　　图69 铜线的SEM结果（68）

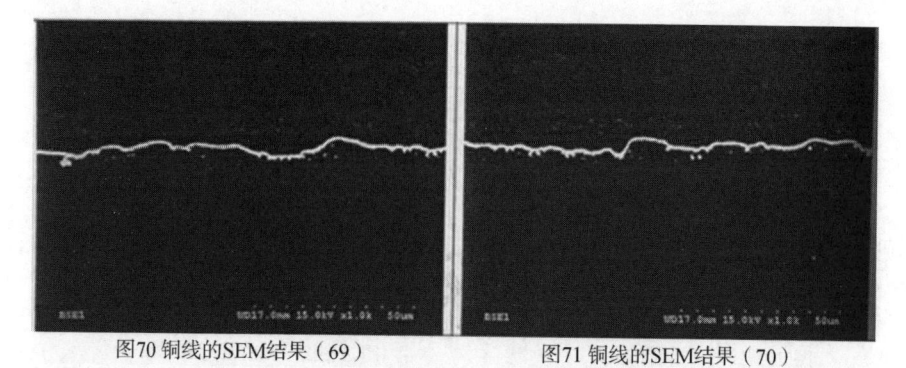

图70 铜线的SEM结果（69）　　图71 铜线的SEM结果（70）

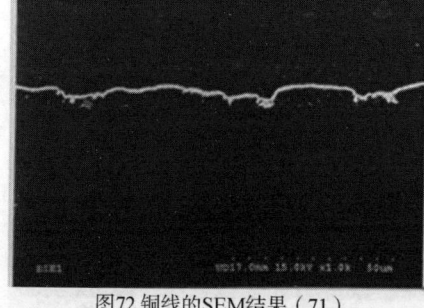

图72 铜线的SEM结果（71） 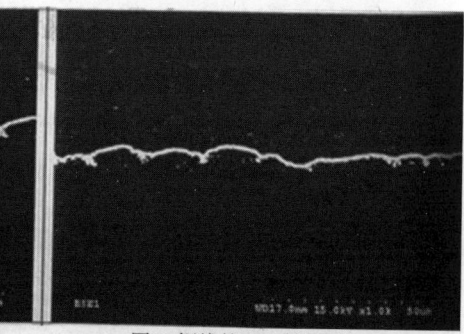　　图73 铜线的SEM结果（72）

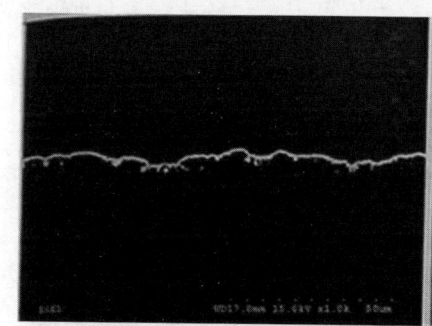

图74 铜线的SEM结果（73） 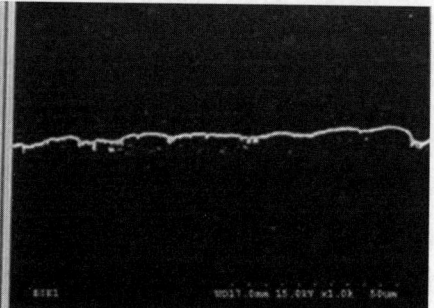　　图75 铜线的SEM结果（74）

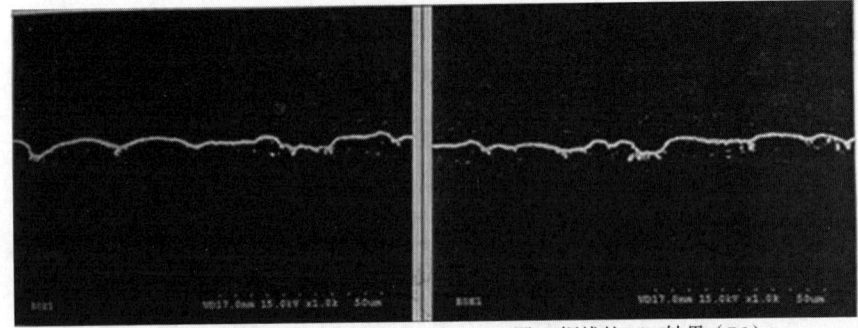

图76 铜线的SEM结果（75）　　　　　图77 铜线的SEM结果（76）

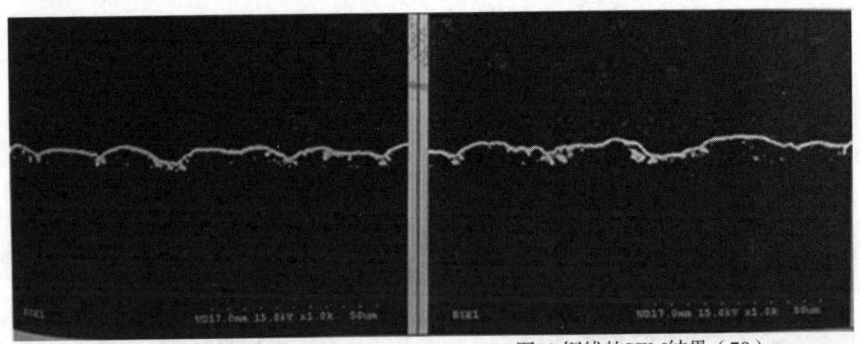

图78 铜线的SEM结果（77）　　　　　图79 铜线的SEM结果（78）

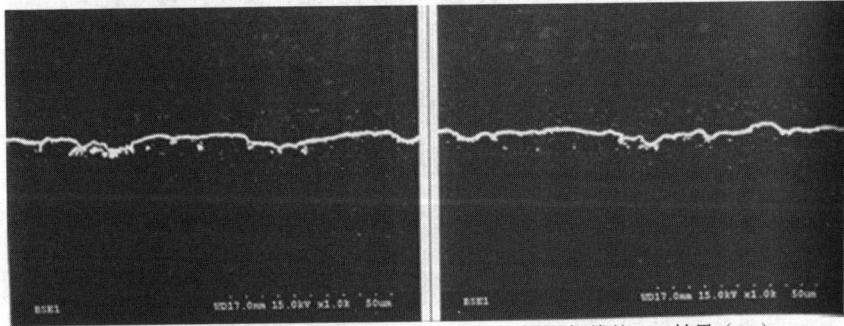

图80 铜线的SEM结果（79）　　　　　图81 铜线的SEM结果（80）

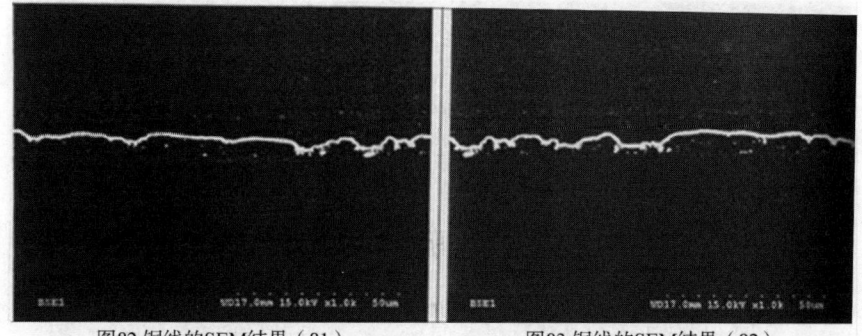

图82 铜线的SEM结果（81）　　　　图83 铜线的SEM结果（82）

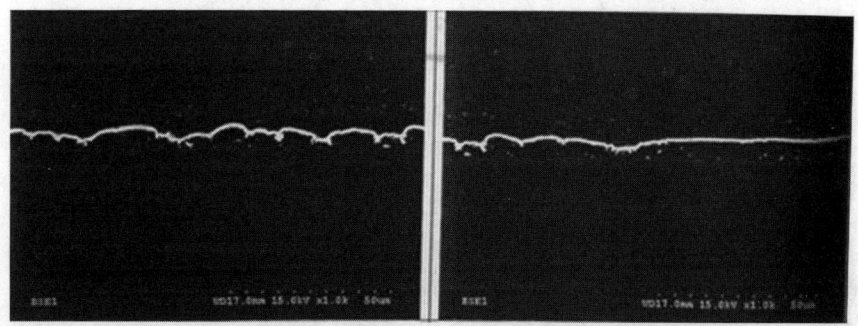

图84 铜线的SEM结果（83）　　　　图85 铜线的SEM结果（84）

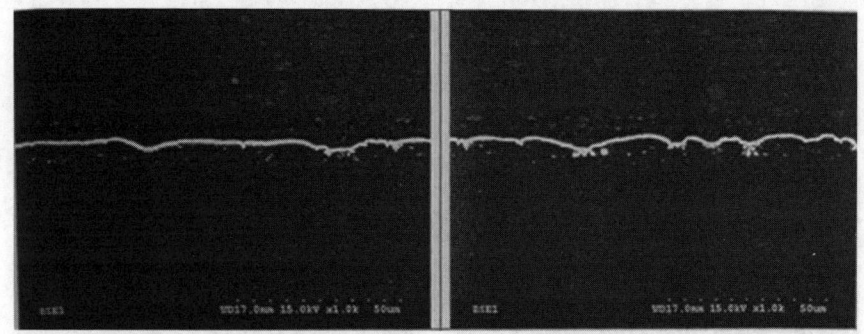

图86 铜线的SEM结果（85）　　　　图87 铜线的SEM结果（86）

图88 铜线的SEM结果（87）　　　　　　图89 铜线的SEM结果（88）

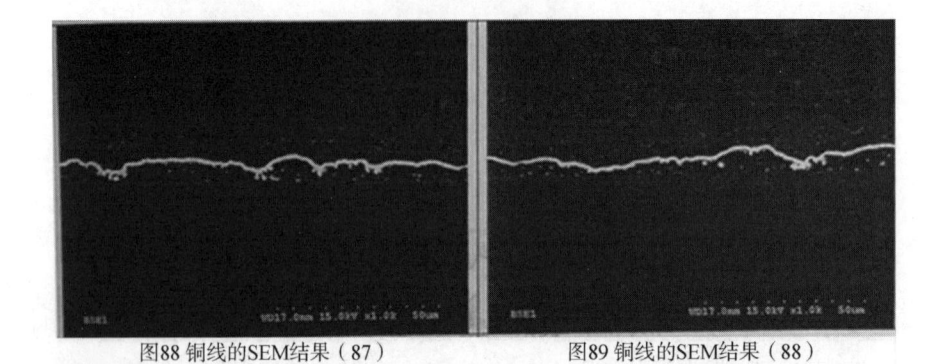

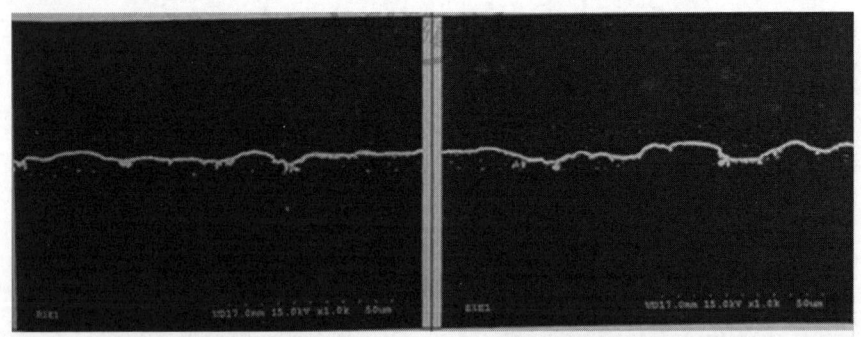

图90 铜线的SEM结果（89）　　　　　　图91 铜线的SEM结果（90）

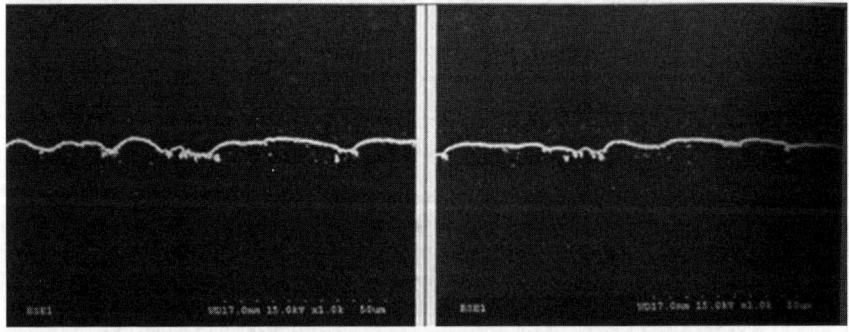

图92 铜线的SEM结果（91）　　　　　　图93 铜线的SEM结果（92）

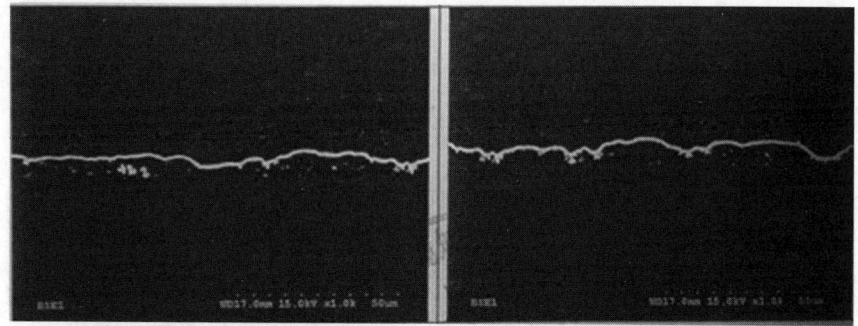

发明和实用新型专利权利要求的解释规则

图94 铜线的SEM结果（93）　　　　　　图95 铜线的SEM结果（94）

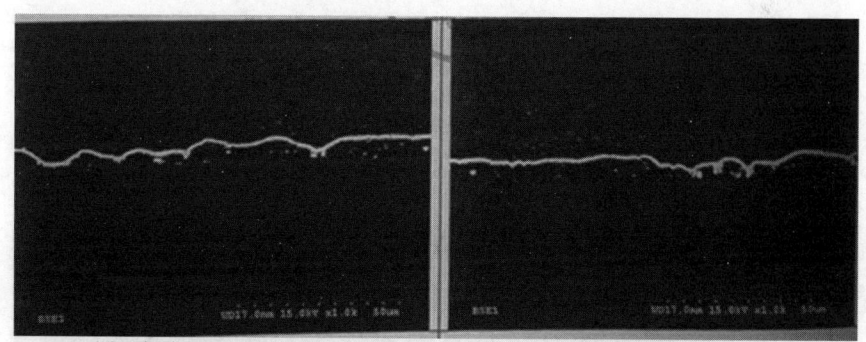

图96 铜线的SEM结果（95）　　　　　　图97 铜线的SEM结果（96）

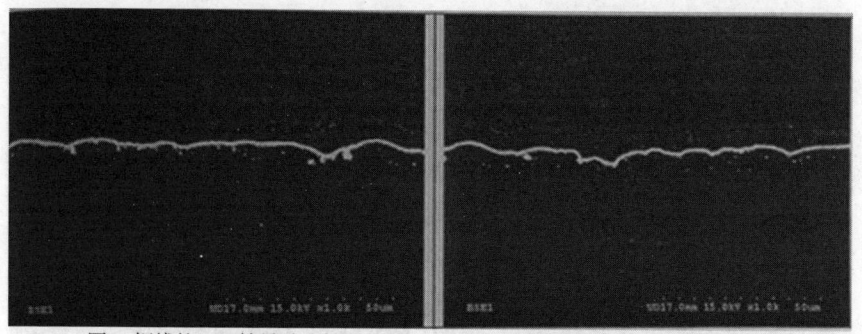

图98 铜线的SEM结果（97）　　　　　　图99 铜线的SEM结果（98）

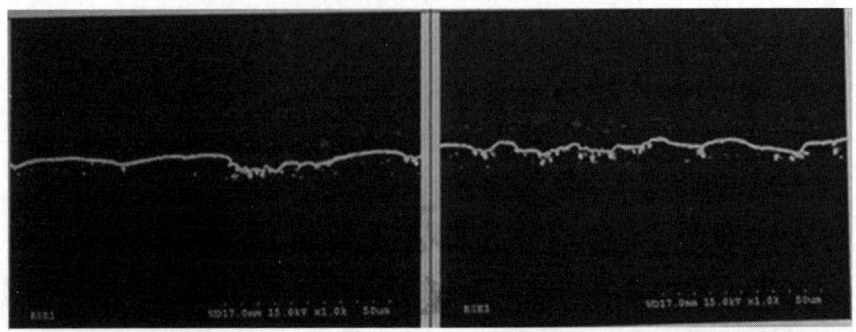

图100 铜线的SEM结果（99）　　　　　　　图101 铜线的SEM结果（100）

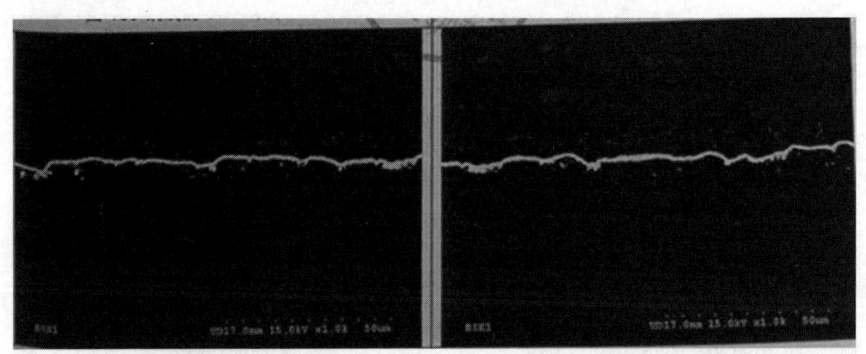

图102 铜线的SEM结果（101）　　　　　　　图103 铜线的SEM结果（102）

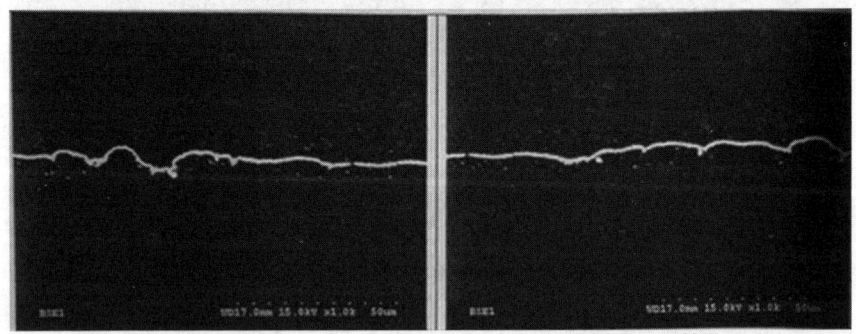

图104 铜线的SEM结果（103）　　　　　　　图105 铜线的SEM结果（104）

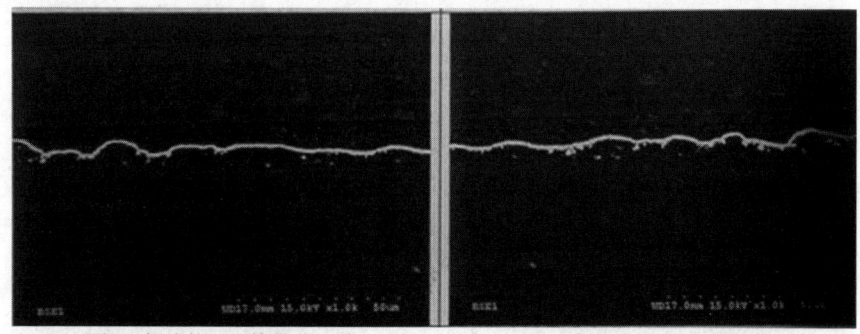

图106 铜线的SEM结果（105）　　图107 铜线的SEM结果（106）

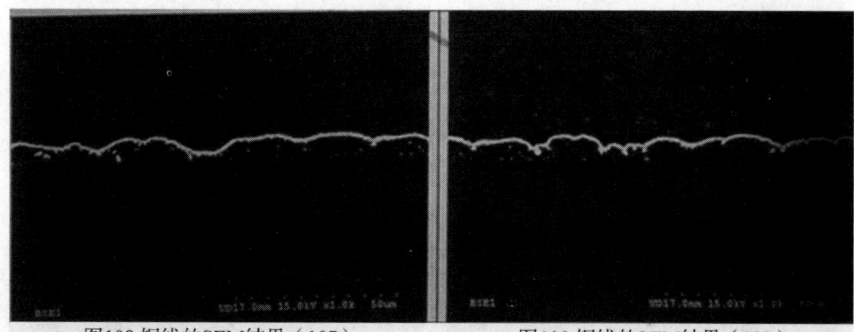

图108 铜线的SEM结果（107）　　图109 铜线的SEM结果（108）

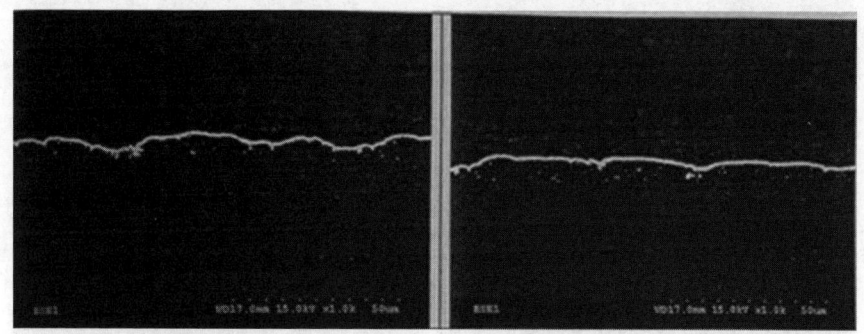

图110 铜线的SEM结果（109）　　图111 铜线的SEM结果（110）

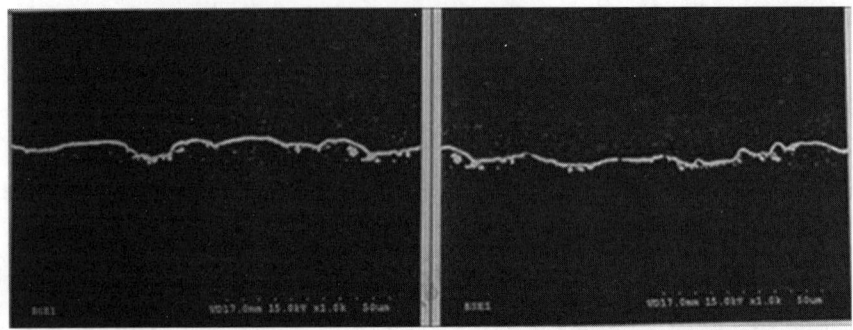

图112 铜线的SEM结果（111）　　图113 铜线的SEM结果（112）

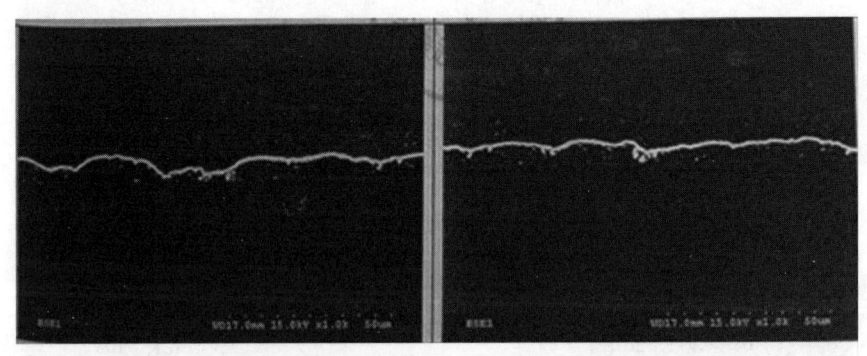

图114 铜线的SEM结果（113）　　图115 铜线的SEM结果（114）

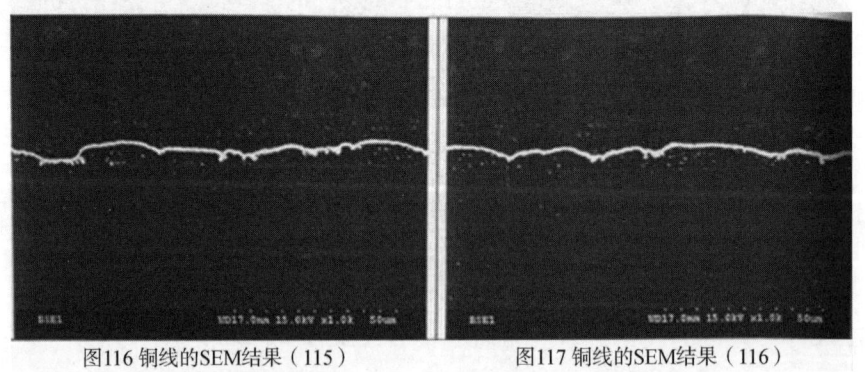

图116 铜线的SEM结果（115）　　图117 铜线的SEM结果（116）

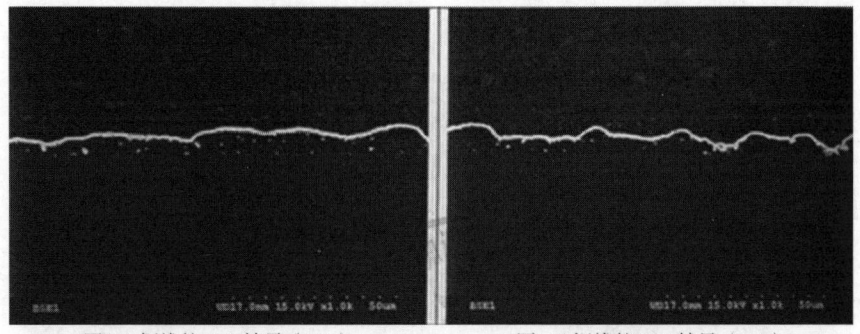

图118 铜线的SEM结果（117）　　　　图119 铜线的SEM结果（118）

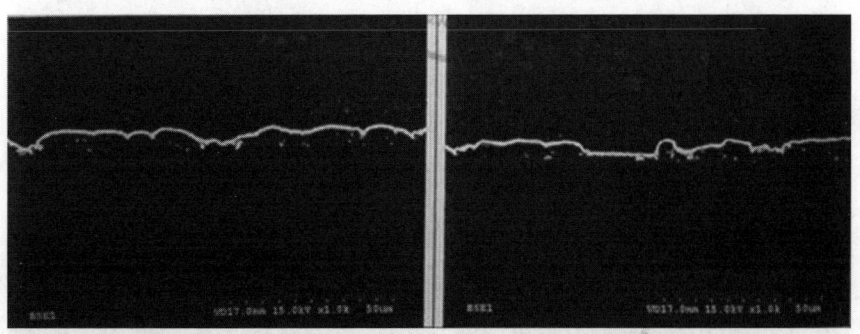

图120 铜线的SEM结果（119）　　　　图121 铜线的SEM结果（120）

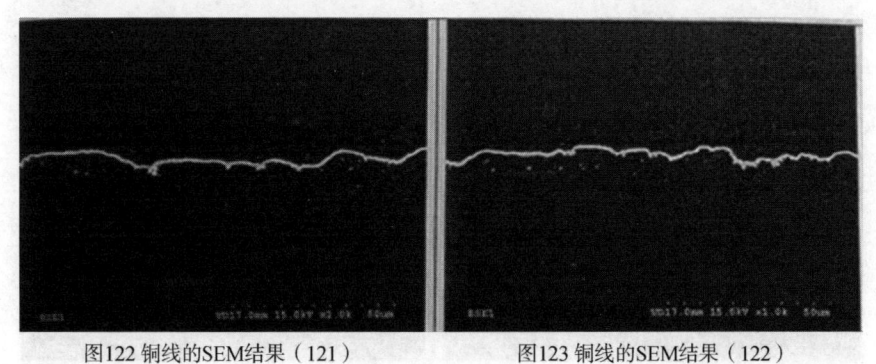

图122 铜线的SEM结果（121）　　　　图123 铜线的SEM结果（122）

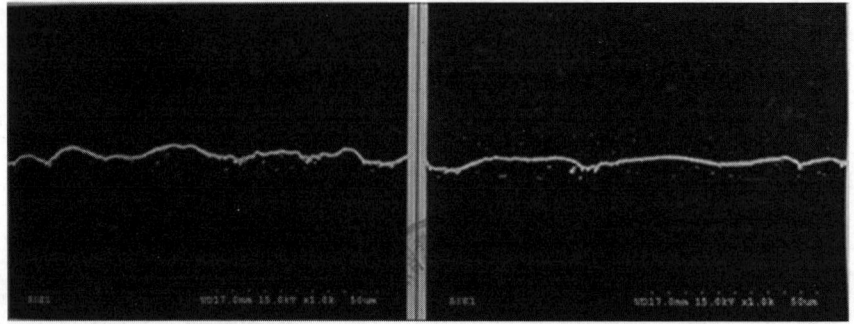

图124 铜线的SEM结果（123）　　　　图125 铜线的SEM结果（124）

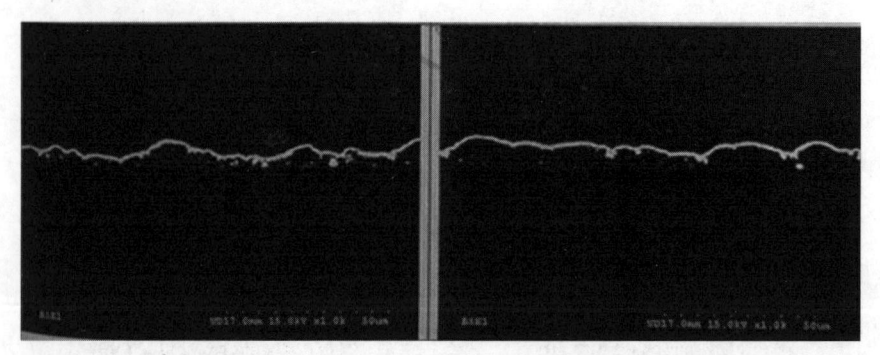

图126 铜线的SEM结果（125）　　　　图127 铜线的SEM结果（126）

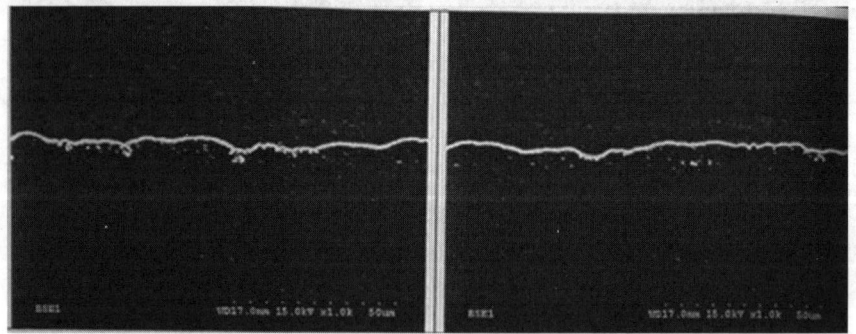

图128 铜线的SEM结果（127）　　　　图129 铜线的SEM结果（128）

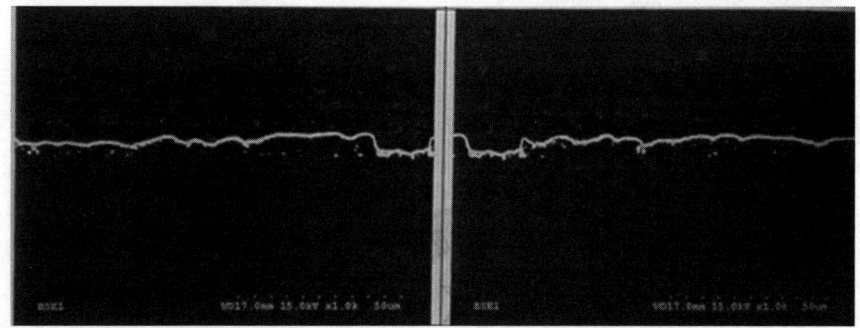

图130 铜线的SEM结果（129）　　　　图131 铜线的SEM结果（130）

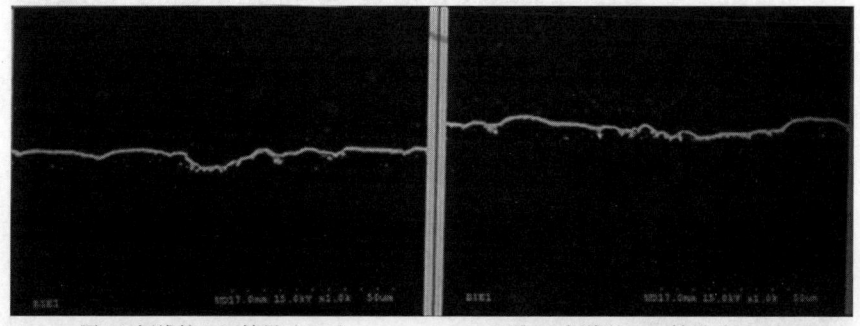

图132 铜线的SEM结果（131）　　　　图133 铜线的SEM结果（132）

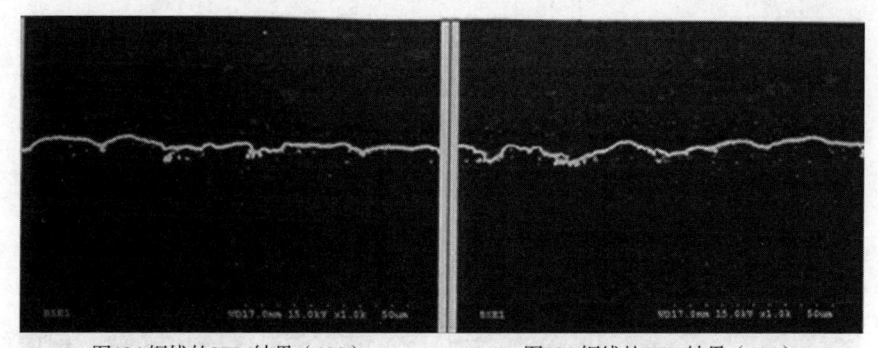

图134 铜线的SEM结果（133）　　　　图135 铜线的SEM结果（134）

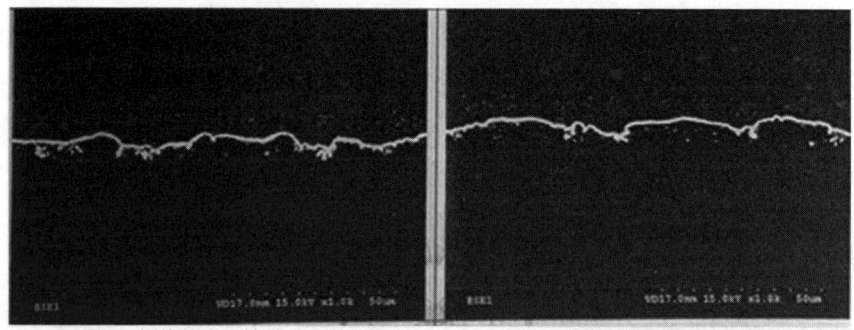

图136 铜线的SEM结果（135）　　　　图137 铜线的SEM结果（136）

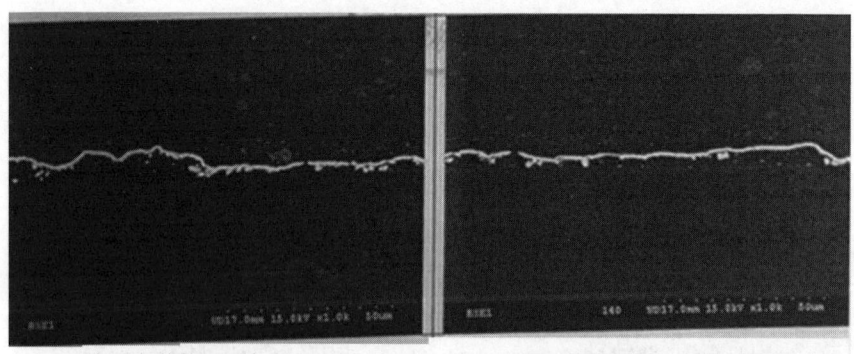

图138 铜线的SEM结果（137）　　　　图139 铜线的SEM结果（138）

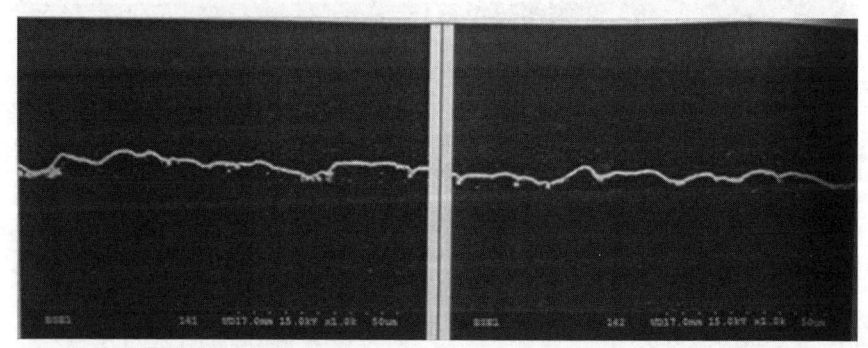

图140 铜线的SEM结果（139）　　　　图141 铜线的SEM结果（140）

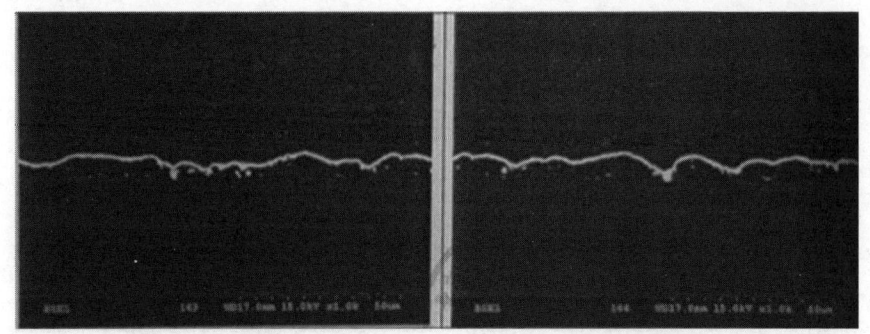

图142 铜线的SEM结果（141）　　图143 铜线的SEM结果（142）

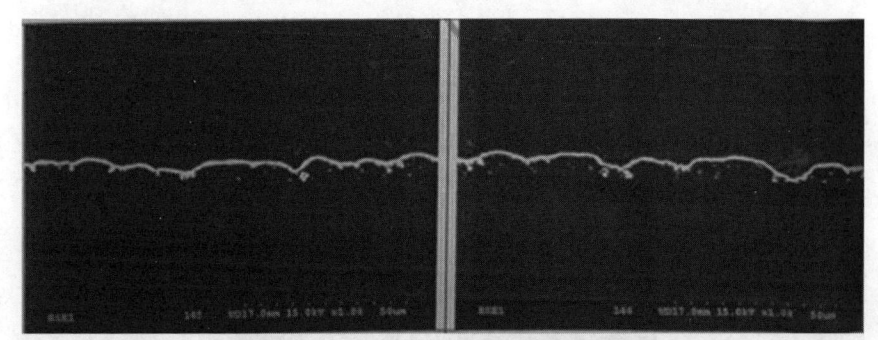

图144 铜线的SEM结果（143）　　图145 铜线的SEM结果（144）

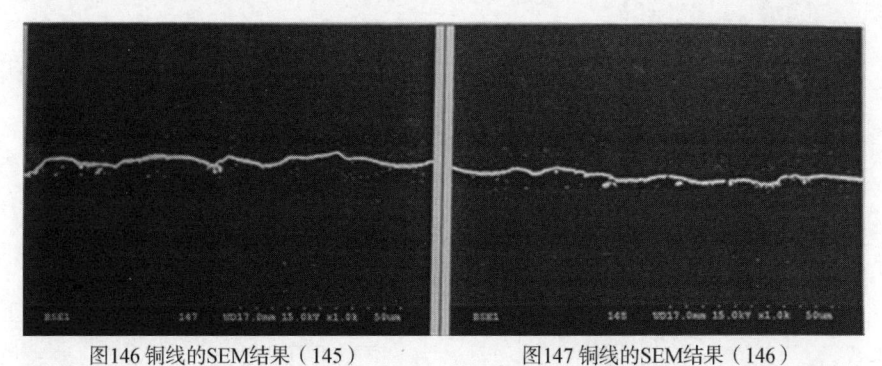

图146 铜线的SEM结果（145）　　图147 铜线的SEM结果（146）

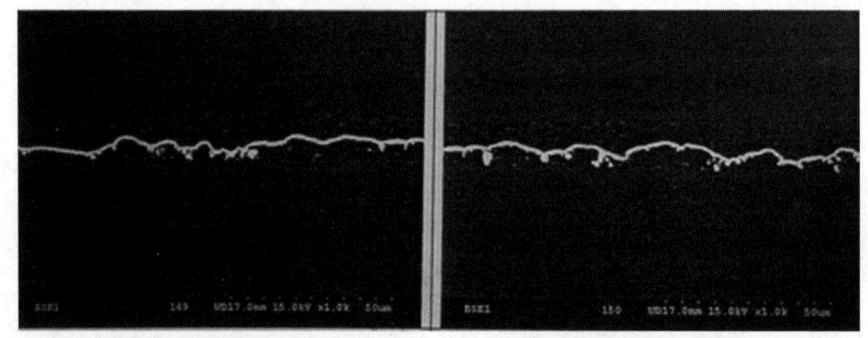

图148 铜线的SEM结果（147）　　　　图149 铜线的SEM结果（148）

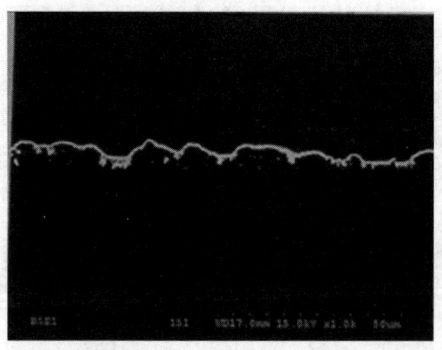

图150 铜线的SEM结果（149）

附件四：原告认为锯齿形和连续的凹凸形的具体图示

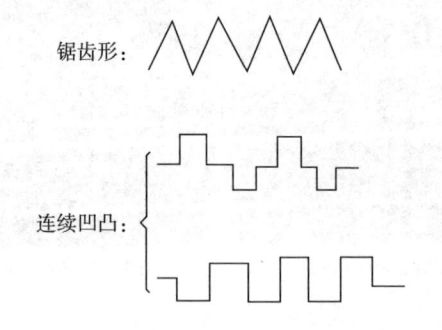

锯齿形：

连续凹凸：

2 专利相同侵权的判断

——陈某某诉东莞市爱芭娜服饰有限公司、深圳市钰锦服饰有限公司侵害实用新型专利纠纷案

【裁判要旨】

对于权利要求中含义不清晰的技术特征，应结合涉案专利说明书、附图中的相关记载进行解释，根据争议技术特征发挥的功能，合理确定专利权的保护范围。

【入选理由】

该案系专利权利要求解释的典型案例。与有体物相比，知识产权客体的界定存在天然的困难。专利申请人通过语言来界定其请求保护的发明、实用新型。对技术型专利而言，语言好比权利的"栅栏""藩篱""界石"，将申请人实际完成的技术以及与申请人实际完成的技术实质相同的技术作为私人产权的对象"圈"起来。出于语言的模糊性，被诉侵权技术是否落入涉案权利要求的范围，有时并非一望而知。这时就需要对权利要求进行解释。该案运用说明书、附图等内部证据对权利要求中争议技术特征的含义作出正确解释，对今后审理同类案件具有重要的示范意义。

案例索引

一审：广东省深圳市中级人民法院（2015）深中法知民初字第1301号

二审：广东省高级人民法院（2018）粤民终1576号

基本案情

上诉人（原审被告）：东莞市爱芭娜服饰有限公司（以下简称"爱芭娜公司"）

被上诉人（原审原告）：陈某某

原审被告：深圳市钰锦服饰有限公司（以下简称"钰锦公司"）

一审诉请

陈某某于2015年7月27日向一审法院提起诉讼，请求判令爱芭娜公司、钰锦公司：（1）立即停止生产、销售和许诺销售侵犯陈某某实用新型专利权的涉案产品；（2）共同赔偿陈某某经济损失以及陈某某为维权所支出的公证费、律师费合计人民币15万元；（3）共同承担该案诉讼费用。

案件事实

一审法院经审理查明，陈某某于2008年5月23日向国家知识产权局申请了名称为"气垫的充排气装置"的实用新型专利，并于2009年4月22日获得授权，专利号为ZL200820110531.6。根据2015年6月25日出具的专利登记簿副本的记载，该专利年费缴纳至2016年5月22日。2015年12月28日，陈某某缴纳了最新一期的年费。2016年2月3日，国家知识产权局作出第28182号无效宣告请求审查决定书，维持涉案专利有效。

深圳市南山公证处（2015）深南证字第15190号公证书载明，2015年6月18日，申请人李某的委托代理人韩某某向该处申请保全证据公证。同日，在公证员张某某、公证员助理王某的监督下，由韩某某操作该处电脑，进行网页内容证据保全。该公证书所附的实时截屏打印件内容显示：（1）域名为www.blm998.com 的网站（其在 ICP/IP 地址/域名信息备案管理系统中显示的主办单位为钰锦公司），其"联系我们"栏目中的联系方式内容信息指向爱芭娜公司，联系人为孙先生，手机号码为13760293915，在"波立美故事"栏目中载明"专注隐形浮力内衣研发领导品牌，爱芭娜公司以'以诚置业、以信为本'为经营宗旨，从一家小型加工厂，多年来不断学习和创新，引进设备人才逐渐扩大生产规模，现已发展成为集服装、隐形浮力内衣等内衣配件于一体的专业生产厂商，具备多种内衣配件生产能力以及坚实的专业基础，产品通过 SGS、ITS 质量标准测试和 OEKO – TEX 认证……"。（2）全国企业信用信息公示系统显示，爱芭娜公司的法定代表人为单求意，股东为单某某和孙某某，经营范围包括"生产、加工、销售：内衣、内衣辅料、服装、五金饰品；货物进出口、技术进出口"。钰锦公司的法定代表人为单某某，股东为单某某和彭某，经营范围为"内衣辅料、五金饰品的生产和销售；国内贸易，货物及技术进出口（法律、行政法规或者国务院决定禁止和规定在登记前须经批准的项目除外）"。爱芭娜公司确认其经营了上述网站并发布相关信息。钰锦公司对其系上述网站的备案主办单位亦无异议。

深圳市南山公证处（2015）深南证字第15188号公证书载明，2015年6月16日，申请人李某的委托代理人韩某某向该处申请保全证据公证。同日，公证员张某某、公证员助理龙某某与韩某某来到深圳市南山区新保辉大厦一楼大堂，韩某某从快递工作人员手中收取了快递单号为317018826220的邮包，并将取得的邮包当场交给公证员张某某。公证员张某某对邮包密封性进行检查，包裹密封完整。公证员张某某、公证员助理龙某某将该邮包带回该处进行拆封、拍照，随后重新封存，交给申请人取走保管。

陈某某一审当庭提交了公证封存的被诉侵权产品实物共2箱，经一审当庭查验，该实物公证封存完好。打开第一个公证封存包装一箱，里面共有8盒产品，该8盒产品的外包装标明产品名称是"隐形浮力内衣"，并有"波立美（可拆卸·隐形空气浮力内衣）"字样。在产品包装盒的侧面显示生产厂家是钰锦公司，地址是深圳市宝安区松岗谭头第二工业区一区41栋，包装盒侧面还显示有"溶溶月色"的标识，在另一侧面显示有"三段式气室设计"字样。打开外包装盒，里面还有一个包装盒，该包装盒的端面有"波立美"字样。

打开第二个包装箱，里面也有8盒产品，产品的外包装信息与第一个包装箱相同，还有黄色和红色送货单各一张，两张送货单的内容是一样的（送货单上有"ibra爱芭娜"标识，客户是韩某，地址是深圳市南山区，票据号是0001277，日期是2015年5月16日，订单号码是波立美，品名规格分别是0058、0068、0078、0088，数量均是4盒，0058的单价为人民币38元，0068的单价为人民币30元，0078的单价为人民币30元，0088的单价为人民币34元，运费为人民币30元，合计金额为人民币558元。送货单中加盖了被告爱芭娜公司的公章）。另外还有一张快捷快递的快递单，该快递单号是317018826220。

陈某某在该案中明确其指控的被诉侵权产品的货号为R0058。爱芭娜公司确认其销售了被诉侵权产品。爱芭娜公司、钰锦公司均否认制造了被诉侵权产品。

钰锦公司于2014年6月16日申请了"波立美"商标，申请号为14610055，于2015年12月1日被驳回申请。

在前述域名为www.blm998.com的网站中，"公司介绍"中显示"东莞市爱芭娜服饰有限公司，我们拥有多种现代化生产设备，一支凝聚力强的生产团……并以高效的流通速度和合理的价格有效降低了制衣企业的生产成本，我们的产品遍及全国各地"，"发展历程"中显示"波立美品牌将在2015年前，成长为中国乃至全球最好的内衣辅料供应商"。"公司环境"中显示其生产车间的图片、厂房外景图片、员工在机器设备前操作加工的图片、员工手工加工车间图片、生产车间图片、公司前台外景图片（前台外景显示为钰锦公司名称），"代理商店面展示"显示被告在上海、广州、深圳和成都都有店面，"公司新闻"显示"深圳钰锦服饰有限公司旗下品牌波立美"。

陈某某在该案中要求保护涉案专利的权利要求1，内容为：一种气垫的充排气装置,其结合于气垫的内面,其特征在于,包括:一上盖,其上表面凸设有一半球罩,在半球罩的相邻侧依次设置有第一上阀盖、第二上阀盖,其中在第一上阀盖处具有一吸气孔,第二上阀盖具有一排气孔;一底座,其结合于上盖的下表面,具有与上盖的半球罩共同形成一球泵体的半球罩,在底座的半球罩的相邻侧依次设置有第一底阀座、第二底阀座,其中第二底阀座的底部具有一充气兼排气孔,而上盖的第一上阀盖与底座的第一底阀座结合,上盖的第二上阀盖与底座的第二底阀座结合;一底封盖,其套装在底座的第二底阀座的外部,其底部具有一开孔,并且侧部设有至少一道开槽;一排气钮,其底部套设有一弹簧并且设置于第二上阀盖处;第一止气塞,其设置于第一上阀盖与第一底阀座结合后的内部空间中,封闭上盖的吸气孔;第二止气塞,其设置于底封盖内底面与第二底阀座外底面间的空间中,封闭底座的充气兼排气孔。

陈某某将涉案专利权利要求1所限定的技术方案的必要技术特征分解如下:(1)一种气垫的充排气装置,其结合于气垫的内面;(2)一上盖,其上表面凸设有一半球罩;(3)在半球罩的相邻侧依次设置有第一上阀盖、第二上阀盖,其中在第一上阀盖处具有一吸气孔,第二上阀盖具有一排气孔;(4)一底座,其结合于上盖的下表面,具有与上盖的半球罩共同形成一球泵体的半球罩;(5)在底座的半球罩的相邻侧依次设置有第一底阀座、第二底阀座,其中第二底阀座的底部具有一充气兼排气孔,而上盖的第一上阀盖与底座的第一底阀座结合,上盖的第二上阀盖与底座的第二底阀座结合;(6)一底封盖,其套装在底座的第二底阀座的外部,其底部具有一开孔,并且侧部设有至少一道开槽;(7)一排气钮,其底部套设有一弹簧并且设置于第二上阀盖处;(8)第一止气塞,其设置于第一上阀盖与第一底阀座结合后的内部空间中,封闭上盖的吸气孔;(9)第二止气塞,其设置于底封盖内底面与第二底阀座外底面间的空间中,封闭底座的充气兼排气孔。爱芭娜公司、钰锦公司对陈某某的上述技术特征分解意见没有异议。

经分解被诉侵权产品的被诉技术方案的相应技术特征后进行比对,陈某某主张,被诉技术方案字面覆盖了涉案专利权利要求1的技术特征1~9。陈某某同时认为，涉案专利权利要求1的技术特征7中的"弹簧"，其功能在于：通过顶住排气钮的按压部的下侧面，拉动止气塞向上运动并堵住排气孔的下端部，从而保证在充气的时候气体不会从排气孔泄漏出去；在排气的时候通过按压按压部，弹簧高度会收缩，止气塞会向下运动，止气塞与排气孔之间产生间隙，气体就从排气孔与止塞部之间的间隙排出。相应地，被诉侵权产品中有一圆锥台形部件，即为碟形弹簧，碟形弹簧边缘处所在的平面与碟形弹簧中间开孔的上表面所在的平面有一定的高度，通过碟形弹簧中间位置的上表面顶住按压部的下表面，碟形弹簧的边缘的下表面会与第二上阀盖的上表面接触，碟形弹簧会将止塞部向上推起，保证止塞部与排气孔紧密结合，充气时气体无法从排气孔中排出；在排气的时候通过按压按压部，按压部会将碟形弹簧的顶部向下按压，碟形弹簧顶部与边缘下端面的高度会变小，止塞部会向下运动，气体可以通过排气孔排出。

爱芭娜公司、钰锦公司则主张：（1）被诉侵权产品除了半球罩是上下分割的，在半球罩的相邻侧的上阀盖与底阀座为一体设置，认为被诉侵权产品没有上阀盖与底阀座。被诉侵权产品上部和下部虽然与陈某某专利权利要求1中的上阀盖与底阀座中设置的相应部件作用相近，但由于一体设置更能实现气垫的充排气交易并结构简单。（2）被诉侵权产品没有陈某某专利权利要求1中所述的弹簧部件。被诉侵权产品在具有或去除碟形部件后，其充排气功能实现没有明显差异，认为被诉侵权产品的充排气是依靠排气钮下端圆锥台形状的封堵件与排气通道的配合来完成的，其在第二底阀座外里面的空间中放置的是一个有弹性的泡棉，在往下按压之后泡棉会恢复原状，推动按压它的按压钮向上移动，从而重新封住排气孔。据此，爱芭娜公司、钰锦公司主张，被诉侵权产品与涉案专利既不相同也不构成等同。

经核，被诉侵权产品内有一气垫的充排气装置，经分解该气垫的充排气装置的被诉技术方案，可以确定以下事实：（1）被控装置结合在气垫的内面。（2）被控装置有一个上盖，上表面为一凸起的椭圆形半球罩。（3）被控装置在椭圆形半球罩相邻侧设置有第一上阀盖、第二上阀盖。第一上阀盖内凹，第二上阀盖外凸。第一上阀盖上有一吸气孔，第二上阀盖上有一排气孔。

专利相同侵权的判断

（4）被控装置有一个底座，结合于上盖的下表面，亦为一凸起的椭圆形半球罩，与上盖通过一外形缘边密实结合。（5）被控装置在底座的椭圆形半球罩的相邻侧依次设置有第一底阀座、第二底阀座。相比第二底阀座，第一底阀座更向外凸出。其中，第二底阀座的底部具有一充气兼排气孔，而上盖的第一上阀盖与底座的第一底阀座结合，上盖的第二上阀盖与底座的第二底阀座结合。（6）被控装置具有一底封盖，其套装在底座的第二底阀座的外部，其底部具有一开孔，并且侧部设有三道开槽。（7）被控装置有一排气钮，设置于第二上阀盖处。（8）被控装置有一泡棉部件，泡棉一端贴有塑料片，设置于第一上阀盖与第一底阀座结合后的内部空间中，封闭上盖的吸气孔。（9）被控装置还有一泡棉部件，泡棉一端贴有塑料片，设置于底封盖内底面与第二底阀座外底面间的空间中，封闭底座的充气兼排气孔。上述第8项和第9项中泡棉部件的结构与涉案专利具体实施例的"止气塞"的结构相同，其放置位置、功能与涉案专利"止气塞"的位置、功能相同。综上，被诉技术方案覆盖了涉案专利权利要求1的技术特征1～6、技术特征8、技术特征9。

关于陈某某专利权利要求1技术特征7中弹簧的功能、效果，根据涉案专利具体实施例对充气、排气操作方式的解释：充气时，一方面，气体通过第一上阀盖中的止气塞泡棉，再经由底座的充气兼排气孔向下挤压第二上阀盖中的止气塞，使得充气兼排气孔开启，从而使气体通过低封盖的开槽进入气垫内；另一方面，排气钮借着弹簧向上的顶力，使得止塞部封闭第二上阀盖上的排气孔的底部，由此使气体只充入气垫而不会外泄至气垫外。排气时，一方面，按压排气钮的按压部以压迫弹簧向下，使止塞部脱离对排气孔的封闭；另一方面，排气钮底端下压第二上阀盖中的止气塞，使充气兼排气孔开启，气体能够由此排向气垫外。由此可以看出，充气、排气时，排气钮借着弹簧向上的顶力或向下的压力，使得止塞部封堵或脱离封堵排气孔，可以帮助产品通过充气兼排气孔实现进气或排气的功能。

将被诉侵权产品与涉案专利权利要求1的第7个技术特征进行比对，被诉侵权产品排气钮的按压部和止塞部为一体成型，两者之间套设有一倒扣的碟形部件。该碟形部件系塑料件，具有一定的弹性，且四周有一圈凸点。排气钮的按压部和碟形部件的中心位置紧密贴合，一起覆盖在第二上阀盖的环状支脚上，止塞部位于环状支脚的底部。碟形部件的面积略大于环形支脚的面积，能够完全覆盖环形支脚，并通过四周的凸点扣住环形支脚，使得碟形部件与环形支脚之间形成一定的空间，并完全遮盖了第二上阀盖上的排气孔。在充气时，空气进入碟形部件与环形支脚之间空间后，对覆盖在环形支脚上方的按压部和碟形部件产生向上的顶力，碟形部件带动按压部弹性向上，从而拉动下方的止塞部封堵住第二上阀盖上的排气孔。按压排气钮的按压部时，外力的作用使按压部与碟形部件弹性向下，推动下方的止塞部向下移动，脱离对排气孔的封堵。

将被诉侵权产品中的碟形部件去除后，被诉侵权产品第二上阀盖上的排气孔直接暴露在外。充气时，部分气体会通过该排气孔直接排出，无法直接使止塞部上移封堵排气孔，部分气体通过充气兼排气孔进入气垫内。因为缺少止塞部的封堵作用，充气进展缓慢。只有在进入气垫内的气体足够多，第二上阀盖中的止气塞的泡棉内含有充足气体，向上膨胀，直至其上部的塑料薄片顶住止塞部，并推动止塞部上移，封堵住排气控，其充气状态才能顺利完成。在排气时，按压排气钮的按压部，虽然止塞部随之下移，脱离对排气孔的封堵，但由于没有碟形部件的间隔，按压部会直接覆盖在排气孔上，阻碍气体从排气孔处排出。被诉侵权产品中的气体仅能从充气兼排气孔排出气垫内，排气进展缓慢。

综上，被控装置的碟形部件与陈某某专利权利要求 1 技术特征 7 中弹簧的设置位置相同。被诉侵权产品中的排气钮也是借着碟形部件向上的顶力或向下的拉力，使得止塞部上移或下移，实现封堵或脱离封堵排气孔的功能，帮助被诉侵权产品实现充气或排气的效果，与技术特征 7 中弹簧的功能、效果相同。

陈某某为该案及关联案件［案号（2015）深中法知民初字第 1300 号］共支出公证费人民币 3400 元。

二审法院补充查明：

（1）二审庭审中，爱芭娜公司变更上诉理由第二项为：爱芭娜公司仅有销售行为，不应当对制造行为承担连带责任。且爱芭娜公司主张被诉侵权技术方案除了与涉案专利第7个技术特征不同外，对其他技术特征落入涉案专利权保护范围没有异议。

（2）被诉侵权产品在去除碟形部件后，充气、排气功能较具有该部件时具有显著差异，去除该部件后，充气、排气进展均明显较具有该部件时缓慢。

（3）涉案专利说明书中记载，排气钮14，其设于第二上阀盖113中且具有位于顶端的按压部141以及位于中段的止塞部142，其中止塞部142设于第二上阀盖113的排气孔116的底部，并且通过套装于排气钮14的按压部141底部并位于第二上阀盖113的内面之间的弹簧15，使得止塞部142能够长时间地封闭排气孔116……在上述充气过程中，第一止气塞16的止塞片161仍被泡棉162上顶而长时间地顶塞住第一上阀盖112的吸气孔114，同时，排气钮14借着弹簧15向上的顶力，使得止塞部142封闭排气孔116的底部，由此使得气体只充入气垫20而不会外泄至气垫外。……当想要调整充满气体的气垫的充气量而进行排气时，可以按压排气钮14的按压部141以压迫弹簧15向下，使止塞部142脱离对排气孔116底部的封闭；同时，排气钮14底端下压第二止气阀17，使充气兼排气孔124再次开启而使得气体能够由此排出气垫外。

一审判决

一审法院认为，该案系侵害实用新型专利纠纷。陈某某依法享有名称为"气垫的充排气装置"、专利号为ZL200820110531.6的实用新型专利权，该专利稳定有效，一审法院依法予以保护。

该案的争议焦点在于被诉侵权产品是否落入涉案专利权利要求1的保护范围之内。

根据我国《专利法》的相关规定，发明或者实用新型专利权的保护范围以其权利要求为准。人民法院作侵权判断时，应将专利权利要求书记载的全部技术特征与被诉技术方案的技术特征进行对比，被诉技术方案缺少权利要求记载的一个以上的技术特征，或者有一个以上技术特征不相同也不等同的，应当认定其没有落入专利权的保护范围。该案中，被诉侵权产品与陈某某专利产品均系充气垫，经对比，该案中被诉侵权产品具有陈某某主张保护的实用新型专利权利要求1的全部技术特征。一审法院分析如下：（1）被诉技术方案已经覆盖涉案专利权利要求1技术特征1～6、技术特征8、技术特征9，不再赘述。（2）被诉技术方案是否覆盖涉案专利权利要求1技术特征7。

第一，经查，被诉侵权产品在具有或去除碟形部件后，充气、排气功能的实现有明显差异，去除碟形部件后，被诉侵权产品的充气、排气功能不稳定，足以说明碟形部件对被诉侵权产品的充气、排气功能有明显影响，是被诉侵权产品重要组成部分。

第二，人民法院对于权利要求，可以运用说明书、权利要求书中的相关权利要求、专利审查档案进行解释。以上述方法仍不能明确权利要求含义的，可以结合工具书、教科书等公知文献以及该领域普通技术人员的通常理解进行解释。该案中，涉案权利要求、说明书、附图仅对技术特征7中"弹簧"的设置位置进行了简单的描述，不能明确该技术特征的具体含义，相关教科书则从功能性角度出发对"弹簧"的定义进行解释。鉴于涉案专利在说明书中的具体实施方式结合附图对专利"弹簧"的功能进行详细说明，能够与教科书的解释相互比较，因此，一审法院结合权利要求、说明书和附图的描述、教科书、效果的具体实施方式，共同确定"弹簧"这一技术特征的具体含义，即为：（1）弹簧的位置：弹簧套设在排气钮的上，位于按压部和止塞部之间，并设置在第二上阀盖处。（2）弹簧的功能：排气钮借着弹簧向上的顶力或向下的压力，使得止塞部封堵或脱离封堵排气孔，顺畅实现充气或排气的效果。如前文所述，被诉侵权产品中的碟形部件与涉案专利权利要求1技术特征7中弹簧设置位置、功能、实现效果相同。

第三，根据国家标准1805—2001的弹簧术语中对弹簧的定义，弹簧是指利用材料的弹性和结构特点通过变形和储存能量工作的一种机械零（部）件。在被诉侵权产品中，碟形部件紧密装配在排气钮按压部和环形支脚之间，装配时已给碟形部件一定的预紧力，且碟形部件本身系塑料件，具有一定的弹性，当外力施加到碟形部件上，该部件会变形，从而产生一定的弹力。因此，碟形部件与上述弹簧的定义相互吻合。

综上，被诉侵权产品中的碟形部件与涉案专利权利要求1技术特征7中的弹簧相同。被诉侵权产品落入陈某某专利的保护范围。被告关于不构成侵权的抗辩意见，一审法院不予采纳。

实用新型专利权被授予后，任何单位或者个人未经专利权人许可，都不得实施其专利，即不得为生产经营目的制造、使用、许诺销售、销售、进口其专利产品。

陈某某提供的证据显示爱芭娜公司、钰锦公司的法定代表人均为单某某，单某某同时也是爱芭娜公司、钰锦公司的股东，www.blm998.com网站上留的联系公司为被告爱芭娜公司，该网站的实际备案人是被告钰锦公司，该网站宣传内容将"波立美"商标同时指向爱芭娜公司、钰锦公司。因此，足以认定爱芭娜公司、钰锦公司构成共同侵权。涉案被诉侵权产品使用了爱芭娜公司、钰锦公司的"波立美"商标，标注生产商信息直接指向钰锦公司，足以认定爱芭娜公司、钰锦公司制造了被诉侵权产品。

爱芭娜公司、钰锦公司未经陈某某同意，以经营为目的许诺销售、销售、制造了被诉侵权产品，侵犯了陈某某的专利权，依法应当停止侵权行为并赔偿陈某某经济损失及合理费用。

因双方均未举证证明陈某某因侵权遭受的损失或者爱芭娜公司、钰锦公司因侵权获得的全部利益数额，故一审法院根据涉案专利的类别、侵权产品的市场价值，爱芭娜公司、钰锦公司侵权行为的性质，爱芭娜公司、钰锦公司的侵权规模，陈某某的维权费用等情节因素，酌情确定爱芭娜公司、钰锦公司赔偿陈某某经济损失及合理费用合计人民币15万元。

一审法院依照《专利法》第十一条第一款、第五十九条第一款、第六十五条，《最高人民法院关于审理侵犯专利权纠纷案件应用法律若干问题的解释》第三条、第七条，《民事诉讼法》第六十四条之规定，判决：(1)爱芭娜公司、钰锦公司立即停止侵害陈某某名称为"气垫的充排气装置"、专利号为ZL200820110531.6的实用新型专利的专利权的行为；(2)爱芭娜公司、钰锦公司应在判决生效之日起10日内赔偿陈某某经济损失及合理费用合计人民币15万元。爱芭娜公司、钰锦公司如果未能按照判决确定的期间履行给付金钱义务，则应当按照《民事诉讼法》第二百五十三条之规定，加倍支付迟延履行期间的债务利息。该案一审案件受理费人民币3300元，由爱芭娜公司、钰锦公司承担。

二审判决

广东省高级人民法院认为，该案系侵害实用新型专利权纠纷。涉案专利号为ZL200820110531.6、名称为"气垫的充排气装置"的实用新型专利至今合法有效，应受法律保护。根据双方当事人的诉辩意见，本案争议焦点为：(1)被诉侵权技术方案是否落入涉案专利权的保护范围；(2)爱芭娜公司是否应当与钰锦公司承担连带责任；(3)一审判决的赔偿数额是否合理。

(一) 关于被诉侵权技术方案是否落入涉案专利权保护范围的问题

《专利法》第五十九条第一款规定，发明或者实用新型专利权的保护范围以其权利要求的内容为准，说明书及附图可以用于解释权利要求。《最高人民法院关于审理侵犯专利权纠纷案件应用法律若干问题的解释》第七条规定，人民法院判定被诉侵权技术方案是否落入专利权的保护范围，应当审查权利人主张的权利要求所记载的全部技术特征。被诉侵权技术方案包含与权利要求记载的全部技术特征相同或者等同的技术特征的，人民法院应当认定其落入专利权的保护范围；被诉侵权技术方案的技术特征与权利要求记载的全部技术特征相比，缺少权利要求记载的一个以上的技术特征，或者有一个以上技术特征不相同也不等同的，人民法院应当认定其没有落入专利权的保护范围。

陈某某在该案中要求保护涉案专利的权利要求1，内容为：一种气垫的充排气装置，其结合于气垫的内面，其特征在于，包括：一上盖，其上表面凸设有一半球罩，在半球罩的相邻侧依次设置有第一上阀盖、第二上阀盖，其中在第一上阀盖处具有一吸气孔，第二上阀盖具有一排气孔；一底座，其结合于上盖的下表面，具有与上盖的半球罩共同形成一球泵体的半球罩，在底座的半球罩的相邻侧依次设置有第一底阀座、第二底阀座，其中第二底阀座的底部具有一充气兼排气孔，而上盖的第一上阀盖与底座的第一底阀座结合，上盖的第二上阀盖与底座的第二底阀座结合；一底封盖，其套装在底座的第二底阀座的外部，其底部具有一开孔，并且侧部设有至少一道开槽；一排气钮，其底部套设有一弹簧并且设置于第二上阀盖处；第一止气塞，其设置于第一上阀盖与第一底阀座结合后的内部空间中，封闭上盖的吸气孔；第二止气塞，其设置于底封盖内底面与第二底阀座外底面间的空间中，封闭底座的充气兼排气孔。爱芭娜公司主张被诉侵权技术方案不具有涉案专利技术特征"一排气钮，其底部套设有一弹簧并且设置于第二上阀盖处"中弹簧的技术特征，对其他技术特征落入涉案专利权保护范围没有异议。故判断被诉侵权技术方案是否落入涉案专利权保护范围的关键在于，判断被诉侵权方案是否具有涉案专利中排气钮底部套设一弹簧的技术特征。爱芭娜公司主张去除该碟形部件后，被诉侵权技术方案的充排气功能不具有明显差异。该项主张与二审法院查明事实不符，二审法院不予采信。二审法院认为，由于涉案专利权利要求书中，仅限定弹簧套设于排气钮底部，但对该两者的具体设置形式并未进行详细说明，因此应结合涉案专利说明书中的相关记载进行解释。根据说明书记载，"排气钮14，其设于第二上阀盖113中且具有位于顶端的按压部141以及位于中段的止塞部142，其中止塞部142设于第二上阀盖113的排气孔116的底部，并且通过套装于排气钮14的按压部141底部并位于第二上阀盖113的内面之间的弹簧15，使得止塞部142能够长时间地封闭排气孔116"，故涉案专利中弹簧与排气钮的具体位置关系应为，弹簧套装于排气钮按压部底部与止塞部之间，并位于第二上阀盖内面之上。在被诉侵权技术方案中，排气钮按压部底部与止塞部之间、第二上阀盖内面之上亦套设有一碟形部件，且该部件为一塑料件，具有一定的弹性，当外力施加到碟形部件上，该部件会变形，从而产生一定的弹力，符合弹簧的定义。结合说明书及附图可知，涉案专利中"弹簧"的功能在于，充气过程中，排气钮借助弹簧向上的顶力，使得止塞部封闭排气孔，达到充气过程中气体只充入气垫而不会外泄至气垫外的效果；而在排气过程中，排气钮借助弹簧向下的压力，使得止塞部脱离对排气孔底部的封闭，同时排气钮底端下压第二止气塞，使充气兼排气孔再次开启而使得气体能够自由排出气垫外。而被诉侵权技术方案中碟形部件实现的功能在于，在充气过程中，对被诉侵权方案的排气钮起固定支撑作用，通过碟形部件中间位置的上表面支撑按压部下表面，使得止塞部向上推起，持续封闭排气孔；在排气过程中，通过按压排气钮，同时将碟形部件的顶部向下按压，使得碟形部件顶部与边缘下端面的高度差变小，推动止塞部向下运动，使得止塞部脱离对排气孔底部的封闭，促进气体排出。故被诉侵权技术方案中该碟形部件与涉案专利技术特征中的"弹簧"是以相同的技术手段，实现相同的功能和效果，被诉侵权技术方案落入涉案专利权的保护范围。爱芭娜公司主张被诉侵权技术方案不落入涉案专利权保护范围没有事实与法律依据，二审法院予以驳回。

（二）关于爱芭娜公司是否应当与钰锦公司承担连带责任的问题

该案中，在实际备案人为钰锦公司的 www.blm998.com 网站上有多处关于爱芭娜公司的宣传介绍，在关于爱芭娜公司公司环境的网页介绍中，有若干生产线图片以及钰锦公司的前台照片，爱芭娜公司销售的被诉侵权产品上亦有钰锦公司申请注册的"波立美"商标，并标注生产商为钰锦公司，结合爱芭娜公司、钰锦公司的法定代表人及股东均为单某某的事实，在爱芭娜公司、钰锦公司未能对此进行合理解释或提供反证的情况下，足以认定爱芭娜公司、钰锦公司在生产、销售、许诺销售被诉侵权产品的行为上存在意思联络关系，应构成共同侵权。《民法通则》第一百三十条规定，二人以上共同侵权造成他人损害的，应当承担连带责任。故一审法院认定爱芭娜公司、钰锦公司构成共同侵权，应对陈某某的损失承担连带赔偿责任，并无不当，二审法院予以维持。

（三）一审判决确定的赔偿数额是否合理

根据《专利法》第六十五条第二款规定，权利人的损失、侵权人获得的利益和专利许可使用费均难以确定的，人民法院可以根据专利权的类型、侵权行为的性质和情节等因素，确定给予一万元以上一百万元以下的赔偿。该案由于权利人的损失、侵权人获得的利益和专利许可使用费均难以确定，一审法院综合涉案专利权的类型、爱芭娜公司和钰锦公司侵权行为的性质和情节、陈某某的维权支出等因素，在法定赔偿额的范围内确定15万元的赔偿数额，并无不当，二审法院予以支持。

综上，一审法院认定事实清楚，适用法律正确，应予维持。上诉人爱芭娜公司的上诉理由与请求均不能成立，二审法院予以驳回。依照《民事诉讼法》第一百七十条第一款第（一）项之规定，判决如下：驳回上诉，维持原判。二审案件受理费3300元，由上诉人爱芭娜公司负担。

案例解析

该案是一个典型的涉外实用新型专利侵权纠纷诉讼。在专利权侵权诉讼中，当事人争议的焦点同时也就是法院审理的重点，主要包括两个方面：一是被告的行为是否构成侵权？二是如果被告的行为构成侵权，则应当如何承担民事责任？前者涉及侵权责任的构成要件以及侵权标准的判断问题，后者则涉及侵权责任的承担问题。根据我国《专利法》的规定，发明和实用新型专利侵权的构成要件和判断标准基本相同，现结合该案，对发明和实用新型专利侵权的构成要件和判断标准予以解析。

一、发明、实用新型专利侵权的构成要件

民事侵权有直接侵权和间接侵权两类。专利侵权作为民事侵权的一种，其也存在直接侵权和间接侵权之分。我国《专利法》第十一条规定："发明和实用新型专利权被授予后，除本法另有规定的以外，任何单位或者个人未经专利权人许可，都不得实施其专利，即不得为生产经营目的制造、使用、许诺销售、销售、进口其专利产品，或者使用其专利方法以及使用、许诺销售、销售、进口依照该专利方法直接获得的产品。外观设计专利权被授予后，任何单位或者个人未经专利权人许可，都不得实施其专利，即不得为生产经营目的制造、许诺销售、销售、进口其外观设计专利产品。"当事人违反该规定，其行为即构成专利侵权，而且是一种直接侵权。

对于专利间接侵权，我国《专利法》虽然没有作出明确规定，但我国

《侵权责任法》规定了教唆、帮助的共同侵权制度。《最高人民法院关于审理侵犯专利权纠纷案件应用法律若干问题的解释（二）》第二十一条规定："明知有关产品系专门用于实施专利的材料、设备、零部件、中间物等，未经专利权人许可，为生产经营目的将该产品提供给他人实施了侵犯专利权的行为，权利人主张该提供者的行为属于侵权责任法第九条规定的帮助他人实施侵权行为的，人民法院应予支持。明知有关产品、方法被授予专利权，未经专利权人许可，为生产经营目的积极诱导他人实施了侵犯专利权的行为，权利人主张该诱导者的行为属于侵权责任法第九条规定的教唆他人实施侵权行为的，人民法院应予支持。"当事人实施的帮助、教唆行为，即属于专利间接侵权。

（一）发明、实用新型专利直接侵权的构成要件

根据《专利法》第十一条第一款以及相关司法解释的规定，发明、实用新型专利直接侵权的构成要件如下。

1. 被诉侵权技术方案落入专利权的保护范围

被诉侵权人有无实施专利权人的专利，其判断标准在于：被诉侵权技术方案有无落入涉案专利权利要求的保护范围。而根据《最高人民法院关于审理侵犯专利权纠纷案件应用法律若干问题的解释》第七条的规定，法院判定被诉侵权技术方案是否落入专利权的保护范围，应当审查权利人主张的权利要求所记载的全部技术特征。被诉侵权技术方案包含与权利要求记载的全部技术特征相同或者等同的技术特征的，法院应当认定其落入专利权的保护范围；被诉侵权技术方案的技术特征与权利要求记载的全部技术特征相比，缺少权利要求记载的一个以上的技术特征，或者有一个以上技术特征不相同也不等同的，法院应当认定其没有落入专利权的保护范围。

2. 实施了具体的侵权行为

根据《专利法》第十一条第一款的规定，并非所有的实施专利权的行为均构成侵权，未经专利权人许可，且为生产经营目的制造、使用、许诺销售、销售、进口其专利产品的行为，或者使用其专利方法以及使用、许诺销售、销售、进口依照该专利方法直接获得的产品的行为，才构成侵权。此外，《专利法》第六十九条明确规定："有下列情形之一的，不视为侵犯专利权：

(一)专利产品或者依照专利方法直接获得的产品,由专利权人或者经其许可的单位、个人售出后,使用、许诺销售、销售、进口该产品的;(二)在专利申请日前已经制造相同产品、使用相同方法或者已经做好制造、使用的必要准备,并且仅在原有范围内继续制造、使用的;(三)临时通过中国领陆、领水、领空的外国运输工具,依照其所属国同中国签订的协议或者共同参加的国际条约,或者依照互惠原则,为运输工具自身需要而在其装置和设备中使用有关专利的;(四)专为科学研究和实验而使用有关专利的;(五)为提供行政审批所需要的信息,制造、使用、进口专利药品或者专利医疗器械的,以及专门为其制造、进口专利药品或者专利医疗器械的。"

(二)发明、实用新型专利间接侵权的构成要件

根据《最高人民法院关于审理侵犯专利权纠纷案件应用法律若干问题的解释(二)》第二十一条的规定,专利间接侵权的构成要件如下。

1. 客观要件

行为人实施帮助、教唆行为。其中,帮助行为是指未经专利权人许可,为生产经营目的,将专门用于实施专利的材料、设备、零部件、中间物等产品提供给他人实施侵犯专利权的行为。教唆行为是指未经专利权人许可,为生产经营目的积极诱导他人实施侵犯专利权的行为。需要注意的是,虽然理论和司法实践中对于专利间接侵权是否以专利直接侵权成立为前提要件存在争议,但上述司法解释实际上采纳肯定说的观点,即只有在"他人实施了侵权专利权的行为"的情况下,提供帮助和实施教唆者才构成间接侵权。[1]

2. 主观要件

行为人的主观状态为"明知"。具体而言,在帮助侵权时,行为人应当"明知"有关产品系专门用于实施专利的材料、设备、零部件、中间物等,仍将该产品提供给他人实施侵犯专利权的行为;在教唆侵权时,行为人"明知"

---

[1] 参见最高人民法院知识产权审判庭.最高人民法院知识产权司法解释理解与适用[M].北京:中国法制出版社,2016:39.

有关产品、方法被授予专利权，仍积极诱导他人实施侵犯专利权的行为，构成侵权。

二、技术特征相同与否的对比：相同侵权的判断

（一）专利侵权判定的步骤和方法

专利侵权纠纷诉讼中，案件审理的重点和难点在于被诉侵权技术方案有无落入涉案专利权利保护范围的判断。这一判断采取所谓的全面覆盖原则。其具体含义是指在判定被诉侵权技术方案是否落入专利权的保护范围，应当审查权利人主张的权利要求所记载的全部技术特征，并以权利要求中记载的全部技术特征与被诉侵权技术方案所对应的全部技术特征逐一进行比较。被诉侵权技术方案包含与权利要求记载的全部技术特征相同或者等同的技术特征的，应当认定其落入专利权的保护范围。具体而言，对于发明专利和实用新型专利侵权的判定，主要是对被诉侵权技术方案的技术特征与涉案专利技术方案的技术特征进行对比。

1. 确定专利权的保护范围

具体而言，根据权利人的主张，确定其据以保护的权利要求，然后将相应的权利要求中的技术方案分解为具体的技术特征。对此，《最高人民法院关于审理侵犯专利权纠纷案件应用法律若干问题的解释》第一条规定："人民法院应当根据权利人主张的权利要求，依据专利法第五十九条第一款的规定确定专利权的保护范围。权利人在一审法庭辩论终结前变更其主张的权利要求的，人民法院应当准许。权利人主张以从属权利要求确定专利权保护范围的，人民法院应当以该从属权利要求记载的附加技术特征及其引用的权利要求记载的技术特征，确定专利权的保护范围。"《最高人民法院关于审理侵犯专利权纠纷案件应用法律若干问题的解释（二）》第一条规定："权利要求书有两项以上权利要求的，权利人应当在起诉状中载明据以起诉被诉侵权人侵犯其专利权的权利要求。起诉状对此未记载或者记载不明的，人民法院应当要求权利人明确。经释明，权利人仍不予明确的，人民法院可以裁定驳回起诉。"

2. 将被诉侵权技术方案与经过分解后的权利要求所记载的全部技术特征进行对比

对此可能出现以下几种结果。

（1）被诉侵权技术方案包含与权利要求记载的全部技术特征相同或者等同的技术特征的，认定其落入专利权的保护范围。例如，专利权利要求所记载的技术特征为a、b、c，被诉侵权技术方案的特征也为a、b、c，或者为a、b、c、d……这属于被诉侵权技术方案包含与权利要求记载的全部技术特征相同的情形，如构成侵权，属于相同侵权。而如果被诉侵权技术方案的特征为a、b、C，或者为a、b、C、d……其中，被诉侵权技术方案中的技术特征C虽然不完全与权利要求所记载的技术特征c相同，但两者属于等同特征，此种情况下如果构成侵权，则被称为等同侵权。

（2）被诉侵权技术方案的技术特征与权利要求记载的全部技术特征相比，缺少权利要求记载的一个以上的技术特征，或者有一个以上技术特征不相同也不等同的，认定其没有落入专利权的保护范围。例如，专利权利要求所记载的技术特征为a、b、c、d，而被诉侵权技术方案中只有a、b两个技术特征，或者被诉侵权技术方案中有a、b、c、E四个技术特征，其中技术特征E与权利要求记载的技术特征d既不相同也不等同。

经对比，如果认定被诉侵权技术方案落入专利权的保护范围，而且被诉侵权行为符合专利侵权的其他构成要件，又不属于《专利法》第六十九条规定的"不视为侵犯专利权"的情形，则应当判定被诉侵权行为构成侵权；反之，如果认定被诉侵权技术方案没有落入专利权的保护范围，则应当判定被诉侵权行为不构成侵权。

（二）技术特征的对比

如前所述，判断被诉侵权技术方案有无落入专利权的保护范围，其核心在于对被诉侵权技术方案与专利技术方案技术特征的对比。在进行技术对比时，应当注意以下几点。

1. 对比的对象

在专利侵权诉讼中，进行技术对比时，应当将被诉侵权技术方案与涉案专利技术方案进行对比，而不应以当事人提供的专利产品与被诉侵权技术方案直接进行比对，但专利产品可以帮助理解有关技术特征与技术方案。此外，权利人、被诉侵权人均有专利权时，一般不能将双方专利产品或者双方专利的权利要求进行比对。

2. 判断规则

被诉侵权技术方案在包含权利要求中的全部技术特征的基础上，又增加新的技术特征的，仍然落入专利权的保护范围，但专利文件明确排除该技术特征的除外。

当权利要求中记载的技术特征采用上位概念，而被诉侵权技术方案的相应技术特征采用的是相应的下位概念的，应认定构成相同技术特征；反之，则不构成相同技术特征。

三、该案的具体解析

该案中，双方当事人争议的焦点之一在于，被诉侵权技术方案是否落入涉案专利权的保护范围。具体而言，权利人主张保护的范围是涉案专利权利要求1，并主张被诉侵权技术方案字面覆盖涉案专利权利要求1所记载的全部技术特征，即认为被诉侵权人构成相同侵权。而被诉侵权人对其他技术特征落入涉案专利权保护范围没有异议，但认为被诉侵权技术方案不具有涉案专利技术特征"一排气钮，其底部套设有一弹簧并且设置于第二上阀盖处"中弹簧的技术特征。因此，该案中判断被诉侵权技术方案是否落入涉案专利权保护范围的关键在于，判断被诉侵权方案是否具有涉案专利中排气钮底部套设一弹簧的技术特征。

经分解被诉侵权产品可知，被诉侵权产品排气钮的按压部和止塞部为一体成型，两者之间套设有一倒扣的碟形部件，该碟形部件与被诉侵权技术方案中的"弹簧"相对应，如果该碟形部件与权利要求中记载的"弹簧"这一技术特征相同或者等同，则被诉侵权技术方案将落入涉案专利权的保护范围，反之，则未落入涉案专利权的保护范围。因此，对于两者的对比，是解决该案的重中之重。

该案中，一审、二审法院在运用各种解释方法对"弹簧"的含义进行解释，明确"弹簧"的基础上，认为被诉侵权产品的该碟形部件与涉案专利技术特征中的"弹簧"是以相同的技术手段，实现相同的功能和效果，被诉侵权技术方案落入涉案专利权的保护范围。

3 外观设计专利侵权的判断标准与抵触申请抗辩的法律适用

——皇家飞利浦有限公司（荷兰）与广东顺德欧宁科技电器有限公司等侵害外观设计专利权纠纷案

裁判要旨

（1）认定外观设计是否相同或者近似，应根据授权外观设计、被诉侵权设计的设计特征，以外观设计的整体视觉效果进行综合判断。被诉侵权设计与授权外观设计相同或近似的设计特征位于产品正常使用时容易被直接观察到的显著位置的，对于外观设计的整体视觉效果更具有影响。

（2）被诉侵权人实施的设计属于抵触申请请求保护的设计的，可参照适用现有设计抗辩的规定。

（3）知识产权司法保护必须坚持比例协调司法政策，知识产权的保护范围与强度应与其创新和贡献程度相协调。

入选理由

该案涉及外观设计专利的侵权判断。外观设计专利的保护范围，取决于表示在图片或者照片中的授权外观设计与被诉侵权设计的综合比对。只要一般消费者认为被诉侵权设计与授权外观设计在整体视觉效果上无实质性差异，被诉侵权设计即落入保护范围。为了使外观设计专利保护范围的判断具有更

外观设计专利侵权的判断标准与抵触申请抗辩的法律适用

强的"可计算性",最高人民法院通过司法解释明确一些对整体视觉效果有影响的因素。该案准确适用"产品正常使用时容易被直接观察到的部位"这个因素。对于被诉侵权人实施的设计属于抵触申请请求保护的设计的情形,该案认为可类推适用现有技术或设计抗辩规则,实现了对既有规则的发展和续造。该案主张,在酌定赔偿数额时,要考虑涉案专利的创新和贡献程度。

案例索引

广州知识产权法院(2017)粤73民初2221号

基本案情

原告:皇家飞利浦有限公司(Koninklijke Philips N. V.)(以下简称"飞利浦公司")

被告:广东顺德欧宁科技电器有限公司(以下简称"广东欧宁公司")

被告:佛山市顺德区欧宁电器有限公司(以下简称"佛山欧宁公司")

当事人诉请

飞利浦公司向法院提出诉讼请求:(1)判令广东欧宁公司与佛山欧宁公司立即停止侵犯飞利浦公司 ZL201030000440.X 号外观设计专利(该案专利)的行为,即立即停止制造、销售以及许诺销售侵犯该案专利权产品的行为,销毁用于制造被诉侵权产品的全部专用模具、设备,以及被诉侵权产品、半成品,销毁所有关于被诉侵权产品的宣传资料;(2)判令广东欧宁公司与佛山欧宁公司赔偿飞利浦公司经济损失人民币80万元;(3)判令广东欧宁公司与佛山欧宁公司赔偿飞利浦公司为制止侵权行为而支出的合理开支共计人民币20万元;(4)判令广东欧宁公司与佛山欧宁公司承担该案全部诉讼费用。

事实和理由:(1)飞利浦公司是该案专利 ZL201030000440.X 号外观设计专利的专利权人。"飞利浦"在炸锅类产品领域是知名品牌,该案专利是飞利浦公司在炸锅类产品上的重要外观设计，具有较高的市场价值。根据该案专利的专利权评价报告显示，该案专利设计符合《专利法》第二十二条第一款、第二款的规定，不存在其他不符合《专利法》有关外观设计专利授权条件的缺陷。该案专利的设计与专利权评价报告检索到的现有设计及其设计特征的组合相比均具有明显区别，应当受到保护。且飞利浦公司作为该案专利的专利权人有权就侵害该案专利权的行为提起诉讼。（2）广东欧宁公司和佛山欧宁公司未经飞利浦公司许可，共同制造、销售以及许诺销售被诉侵权产品，且被诉侵权产品落入该案专利的专利权保护范围，构成对该案专利的侵害。飞利浦公司调查发现，市面上大量销售的由广东欧宁公司和佛山欧宁公司制造的空气炸锅产品，与飞利浦公司的该案专利外观设计近似，构成对该案专利的侵害。飞利浦公司于2017年6月12日在广东欧宁公司处通过公证购买的方式取得被诉侵权产品，其产品包装上显示的厂商名为佛山欧宁公司，地址与佛山欧宁公司的地址一致。且广东欧宁公司和佛山欧宁公司在其官网上共同宣传被诉侵权产品，该网站的首页图片及品牌故事页标题显示的主体均为广东欧宁公司，网站ICP备案的主办单位为广东欧宁公司，网站的"版权所有"显示为佛山欧宁公司。此外，广东欧宁公司和佛山欧宁公司还为其他品牌大量加工被诉侵权产品，并大量出口海外。被诉侵权产品与涉案专利外观设计均为炸锅类产品，是相同种类的产品。通过被诉侵权设计与该案专利设计各视图的对比可见，广东欧宁公司和佛山欧宁公司制造、销售、许诺销售的空气炸锅产品的形状以及各视图均与该案专利设计相近似，对于一般消费者而言，整体视觉效果无任何差异，落入该案专利权的保护范围。因此，广东欧宁公司和佛山欧宁公司共同实施了制造、销售以及许诺销售被诉侵权产品的行为，构成对该案专利权的侵害，应承担相应的侵权责任。（3）广东欧宁公司和佛山欧宁公司应当承担相应的侵权责任。根据《专利法》第六十条的规定，未经专利权人许可实施其专利即侵犯专利权，权利人可以向法院起诉，侵权人应当立即停止侵权行为。根据《专利法》第六十五条的规定，侵犯专利权的赔偿数额按照权利人因被侵权所受到的实际损失确定，实际损失难以确定的，可以按照侵权人因侵权所获得的利益确定；权利人的损失或者侵权人获得的利益难以确定的，参照该专利许可使用费的倍数合理确定。赔偿数额还应当包括权利人为制止侵权行为所支付的合理开支。现有证据表明，广东欧宁公司和佛山欧宁公司为生产经营目的，大规模制造、销售和许诺销售被诉侵权的空气炸锅产品，给飞利浦公司造成了巨大损失。广东欧宁公司和佛山欧宁公司应当承担停止侵害、赔偿损失等民事责任，还应当承担飞利浦公司为维权支付的合理费用。（4）国家知识产权局专利复审委员会出具的第37017号无效宣告请求审查决定书证明了该案专利的稳定性强，且根据该决定书证明了被控侵权产品几乎具备全部无效决定确认的该案专利的区别设计特征。该决定书中显示，所援引的最接近的对比设计仅为抵触申请，并非现有设计，因此，即使是无效决定中认定的相同点也依然可以作为该案中的设计特征予以评价。无效决定有助于认定被诉侵权设计与该案外观设计专利近似，落入该案外观设计专利权的保护范围。

广东欧宁公司、佛山欧宁公司共同答辩称，该案专利的整体外形已经被公开，其要点是在局部要件形状，而被控侵权产品无论是整体还是局部部件的形状，均与该案专利存在显著差异，两者既不相同也不相似，没有落入该案专利保护范围。被控侵权产品价值在于其科学合理便捷的内部设计和优良的性能，而不是其外观设计，因此飞利浦公司要求数额过高，没有事实依据。该案诉求赔偿80万元，飞利浦公司律师费明显高于收费标准，而且飞利浦公司将企业信用信息的查询、商标的查询、网站备案查询等不该公证的网页进行公证，这些费用不应当属于合理费用范围，请求法院驳回飞利浦公司的全部诉讼请求。

案件事实

法院查明，2010年1月15日，皇家飞利浦电子股份有限公司向国家知识产权局申请名称为"油炸锅"，专利号为ZL201030000440.X的外观设计专利，并于2010年8月4日获得公告授权，专利权人为皇家飞利浦电子股份有限公司，2014年6月11日，专利权人变更为飞利浦公司，该外观设计专利至今持续合法有效。该专利授权公告图片详见附图一。

该外观设计简要说明内容如下：本外观设计产品名称为"油炸锅"，用于烹饪食物。该外观设计的设计要点体现在本申请的各个视图中。

2012年7月30日，飞利浦公司向国家知识产权局提出外观设计专利权评价申请，国家知识产权局于2012年9月21日出具外观设计专利权评价报告，初步结论如下：全部外观设计未发现不符合授予专利权条件的缺陷。

广东省广州市广州公证处于2017年4月6日作出的（2017）粤广广州第116134号公证书显示，2017年3月23日飞利浦公司的委托代理人尹某来到该处办理网页保全证据公证。在公证员樊某某和公证人员黄某某的见证下，尹某使用该处计算机进行相关操作。尹某打开浏览器输入网址http：//buy.ccb.com，以会员账号"avoc"输入密码登录，并在搜索栏输入"多丽空气炸锅"搜索和打开。在打开页面点击进入"￥1198多丽空气炸锅KZW29-150A电脑版电"的页面，该页面详细介绍了"多丽空气炸锅"的各种性能和参数。在该页面点击"经营证照"并经验证程序后显示该网店经营者为南宁市多丽电器有限责任公司，地址为南宁市北际路20号。点击购买该商品2件并付款，收货地址为广东省广州市越秀区东风中路437号，收货人为尹某，联系电话为15013238796，订单号为201703230049791557。

广东省广州市广州公证处于2017年6月15日作出的（2017）粤广广州第112329号公证书显示，2017年6月12日，飞利浦公司的委托代理人张某某与该处公证员樊某某和公证员冯某某来到位于佛山市顺德区通安路的"广东顺德欧宁科技电器有限公司"的现场，在公证员的见证下，张某某在广东欧宁公司的二楼外贸部购买了两个炸锅，并当场取得了销售单据一张、名片一张及产品手册一本。购买物品拍照封存后由飞利浦公司保存。据公证照片显示，购买的炸锅外包装上有"欧宁"字样的商标，有"KZD29-150A"字样的产品型号，标注生产厂家为佛山市顺德区欧宁电器有限公司，地址为广东省佛山市顺德区容桂沙滩路2号。产品手册上亦有与外包装一致的"欧宁"字样的商标。销售单据上印有"广东顺德欧宁科技电器有限公司财务部专用章"字样的印章，记有"今收到支阿酋联样机款560元"。名片上记有"何燕冰　外贸部""广东顺德欧宁科技电器有限公司""地址：广东省佛山市顺德

外观设计专利侵权的判断标准与抵触申请抗辩的法律适用

区均安镇通安路5-6号"的字样,印有与产品外包装和产品手册一致的"欧宁"字样的商标。

北京市方圆公证处于2017年6月19日作出的(2017)京方圆内经证字第47522号公证书显示,2017年6月19日,飞利浦公司的委托代理人陈某某到该处办理网页保全证据公证。在公证员薛某和工作人员裴某某的见证下,陈某使用该处计算机进行相关操作。(1)打开浏览器进入网址"http://www.amazon.cn/",搜索"Nuwave"并点击进入"Nuwave Brio 空气炸锅多色3.5 qt."网页链接,显示该商品价格为685.01元,商品正面上部有"Nuwave"字样的商标。(2)搜索"Greenis"并勾选"包含无库存商品",显示商品"Greenis格丽思空气炸锅G6000白色多功能无油炸锅无烟炸锅"。(3)搜索"Nuwave"并点击进入"Nuwave 36001 Brio Air Fryer, Black"网页链接,显示该商品价格为96.99美元(3.5 qt.尺寸),商品正面上部有"Nuwave"字样的商标。(4)在IE地址栏输入网址"http://nuwavenow.com/"并进入,该网页简单介绍该品牌的商品,其中包含先前操作步骤显示的炸锅。(5)点击该页面"Nuwave Brio Healthy Digital Air Fryer"下方的"Learn More"。(6)点击"Nuwave Brio Healthy Digital Air Fryer"页面的"MORE INFO"进入新页面,该新网页显示该商品售价为119.99美元和简要介绍,商品正面上部有"Nuwave"字样的商标。(7)在IE地址栏输入网址"http://nuwavenow.com/AboutUs"并进入,网页简单介绍"Nuwave"。(8)在IE地址栏输入网址"http://nuwavenow.com/INTERNATIONAL"并进入,网页介绍"Nuwave"国际展销的情况。(9)在IE地址栏输入网址"http://www.cheaa.org/"并进入,进入网页后依次点击"研究报告""2017年中国家电业将砥砺前行",文章指出技术创新对中国家电行业发展的巨大影响。(10)在IE地址栏输入网址"http://www.chinaouning.com/"并进入,进入网页后依次点击"产品中心""空气炸锅",在"空气炸锅"的页面分别点击"KZD29-150A"和"KZW29-150A",新出现的两个页面分别详细介绍"KZD29-150A"和"KZW29-150A"的技术参数和功能用途。(11)点击左侧"品牌故事",网页显示和介绍广东欧宁公司的公司主旨、文化、荣誉,网页显示的

"欧宁"字样商标与被诉侵权产品所示商标一致。点击左侧"联系我们",网页显示的联系人为"佛山市欧宁科技电器有限公司",地址为"广东省佛山市顺德区容桂龙涌沙滩路2号",与佛山欧宁公司一致。(12)在IE地址栏输入"http://www.duoli.cn/"并进入,依次点击"产品中心""多丽空气炸锅""多丽空气炸锅KZW2……",最后页面显示了商品正面上部有"DUOLI多丽"字样的商标,详细介绍了该商品的技术参数和用途。(13)在该页面依次点击"走进多丽""公司简介",页面显示该公司的发展历程和生产能力。(14)点击"联系我们",页面显示如下信息:南宁市多丽电器有限责任公司,地址:中国广西南宁市北际路20号。(15)在IE地址栏输入"http://www.cqc.com.cn/www/chinese/zscx/"进入中国质量认证中心网址后,在该网站输入"2015010712799480"并查询,网页显示空气炸锅KZW29-150A、KZW29-150B的制造商是"南宁市多丽电器有限责任公司",生产商是"广东顺德欧宁科技电器有限公司",发证日期是2015年8月21日,证书截止日期是2020年7月24日,证书处于有效状态。(16)重复操作搜索"2016010712895153""2017010712966294""2013010712643469",网页分别显示:电烤炉(空气炸锅)G-6000的制造商是"宁波格丽思电器有限公司",生产商是"广东顺德欧宁科技电器有限公司",发证日期是2016年8月18日,证书截止日期是2020年7月24日,证书处于暂停状态;多功能烤炉20631C的制造商是"佛山市纽维福家用电器有限公司",生产商是"江门市品高电器实业有限公司",发证日期是2017年5月15日,证书截止日期是2022年1月9日,证书处于有效状态;电烤炉(空气炸锅)KZD29-150A的制造商是"佛山市顺德区欧宁电器有限公司",生产商是"佛山市顺德区欧宁电器有限公司",发证日期是2013年9月17日,证书截止日期是2018年9月17日,证书处于有效期。(17)在IE地址栏中输入"http://sbj.saic.gov.cn/sbcx/"进入"国家工商行政管理总局商标局中国商标网"❶,点击"商标综合查询",在新页面输入

---

❶ 根据2019年5月国家知识产权局商标局公告,按照《国务院办公厅关于加强政府网站域名管理的通知》(国办函〔2018〕55号)要求,中国商标网域名更改为sbj.cnipa.gov.cn。

"佛山市顺德区欧宁电器有限公司"和"11"并点击"查询",网页显示2004年9月8号申请的申请/注册号为"4260009"的"欧宁"字样的商标是由佛山市顺德区欧宁电器有限公司申请的;网页显示2006年12月4日申请的申请/注册号为"5761387"的"欧宁"字样的商标是由佛山市顺德区欧宁电器有限公司申请的;网页显示2009年6月5日申请的申请/注册号为"7447229"的"欧宁"字样的商标是由佛山市顺德区欧宁电器有限公司申请的。(18)点击该页面上的"7447229"进入新页面,页面显示商标申请人为"佛山市顺德区欧宁电器有限公司",申请人地址为广东省佛山市顺德区容桂沙滩路2号。(19)点击该页面上的"5761387"进入新页面,页面显示商标申请人为"佛山市顺德区欧宁电器有限公司",申请人地址为广东省佛山市顺德区容桂沙滩路2号。(20)点击该页面上的"4260009"进入新页面,页面显示商标申请人为"佛山市顺德区欧宁电器有限公司",申请人地址为广东省佛山市顺德区容桂沙滩路2号。(21)回到点击"商标综合查询"后出现的页面,在该页面输入"南宁市多丽电器有限责任公司"和"11"并点击"查询",网页显示"DUOLI多丽"字样商标的申请人是"南宁市多丽电器有限责任公司",申请人地址是广西南宁市北际路20号。(22)回到点击"商标综合查询"后出现的页面,在该页面输入"宁波格丽思电器有限公司"和"11"并点击"查询",网页显示"GREENIS"字样商标的申请人是宁波格丽思电器有限公司,申请人地址是浙江省宁波市高新区聚贤路1515号。(23)在IE地址栏中输入"http://www.miitbeian.gov.cn/state/outPortal/loginPortal.action"进入ICP/IP地址/域名信息备案管理系统,依次点击"公共查询""备案信息查询",在"备案信息查询"的页面输入"chinaouning.com"及验证码并点击提交,页面显示网站"www.chinaouning.com"的主办单位是"广东顺德欧宁科技电器有限公司"。(24)在该页面点击"详细"并通过验证码验证,网页显示网站"www.chinaouning.com"的主办单位是"广东顺德欧宁科技电器有限公司",负责人是黄某某。(25)重复操作查询网站"www.duoli.cn"ICP信息显示网站"www.duoli.cn"的主办单位是南宁市多丽电器有限责任公司,负责人是潘某。(26)在IE地址栏中输入"http://www.gsxt.gov.cn/index.html"进入"国家企业信用信息公示系统",输入"佛山市纽维福家用电器有限公司",查询结果显示该企业的法定代表人为 MOON JUNG SIK,住所地为佛山市顺德区大良街道新松居委会 105 国道大良路段 16-1 号地 2 楼之一,经营范围是研发家用电器、厨房电器、厨房用具及配件等。(27) 重复操作查询"广东顺德欧宁科技电器有限公司"显示,该企业的法定代表人是黄某某,住所地为广东省佛山市顺德区均安镇通安路 5-6 号,经营范围为制造、销售家用电器及其配件等。(28) 重复操作查询"佛山市顺德欧宁电器有限公司"显示,该企业的法定代表人是胡某某,住所地为佛山市顺德区容桂沙滩路 2 号,经营范围为制造家用电器及配件等。(29) 重复操作查询"佛山市顺德区欧宁电器有限公司容桂第一分公司"显示,该企业的法定代表人是胡某某,住所地为佛山市顺德区容桂龙涌口八亩头工业区 1 号首层,经营范围为制造家用电器及配件等。(30) 重复操作查询"佛山市顺德区欧宁电器有限公司容桂第二分公司"显示,该企业的法定代表人是胡某某,住所地为广东省佛山市顺德区容桂红旗居委会华南路 51 号之一,经营范围为制造家用电器及配件等。(31) 在 IE 地址栏中输入"https://www.amazon.cn/%E5%B0%8F%E5%AE%B6%E7%94%B5/dp/B01JHWXCL0/ref=sr_1_14?ie=UTF8&qid=1497920219&sr=8-14&keywords=Greenis"进入该页面,该页面显示"Greenis 格丽思空气炸锅 G6000 白色多功能无油炸锅无烟炸锅"的技术参数与功能用途。

庭审中,飞利浦公司提交了两个封存完好的公证购买被诉侵权产品,其外包装显示型号分别为 KZW29-150A 和 KZD29-150A 两个型号。外包装箱上均注明佛山欧宁公司的名称。广东欧宁公司、佛山欧宁公司确认被诉侵权产品上使用的注册商标属于佛山欧宁公司。飞利浦公司、广东欧宁公司、佛山欧宁公司均确认上述两个被诉侵权产品只是颜色不同,产品形状相同。

当庭拆封封存实物两件,包装表面分别标注有产品生产型号 KZW29-150A、KZD29-150A 和厂家名称"佛山市顺德区欧宁电器有限公司"。第一件封存物里有产品手册(有佛山欧宁公司注册商标,被诉侵权产品型号)、收款收据、英文说明书及被诉侵权产品一台。第二件封存物里有英文说明书及

外观设计专利侵权的判断标准与抵触申请抗辩的法律适用

被诉侵权产品一台。抽取其中白色的被诉侵权产品进行比对。

飞利浦公司发表比对意见如下：（1）以六面视图作比对。该案专利属于单纯形状的外观设计。整体呈近似圆筒形，可分为上中下三段：上段和中段高度大致相当；下段高度较低。上段锅体顶盖平整，从顶部开始锅体表面弧线逐渐向下扩张至中段，顶部接近边缘处有圆环形排布的散热孔，锅体正面表面有一个矩形方框；中段为锅体容器，其横截面最大。锅体容器下部向内收缩形成锅底座部分；下段底座的左右两侧中央各有一个椭圆形。锅体正面正中央设置有向外倾斜的手柄，其上端连接至锅体中段上部，外缘与上段矩形方框衔接，手柄顶部平整，其上略微突起一个椭圆形旋钮，条形柄部从中段锅体上部一直延伸接近中段锅体下部，整体长度略短于中段锅体高度。(2) 被诉侵权产品与该案专利相同点在于锅体整体鼓型造型以及表面三段的比例相同，锅盖平整，顶部有圆环形排布的散热孔，手柄与锅体矩形相接后水平伸出，收缩至条形。锅体两侧靠近手柄处各有一条竖线，除此之外，无其他结构。被诉侵权产品具备该案专利区别于现有设计的所有设计特征，且上述设计特征均位于产品容易被观察到的显著部位，对整体视觉效果影响显著。侵权对比应当以外观设计专利本身的保护要素为基础进行对比，被控侵权产品的外观设计专利保护范围之外添加的图案在对比时不应考虑。(3) 被诉侵权产品与该案专利区别点在于，被诉侵权产品上段没有装饰线，局部的细微差异，对整体视觉效果无显著影响。被诉侵权产品背面上段设有出风口，该案专利外观设计的后视图没有设置出风口，主要由功能决定的特征，且位于使用时不易观察的部位，对整体视觉效果不具有显著影响。(4) 该案专利区别于现有设计的是，锅体整体鼓型形状以及表面三段的比例：该案专利整体高度较高，其上顶盖占整体比例明显比现有设计大。锅盖设计：该案专利锅盖平整，顶部有圆环形排布的散热孔。手柄设计：该案专利手柄与锅体矩形相接后水平伸出，收缩至条形。锅体设计：该案专利锅体两侧靠近手柄处各有一条竖线（抽篮侧沿），除此之外无其他结构。综上所述，两者相同点均为该案专利外观设计区别于现有设计的区别设计特征。两者的区别点是局部的细微差异，或主要由功能决定的特征，或位于使用时不易观察的部位，对整体视觉效果不具有显著影响。因此，被诉侵权产品外观设计与该案专利外观设计相近似。被诉侵权产品的图片详见附图二。

广东欧宁公司与佛山欧宁公司共同发表比对意见：（1）从主视图看，该案专利的锅体整体呈圆筒形，锅体分为上中下三段，上段与中下段明显呈非对称设计，该案专利的上段为斜面过渡，中段为竖直面；而被诉侵权产品的锅体整体为竖立的长方体形，锅体上段与中下段呈对称设计，即上段顶部和中下段的底部均为略向内收的圆弧过渡。该案专利上段整体呈渐缩式直线过渡，使得锅体上段呈锥台体状；而被控侵权产品上段的中部至顶部为向内收的圆弧过渡，上段的中部以下区域基本为竖直面。该案专利上段中部延伸至中段的炸篮把手处设有一个竖向的矩形区域，长方形区域与把手相互搭接形成一个"甲"字形区域，该区域应该是一个凹陷区域；而被控侵权产品上段中部只设有一个显示屏，显示屏上方设有一排图形按钮，除此之外无其他设计。该案专利中段的炸篮两侧各有一个竖线，即炸篮两侧与锅体之间的分隔线；而被控侵权产品的主视图上并不能看到这两条竖线，说明被控侵权产品的炸篮与锅体之间的比例明显大于该案专利。该案专利的中段为竖直面，下段为弧面，中段与下段之间有明显的过渡痕迹；而被诉侵权产品中段的下端开始向内渐缩，与下段一起形成圆弧过渡，并且与上段形成对称。（2）从俯视图看，该案专利近似圆形，与专利评价报告中的对比文件1相同；被控侵权产品成4个角为圆角的四方形，与该案专利存在明显区别。该案专利顶部接近边缘处有圆环形排布的散热孔，将顶部分成两个同心圆，该设计特征同样与专利评价报告中的对比文件1相似；但被控侵权产品顶部无任何设计。该案专利的把手上有一个环形按钮，把手两侧边缘与锅体上中段的矩形区域衔接，把手宽度呈渐缩式变化；而被控侵权产品的把手上设有一个方形按钮，把手宽度保持不变。（3）从后视图看，该案专利后视图上部设有一个环形，除此没有其他设计要素；而被控侵权产品的上段设有一个矩形散热区域，下段中部设有一个面积较大的环形孔，从环形孔中伸出一个连接件，环形孔两侧各设两排纵向排列的散热孔。（4）从侧视图看，该案专利下段中部设有一个椭圆形；而被控侵权产品下段中部设有一拱形凹槽，与专利评价报告中的对比文件 1 相同，其上段与中段的区别和主视图相同。（5）从仰视图看，该案专利底部近似圆形；而被控侵权产品的底部为 4 个角为圆角的正方形。该案专利底部靠近边缘设有一个独特的环形，环形的一侧伸出一个条形槽；被控侵权产品底部中间只有一个正方形底板。被控侵权产品底部 4 个角处各设有一个近似梯形的坐垫；而该案专利并不存在该设计要点。综上所述，整体来说，被控侵权产品整体流露出一种呈上下、左右对称的柔软圆润的视觉效果；而该案专利整体是一种呈上小下大、上下非对称的线条刚硬的视觉效果，显然两者的整体视觉效果有实质性差别。此外，根据《最高人民法院关于审理侵犯专利权纠纷案件应用法律若干问题的解释》第十一条的规定，授权外观设计区别于现有设计的设计特征相对于授权外观设计的其他设计特征对外观设计的整体视觉效果更具有影响。该案专利锅体呈圆筒形，与专利评价报告中对比文件 1 的形状以及该案专利权利人的在先专利相似，也就是说，对该案专利来说，其设计要点即区别于现有设计的部分应该在于局部设计要素，正如专利评价报告所述，"一般消费者会更关注锅体的整体形状和比例以及手柄、锅盖、锅体等部位的具体设计"，但不管是整体形状还是局部设计，被控侵权产品均与该案专利存在显著视觉差异，两者既不相同也不相似。

广东欧宁公司与佛山欧宁公司提出现有设计抗辩，提交专利号为 ZL201030000216.0 的专利文件，该专利申请日为 2010 年 1 月 8 日，授权公告日为 2010 年 11 月 3 日（现有设计图片见附图三）。

飞利浦公司在该案中主张合理费用为人民币 200000 元，并向一审法院提供了广东省广州市广州公证处开具的票号为 13624402、金额为人民币 2000 元的公证费发票；广东省广州市广州公证处开具的票号为 13625639、金额为人民币 1650 元的公证费发票；北京市方圆公证处开具的票号为 06762623、金额为人民币 7000 元的公证费发票。深圳市盈正信息咨询有限公司开具的金额合计人民币 14180 元的三张咨询费发票。北京市金杜律师事务所开具的票号为 53425622、票面金额为人民币 200000 元的律师费发票。但飞利浦公司对所支付的咨询费和律师费仅提供发票，并未提供其他合同证明这些费用是其维护该案权利所应当支付的合理开支的依据。

广东欧宁公司的经营范围为制造、销售家用电器及其配件等。佛山欧宁公司的经营范围为制造家用电器及其配件等。

法院判决

广州知识产权法院认为，飞利浦公司作为该案外观设计专利的专利权人，其享有的外观设计专利权应受法律保护，任何单位或者个人未经专利权人许可，都不得实施其专利，否则要承担相应的民事责任。该案的争议焦点为：（1）被诉侵权产品是否落入本案专利权的保护范围；（2）本案的现有设计抗辩能否成立；（3）广东欧宁公司、佛山欧宁公司的民事责任问题；（4）广东欧宁公司、佛山欧宁公司损害赔偿数额确定问题。

一、被诉侵权产品是否落入本案专利权的保护范围

依照《专利法》第五十九条第二款规定，外观设计专利权的保护范围以表示在图片或者照片中的该产品的外观设计为准，简要说明可以用于解释图片或者照片所表示的该产品的外观设计。根据《最高人民法院关于审理侵犯专利权纠纷案件应用法律若干问题的解释》第八条的规定，在与外观设计专利产品相同或者相近种类产品上，采用与授权外观设计相同或者近似的外观设计的，人民法院应当认定被诉侵权设计落入专利法第五十九条第二款规定的外观设计专利权的保护范围。根据《最高人民法院关于审理侵犯专利权纠纷案件应用法律若干问题的解释》第十条、第十一条，人民法院应当以外观设计专利产品的一般消费者的知识水平和认知能力，判断外观设计是否相同或者近似。人民法院认定外观设计是否相同或相近似时，应当根据授权外观设计、被诉侵权设计的设计特征，以外观设计整体视觉效果进行综合判断。产品正常使用时容易被直接观察到的部位相对于其他部位，以及授权外观设计区别于现有设计的设计特征相对于授权外观设计的其他设计特征，通常对外观设计的整体视觉效果更具有影响。被诉侵权设计与授权外观设计在整体视觉效果上无差异的，应当认定相同；在整体视觉效果上无实质性差异的，应当认定近似。

该案中，被诉侵权产品与该案外观设计专利种类均为电油炸锅。根据整体观察、综合判断的基本原则进行判定，被诉侵权产品与该案专利的立体图整体呈现出鼓的造型，外形呈现上中下三段设计。锅盖平整，顶部呈现出环形分布的散热孔，手柄与锅体矩形相结合水平向下伸出，锅体两侧靠近手柄处各有一条竖直垂线。综上所述，两者设计图片的外观设计整体上基本相同，产品的组成要素、线条设计和立体图线条设计基本一致，且上述设计特征均位于产品容易被观察到的显著位置，对于外观设计的整体视觉效果更具有影响。被诉侵权产品与该案专利存在的区别点属于产品局部的细微区别，不会对整体视觉效果的区分产生显著的影响，整体视觉效果无实质性差异，被诉侵权产品与该案专利构成近似，被诉侵权产品设计落入该案专利权的保护范围。

二、该案的现有设计抗辩能否成立

依照《专利法》第二十三条第四款的规定，本法所称现有设计，是指申请日以前在国内外为公众所知的设计。《专利法》第六十二条规定，在专利侵权纠纷中，被控侵权人有证据证明其实施的技术或者设计属于现有技术或者现有设计的，不构成侵犯专利权。根据《最高人民法院关于审理侵犯专利纠纷案件应用法律若干问题的解释》第十四条第二款的规定，被诉侵权设计与一个现有设计相同或者无实质性差异的，人民法院应当认定被诉侵权人实施的设计属于《专利法》第六十二条规定的现有设计。该案中，广东欧宁公司、佛山欧宁公司提交申请号为201030000216.0、名称为油炸锅的外观设计专利，经查，该专利的申请日为2010年1月8日，授权公告日为2010年11月3日，该专利申请日早于该案专利，但授权公告日晚于该案专利，故该专利相对于该案专利而言并非现有设计，属于抵触申请中的设计方案。因抵触申请能够破坏对比设计中的新颖性标准，在后申请不能获得专利授权，可以参照我国《专利法》关于现有设计的相关规定处理。将被诉侵权产品与前述抵触申请的专利进行比对，被诉侵权产品的立体图上部与比对文献的上部存在明显不同，被诉侵权产品的把柄安装位置与比对文件设计存在明显差异，从一般消费者的知识水平与认知能力看，被诉侵权产品与抵触申请专利在整体视觉效果上具有实质性区别。故广东欧宁公司、佛山欧宁公司的此项抗辩理由不能成立，一审法院依法不予支持。飞利浦公司对于现有设计抗辩进行详细解释，此项辩解意见成立，一审法院依法予以采纳。

三、广东欧宁公司、佛山欧宁公司的民事责任问题

依照《专利法》第十一条第二款的规定，外观设计专利权被授予后，任何单位或者个人未经专利权人许可，都不得实施其专利，即不得为生产经营目的，制造、许诺销售、销售、进口其外观设计专利产品。该案中，广东欧宁公司、佛山欧宁公司属于关联公司，在注册商标使用、销售票据使用、销售场所选择等方面以分工协作方式，通过共同意思联络方式共同实施侵权行为，属于共同侵权行为，依照《侵权责任法》第八条的规定，应当承担连带责任。根据该案查明的事实，广东欧宁公司、佛山欧宁公司未经权利人许可，共同实施了制造、销售、许诺销售被诉侵权产品的行为，已经构成侵权，应当承担相应的民事责任，故飞利浦公司主张广东欧宁公司、佛山欧宁公司立即停止制造、销售、许诺销售被诉侵权行为，赔偿损失和支付合理开支的诉讼请求，于法有据，一审法院依法予以支持。

对于飞利浦公司关于销毁用于制造被诉侵权产品的全部专用模具、设备、被诉侵权产品及半成品，以及销毁所有关于被诉侵权产品的宣传资料的诉讼请求问题，由于飞利浦公司并未提供证据证明其实际存在，故对于其此项诉求，法院依法不予支持。

四、广东欧宁公司、佛山欧宁公司损害赔偿数额确定问题

依照《专利法》第六十五条的规定，侵犯专利权的赔偿数额按照权利人因被侵权所受到的实际损失确定；实际损失难以确定的，可以按照侵权人因侵权所获得的利益确定。权利人的损失或者侵权人获得的利益难以确定的，参照该专利许可使用费的倍数合理确定。赔偿数额还应当包括权利人为制止侵权行为所支付的合理开支。权利人的损失、侵权人获得的利益和专利许可

使用费均难以确定的,人民法院可以根据专利权的类型、侵权行为的性质和情节等因素,确定给予一万元以上、一百万元以下的赔偿。该案中,双方当事人均未举证证明权利人因被侵权造成的实际损失、侵权人侵权获利或可供参考的产品许可使用费等,原告主张该案适用法定赔偿,符合法律规定,一审法院依法予以准许。一审法院综合考虑该案专利为外观设计专利以及对产品的利润贡献率问题及广东欧宁公司、佛山欧宁公司的侵权行为和情节等因素,依法酌定广东欧宁公司、佛山欧宁公司连带赔偿飞利浦公司人民币90000元,飞利浦公司主张的赔偿数额超过上述数额的,一审法院依法不予支持。

飞利浦公司为维护自身权益所支付的合理费用应当由侵权方负担,该案中,飞利浦公司进行证据保全所支付的各项费用,是维护自身权利所支付的合理费用,应当予以支持。对于飞利浦公司主张的咨询费,因其未能提供与该案关联性方面证据以及计算方式,一审法院对此不予支持。虽然飞利浦公司提供了人民币200000元的律师费发票,但并未提供委托合同,对于是否实际支付也未能提供证据予以证明。考虑到飞利浦公司实际上委托律师参与诉讼,必然要花费成本支付费用,一审法院对于该案的合理开支依法酌定为人民币30000元,由广东欧宁公司、佛山欧宁公司连带支付。飞利浦公司主张超过上述数额的部分,依法不予支持。需要特别指出的是,知识产权司法保护必须坚持比例协调司法政策,知识产权的保护范围应与强度及其创新和贡献程度相协调,否则难以得到司法的支持。

综上所述,依照《侵权责任法》第八条、第十五条第一款第一项与第六项,《专利法》第十一条第二款、第二十三条、第五十九条第二款、第六十二条、第六十五条,《最高人民法院关于审理侵犯专利权纠纷案件应用法律若干问题的解释》第十条、第十一条的规定,判决如下。

(1)广东顺德欧宁科技电器有限公司、佛山市顺德区欧宁电器有限公司自本判决发生法律效力之日起立即停止制造、销售、许诺销售侵害皇家飞利浦有限公司(Koninklijke Philips N. V.)专利号为ZL201030000440. X、名称为"油炸锅"外观设计专利权的被诉侵权产品;

(2)广东顺德欧宁科技电器有限公司、佛山市顺德区欧宁电器有限公司自本判决发生法律效力之日起十日内连带赔偿皇家飞利浦有限公司（Koninklijke Philips N.V.）经济损失合计人民币90000元；

（3）广东顺德欧宁科技电器有限公司、佛山市顺德区欧宁电器有限公司自本判决发生法律效力之日起十日内支付皇家飞利浦有限公司（Koninklijke Philips N.V.）合理开支人民币30000元；

（4）驳回皇家飞利浦有限公司（Koninklijke Philips N.V.）的其他诉讼请求。

案件受理费为人民币13800元，由皇家飞利浦有限公司（Koninklijke Philips N.V.）负担人民币6380元，广东顺德欧宁科技电器有限公司、佛山市顺德区欧宁电器有限公司共同负担人民币7420元。

案例解析

该案是一个典型的外观设计专利侵权纠纷诉讼，其争议的焦点涉及该类诉讼的三个难点问题：一是外观设计专利侵权的判断标准；二是抵触申请的法律适用；三是损害赔偿金额的确定。现结合该案，对这三个问题展开论述。

一、外观设计专利侵权的判断标准

除法律另有规定外，未经专利权人许可、实施其外观设计专利的，即构成外观设计专利权侵权。而所谓实施他人外观设计专利，实际上就是被诉侵权外观设计方案落入外观设计专利权的保护范围。关于外观设计专利权的保护范围，根据《专利法》第五十九条第二款的规定，以表示在图片或者照片中的该产品的外观设计为准，简要说明可以用于解释图片或者照片所表示的该产品的外观设计。至于何谓落入外观设计专利权的保护范围，根据《最高人民法院关于审理侵犯专利权纠纷案件应用法律若干问题的解释》第八条的规定，是指"在与外观设计专利产品相同或者相近种类产品上，采用与授权外观设计相同或者近似的外观设计"。据此可知，外观设计专利侵权的构成要件有两个：一是被诉侵权外观设计应当使用在与外观设计专利产品相同或者相近种类产品上。对此,《最高人民法院关于审理侵犯专利权纠纷案件应用法律若干问题的解释》第九条规定,人民法院应当根据外观设计产品的用途,认定产品种类是否相同或者相近。确定产品的用途,可以参考外观设计的简要说明、国际外观设计分类表、产品的功能以及产品销售、实际使用的情况等因素。通常来说,这一点比较容易判断,故司法实践中争议不大。二是被诉侵权外观设计与授权外观设计相同或者近似。对此,相关司法解释作了较为详细的规定,具体内容如下。

1. 关于判断的主体

根据《最高人民法院关于审理侵犯专利权纠纷案件应用法律若干问题的解释》第十条的规定,人民法院应当以外观设计专利产品的一般消费者的知识水平和认知能力,判断外观设计是否相同或者近似。

2. 关于判断的原则和方法

根据《最高人民法院关于审理侵犯专利权纠纷案件应用法律若干问题的解释》第十一条的规定,外观设计专利侵权的判断采取整体观察、综合判断的原则,即应当根据授权外观设计、被诉侵权设计的设计特征,以外观设计的整体视觉效果进行综合判断。如果被诉侵权设计与授权外观设计在整体视觉效果上无差异的,人民法院应当认定两者相同;在整体视觉效果上无实质性差异的,应当认定两者近似。在做具体判断时,应当注意以下三个方面的问题。

(1) 不予考虑的因素。对于主要由技术功能决定的设计特征以及对整体视觉效果不产生影响的产品的材料、内部结构等特征,应当不予考虑。

(2) 重点考虑的因素。下列情形,通常对外观设计的整体视觉效果更具有影响:一是产品正常使用时容易被直接观察到的部位相对于其他部位;二是授权外观设计区别于现有设计的设计特征相对于授权外观设计的其他设计特征。

(3) 设计空间的大小。根据《最高人民法院关于审理侵犯专利权纠纷案件应用法律若干问题的解释(二)》第十四条的规定,人民法院在认定一般消费者对于外观设计所具有的知识水平和认知能力时,一般应当考虑被诉侵权行为发生时授权外观设计所属相同或者相近种类产品的设计空间。设计空间较大的，人民法院可以认定一般消费者通常不容易注意到不同设计之间的较小区别；设计空间较小的，人民法院可以认定一般消费者通常更容易注意到不同设计之间的较小区别。

3. 特殊情形的判断

《最高人民法院关于审理侵犯专利权纠纷案件应用法律若干问题的解释（二）》第十五条、第十六条、第十七条对几类特殊的外观设计专利侵权的判断标准作出了规定。

（1）对于成套产品的外观设计专利，被诉侵权设计与其一项外观设计相同或者近似的，人民法院应当认定被诉侵权设计落入专利权的保护范围。

（2）对于组装关系唯一的组件产品的外观设计专利，被诉侵权设计与其组合状态下的外观设计相同或者近似的，人民法院应当认定被诉侵权设计落入专利权的保护范围。

（3）对于各构件之间无组装关系或者组装关系不唯一的组件产品的外观设计专利，被诉侵权设计与其全部单个构件的外观设计均相同或者近似的，人民法院应当认定被诉侵权设计落入专利权的保护范围；被诉侵权设计缺少其单个构件的外观设计或者与之不相同也不近似的，人民法院应当认定被诉侵权设计未落入专利权的保护范围。

（4）对于变化状态产品的外观设计专利，被诉侵权设计与变化状态图所示各种使用状态下的外观设计均相同或者近似的，人民法院应当认定被诉侵权设计落入专利权的保护范围；被诉侵权设计缺少其一种使用状态下的外观设计或者与之不相同也不近似的，人民法院应当认定被诉侵权设计未落入专利权的保护范围。

该案中，被诉侵权产品与该案外观设计专利种类均为电油炸锅。根据整体观察、综合判断的基本原则进行判定，被诉侵权产品与该案专利的立体图整体呈现出鼓的造型，外形呈现上中下三段设计。锅盖平整，顶部呈现出环形分布的散热孔，手柄与锅体矩形相结合水平向下伸出，锅体两侧靠近手柄处各有一条竖直垂线。综上所述，两者设计图片的外观设计整体上基本相同，产品的组成要素、线条设计和立体图线条设计基本一致，且上述设计特征均位于产品容易被观察到的显著位置，对于外观设计的整体视觉效果更具有影响。被诉侵权产品与该案专利存在的区别点属于产品局部的细微区别，不会对整体视觉效果的区分产生显著的影响，整体视觉效果无实质性差异，被诉侵权产品与该案专利构成近似，被诉侵权产品设计落入该案专利权的保护范围。

二、抵触申请抗辩的法律适用

根据我国《专利法》第二十二条、第二十三条的规定，新颖性是一项技术方案或者外观设计被授予专利权的要件之一，缺乏新颖性的发明、实用新型和外观设计，将无法获得专利授权。《专利法》第二十二条第二款规定："新颖性，是指该发明或者实用新型不属于现有技术；也没有任何单位或者个人就同样的发明或者实用新型在申请日以前向国务院专利行政部门提出过申请，并记载在申请日以后公布的专利申请文件或者公告的专利文件中。"《专利法》第二十三条第一款规定："授予专利权的外观设计，应当不属于现有设计；也没有任何单位或者个人就同样的外观设计在申请日以前向国务院专利行政部门提出过申请，并记载在申请日以后公告的专利文件中。"根据上述规定可知，破坏发明、实用新型和外观设计新颖性的情形有两种：一是现有技术或者现有设计。所谓现有技术，是指申请日以前在国内外为公众所知的技术。所谓现有设计，则是指申请日以前在国内外为公众所知的设计。二是抵触申请，即就同样的发明、实用新型或者外观设计在申请日以前向国务院专利行政部门提出过的申请。司法实践中，现有技术、设计抗辩和抵触申请抗辩是被诉侵权人针对权利人的起诉所采取的常见抗辩形式，对于这两种抗辩，如何适用法律，是司法实践中的一个重要问题。

（一）现有技术、设计抗辩的法律适用

在专利权侵权纠纷诉讼中，被诉侵权人可以其实施的技术方案或者外观设计属于现有技术或者现有设计为由提出不侵权抗辩，对此，我国《专利法》第六十二条有明确规定。关于现有技术、设计抗辩的司法适用，《最高人民法院关于审理侵犯专利纠纷案件应用法律若干问题的解释》《最高人民法院关于审理侵犯专利纠纷案件应用法律若干问题的解释（二）》作出了较为明确的规定，主要内容如下。

1. 现有技术、设计抗辩成立与否的判断方法和标准

在判断现有技术、设计抗辩成立与否时，法院应当将被诉侵权技术、设计与据以抗辩的现有技术、设计进行对比，而非直接将专利技术方案和设计方案与现有技术、设计方案进行对比。

根据《最高人民法院关于审理侵犯专利纠纷案件应用法律若干问题的解释》第十四条的规定，被诉落入专利权保护范围的全部技术特征，与一项现有技术方案中的相应技术特征相同或者无实质性差异的，法院应当认定被诉侵权人实施的技术属于《专利法》第六十二条规定的现有技术。被诉侵权设计与一个现有设计相同或者无实质性差异的，法院应当认定被诉侵权人实施的设计属于《专利法》第六十二条规定的现有设计。

2. 现有技术、设计的界定标准

专利权系依据修改前的《专利法》（以下简称"旧法"）被授予，被诉专利侵权行为发生在现行《专利法》（以下简称"新法"）施行之后，因新法将现有技术的范围扩大到域外使用公开，故如何界定该现有技术抗辩中的现有技术存在争议。一种意见认为，旧法采取相对新颖性标准界定现有技术，但新法提高了授权标准，扩大了可以导致新颖性丧失的情形。有些依据旧法获得授权的专利，若适用新法是不能被授权的。实际上，专利权人已经获得了额外的法律保护。新法施行后，就不宜让这种额外的保护继续。针对新法施行后发生的被诉侵权行为，被告主张现有技术抗辩，应依据新法界定现有技术。另一种意见认为，依据旧法已经被授予的专利权，其获得的保护程度不能因《专利法》的事后修改而改变，否则，不符合法不溯及既往的基本法理。❶《最高人民法院关于审理侵犯专利纠纷案件应用法律若干问题的解释

---

❶ 参见宋晓明，王闯，李剑.《关于审理侵犯专利纠纷案件应用法律若干问题的解释（二）》的理解与适用 [J]. 人民司法·应用，2016（10）.

(二)》第二十二条规定："对于被诉侵权人主张的现有技术抗辩或者现有设计抗辩，人民法院应当依照专利申请日时施行的专利法界定现有技术或者现有设计。"显然，该解释采纳了第二种意见。

（二）抵触申请抗辩对现有（技术）设计抗辩的参照适用

在2008年第三次修改《专利法》之后，被诉侵权人在侵权诉讼中提出抵触申请抗辩的情形已越来越常见。由于缺乏明确的法律依据，人民法院与国务院专利行政部门的认识和做法并不统一。国务院专利行政部门对抵触申请抗辩持否定观点❶，各地法院对于抵触申请抗辩则普遍持肯定态度。司法实践中，认定抵触申请抗辩成立的案件已不鲜见。北京、上海、江苏等地的高级人民法院通过规范性文件规定，抵触申请抗辩可以参照现有技术、设计抗辩进行处理。为统一裁判标准，最高人民法院也通过规范文件的形式明确规定："被诉侵权人以实施抵触申请中的技术方案或者外观设计主张其不构成专利侵权的，可以参照现有技术或者现有设计抗辩的审查判断标准予以评判。"❷

该案中，广东欧宁公司、佛山欧宁公司提交申请号为201030000216.0、名称为油炸锅的外观设计专利，该专利的申请日为2010年1月8日，授权公告日为2010年11月3日，该专利申请日早于该案专利，但授权公告日晚于该案专利，故该专利相对于该案专利而言并非现有设计，属于抵触申请中的设计方案。法院认为，抵触申请能够破坏对比设计中的新颖性标准，导致在后申请不能获得专利授权，可以参照我国《专利法》关于现有设计的相关规定处理，但该抵触申请抗辩不成立，故对广东欧宁公司、佛山欧宁公司提出的该项抗辩主张未予支持。

---

❶ 反对的主要理由是："如果将抵触申请作为抗辩理由，则需要将专利技术或者专利设计与被控侵权人进行抗辩所提出的在先申请进行对比判断是否构成抵触，其性质属于对授予专利权的发明创造是否具备新颖性进行判断，这有悖于专利法规定的专利权有效性问题只能通过专门的无效宣告程序解决。"参见国家知识产权局条法司.《专利法》第三次修改导读［M］.北京：知识产权出版社，2009：78.

❷ 最高人民法院《关于充分发挥知识产权审判职能作用推动社会主义文化大发展大繁荣和促进经济自主协调发展若干问题的意见》第十四条。

三、法定赔偿应当考量的因素

根据我国《专利法》第六十五条的规定，确定专利侵权损害赔偿数额的方法有四种：一是按照权利人因被侵权所受到的实际损失确定；二是按照侵权人因侵权所获得的利益确定；三是参照该专利许可使用费的倍数确定；四是根据专利权的类型、侵权行为的性质和情节等因素，由人民法院确定给予一万元以上、一百万元以下的赔偿。基于专利权的自身特征以及各种现实因素的限制，通过前三种方式往往难以确定专利侵权的损害赔偿数额，故从司法实践来看，绝大多数权利人主张按照第四种方法来确定赔偿数额；绝大多数情况下，法院（法官）也是根据第四种方式来确定专利侵权的损害赔偿数额的。由法院（法官）根据具体情况，在法律规定的限度内确定损害赔偿数额，在我国一般被称为法定赔偿。实际上，这种赔偿数额并不是法律明确规定的，而是由法院（法官）根据具体情况酌情确定的，因此，其本质上应当是一种酌定赔偿，只是这种酌定的限度受到法律的限制。

当然，法律规定的赔偿限度并不是不可以突破的。最高人民法院早已明确要求："对于难以证明侵权受损或侵权获利的具体数额，但有证据证明前述数额明显超过法定赔偿最高限额的，应当综合全案的证据情况，在法定最高限额以上合理确定赔偿额。"[1] 浙江省高级人民法院民事审判第三庭《知识产权损害赔偿审理指南》第十五条亦明确规定：在权利人因被侵权所受损失或侵权人因侵权所获利益的确切数额虽无法查实，但有证据证明已经超过法定赔偿最高限额或者低于法定赔偿最低限额的，人民法院应当……在法定赔偿数额之外酌情确定赔偿数额。这在司法实践中被称为裁量性赔偿。我国通说认为，裁量性赔偿不是法定赔偿，也不是一种独立的赔偿方式，裁量只不过是确定实际损失的一种途径，仍然属于按照实际损失赔偿的范畴。[2]

需要说明的是，虽然是在采取其他方法无法确定权利人损失的情况下采

---

[1] 《最高人民法院关于当前经济形势下知识产权审判服务大局若干问题的意见》第十六条。
[2] 参见孔祥俊．当前我国知识产权司法保护几个问题的探讨——关于知识产权司法政策及其走向的再思考［J］．知识产权，2015（1）：3-15.

取的一种补充方法，但法定赔偿的确定仍然还是不能完全脱离权利人损失以及侵权人获利的，因此，《专利法》第六十五条第二款规定，法院在通过法定赔偿来确定具体的损害赔偿数额时，应当考虑专利权的类型、侵权行为的性质和情节等因素。显然，该确定标准实际上是非常具有原则性和概括性的。司法实践中，有些地方法院对此进行了明确和细化。例如，浙江省高级人民法院民事审判第三庭《知识产权损害赔偿审理指南》第十六条规定，在适用法定赔偿方法时，可以按照以下步骤确定赔偿数额或验证赔偿数额的恰当性。

（1）将《专利法》《著作权法》或《商标法》规定的法定赔偿数额分为若干等级，如"高""较高""适中""较低""低"五等，每个等级都对应一定幅度的赔偿数额。

（2）细化损害赔偿考量因素，设立两级指标层，第一级指标层包括权利信息和侵权信息。权利信息之下的二级指标可包括权利类型，创新程度或显著程度、知名度，权利稳定性，权利使用情况，市场价值，保护期限等。侵权信息之下的二级指标可包括主观过错，侵权行为的类型，侵权规模，侵权的持续时间、地域范围，侵权后果等。

（3）在按照立法目的及司法政策导向合理设置各项指标权重的基础上，根据二级指标评估一级指标的等级，再对一级指标中的权利信息和侵权信息进行综合评判、相互修正，确定法定赔偿数额的等级。

（4）结合区域经济发展水平，对经济发达地区、次发达地区、欠发达地区分别设置不同的法定赔偿系数，确定最终的赔偿数额。

上述规定进一步明确和细化了法定赔偿的确定方法和考虑因素，均有参考价值。需要注意的是，由于因果关系既是侵权人承担损害赔偿责任的构成要件，也同时是侵权人承担赔偿责任范围的构成要件，在确定法定赔偿的具体数额时，法院在考虑被侵害的权利类型以及侵权行为等因素时，应当同时考虑这些因素对损害的发生所产生的大小，这实际上就是司法实践中通常所说的利润贡献率。该案中，法院在确定法定赔偿数额时，就明确指出，其考虑的因素包括专利权的种类以及该专利权对产品的利润贡献率等因素。

附图一：专利授权公告图片

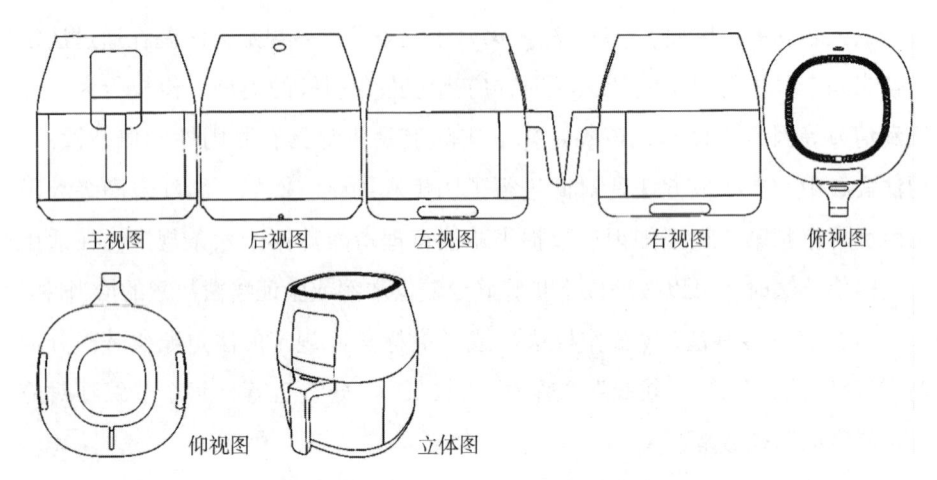

主视图　　后视图　　左视图　　右视图　　俯视图

仰视图　　立体图

附图二：被诉侵权产品图片

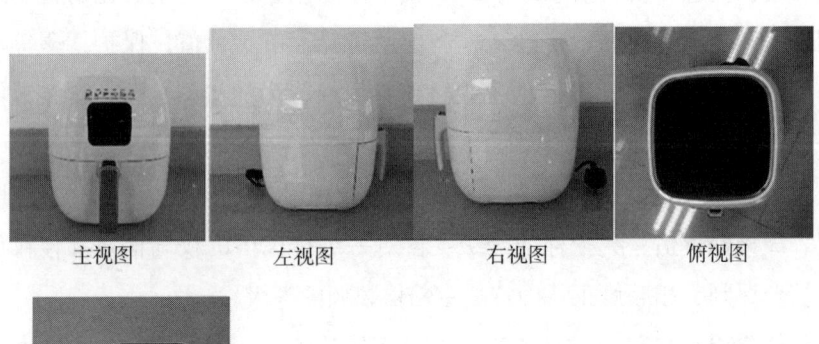

主视图　　左视图　　右视图　　俯视图

立体图

外观设计专利侵权的判断标准与抵触申请抗辩的法律适用

附图三：现有设计图片

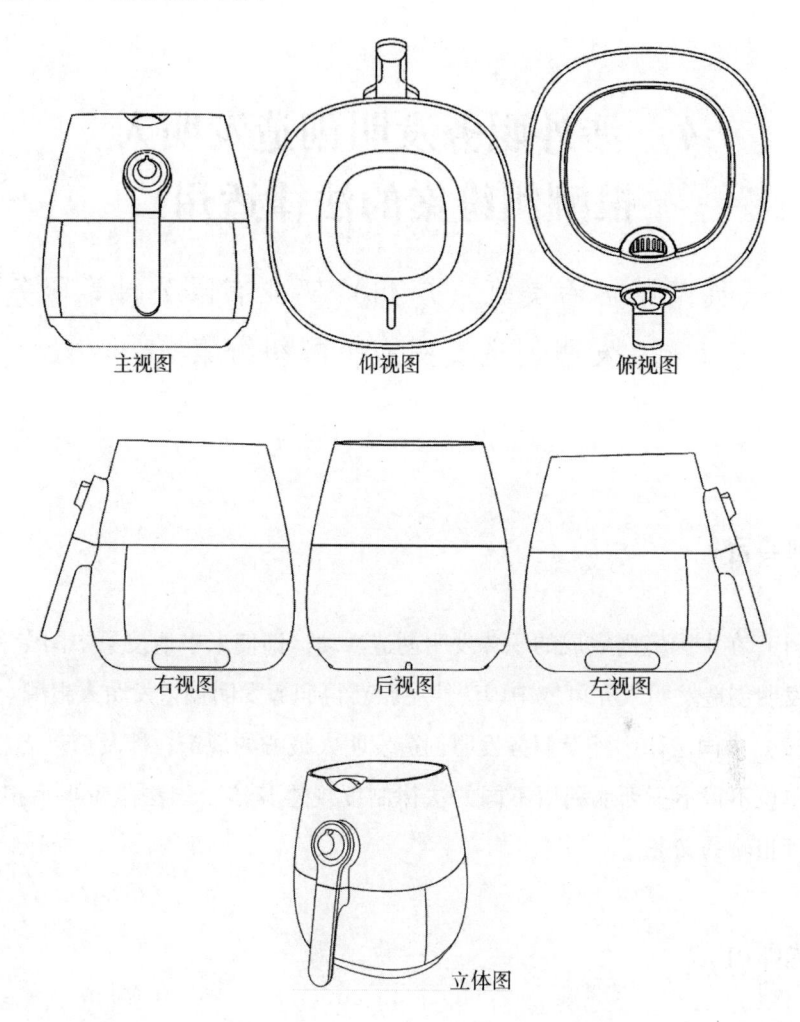

主视图　　仰视图　　俯视图

右视图　　后视图　　左视图

立体图

4 涉外职务发明创造发明人报酬纠纷案的法律适用

——吴某某诉希美克（广州）实业有限公司等职务发明创造发明人报酬纠纷案

裁判要旨

（1）在中国境内完成的职务发明创造活动，即使未申请授予中国专利权，职务发明创造发明人亦可依中国法律主张获得职务发明创造发明人报酬。

（2）中国法律中涉及职务发明创造发明人报酬的规定，涉及劳动者权益，相关单位不得不正当地利用不同的法律制度规避其依中国法律应当承担的支付合理报酬的义务。

入选理由

随着跨国企业在中国投资设厂、合作研发的增多以及出于专利部署政策考虑，企业在中国境内完成的职务发明创造到国外申请专利权的情况越来越多。该案是在该趋势背景下出现的、单位利用不同法律制度拒绝支付员工相关发明人报酬的情形，亟须司法对此明晰规则、给予引导。该案判决深入分析了职务发明创造奖酬制度的基础、本质及我国相关制度的立法设计及宗旨，充分论述了前述情况我国职务发明创造发明人获得合理报酬权利应予保护的观点，对相关单位不当利用关联公司和国外法律规避支付报酬义务的行为进行了批判和否定，充分保护了国内职务发明创造发明人的合法权益。此案判决对于激发单位员工职务发明创造热情、维护职务发明制度宗旨、引导涉外企业依法支付合理报酬，起到良好的典型示范效应，对进一步完善我国职务发明奖酬法律制度有所裨益和启发。

案例索引

一审：广州知识产权法院（2016）粤 73 民初 1721 号
二审：广东省高级人民法院（2018）粤民终 1824 号

基本案情

上诉人（原审被告）：希美克（广州）实业有限公司（以下简称"希美克公司"）

被上诉人（原审原告）：吴某某

原审被告：BETTELI LIMITED（以下简称"BETTELI"）

一审诉请

吴某某向一审法院起诉请求：（1）判令希美克公司、BETTELI 连带向吴某某支付职务发明创造发明人报酬共计 43 万美元；（2）判令希美克公司、BETTELI 连带向吴某某支付维权合理费用人民币 52598 元（含律师费、可信时间戳取证费用和翻译费）；（3）判令希美克公司、BETTELI 承担该案的诉讼费用。

案件事实

一审法院查明，希美克公司于 1999 年 7 月 28 日在中国境内成立，属于台港澳自然人独资的有限责任公司，法定代表人原为蔡曾濠，2016 年 12 月 8 日，法定代表人变更为蔡山骐。自 1999 年起，吴某某在希美克公司任职；吴某某在工作期间，完成了"防止锁闭的防风门插芯锁"的职务发明创造（涉案职务发明创造）。

BETTELI 是在中国香港特别行政区成立的公司，董事为蔡曾濠。2003 年 12 月 5 日，吴某某签署了专利申请权转让书，转让书的内容是吴某某向 BETTELI 转让涉案职务发明创造在美国、美国领属地以及所有外国的与发明有关的一切权益；但是，BETTELI 与希美克公司就涉案职务发明创造的专利申请权未签订过相关转让合同，并且 BETTELI 就专利申请权转让未向吴某某或希美克公司支付过转让对价。BETTELI 于 2003 年 12 月 9 日将涉案职务发明创造在美国申请"STORM DOOR MORTISE LOCK THAT PREVENTS LOCK-OUT"（防止锁闭的防风门插芯锁）的发明专利（涉案专利），专利号为 US7213426B2，涉案专利获得授权的时间是 2007 年 5 月 8 日，涉案专利保护期为自申请日起 20 年，发明人列明为吴某某。希美克公司、BETTELI 未将涉案职务发明创造在美国以外的国家申请过其他专利。

BETTELI 委托希美克公司在中国境内制造使用涉案专利的产品，然后希美克公司再全部出口至美国提供给 BETTELI 进行销售；BETTELI 称，由于涉案专利对应技术在中国境内未申请专利权，因此无须就希美克公司的生产行为进行专利授权许可，希美克公司、BETTELI 之间是通过订单方式完成委托生产并出口的。吴某某确认希美克公司生产的专利产品全部用于出口，并未在中国境内销售。吴某某认为希美克公司制造的上述专利产品包括 41596 型号，并且于 2016 年通过可信时间戳认证的方式对于 41596 型号的专利产品进行证据保全；希美克公司、BETTELI 确认型号为 41596 的产品属于使用涉案专利的产品并向一审法院提交了一套产品实物，产品外包装上显示"Installation & Handle Kit""41596""http：//parts.andersenstormdoors.com"等信息，吴某某对于上述产品实物没有异议。

关于希美克公司制造销售的专利产品数量，吴某某认为希美克公司自 2003 年即开始制造、销售专利产品，举证其自制的明细清单，其主张清单上涵盖数十种不同型号的专利产品，用以证明希美克公司制造、销售专利产品合计接近 150 万套。但是，希美克公司、BETTELI 对上述清单不予确认，仅确认该清单中所列型号为 41591、41587、41588、41590、41589、41592、41595、41594、41593、42157、42158 的 11 款产品与 41596 型号的专利产品的构成零部件是完全相同的,均为使用涉案专利的产品,只是颜色不同。同时,希美克公司、BETTELI 确认上述 12 款产品共生产、销售了 326123 套,其中 2014 年为 153350 套、2015 年为 90450 套、2016 年 1~5 月为 82323 套;而对于上述 12 款产品,明细清单中所列希美克公司生产、销售的套数则为 339723 套。双方当事人的差异仅在于吴某某认为希美克公司于 2013 年开始生产、销售这 12 款产品,其中在 2013 年已生产了 13150 套;双方当事人对于这 12 款专利产品在 2014 年、2015 年、2016 年生产销售的套数意见一致。

关于专利产品的单价,吴某某于 2016 年 9 月通过可信时间戳认证的方式取证,证明内容是其登录专利产品外包装上显示的网站"http://parts.andersenstormdoors.com",在该网站上显示包括"HANDLE KIT-41757"等产品的单价为 61.12 美元。在庭审中,吴某某明确虽然该网站上未直接显示专利产品的价格,但是由于"HANDLE KIT-41757"等产品与专利产品的外包装上均有"HANDLE KIT"的字样,因此吴某某认为上述 61.12 美元的单价可以作为专利产品单价的参考。希美克公司和 BETTELI 认为,吴某某举证的 61.12 美元的单价并非专利产品的单价,并且认为该价格属于面向终端消费者的价格,希美克公司和 BETTELI 对此不予确认;同时,希美克公司提交了其出口销售给 BETTELI 的专利产品的相关海关通关手册、报关单、产品发票、订货单等证据,用以证明希美克公司出口销售给 BETTELI 的专利产品每千克为 11~12 美元,乘以每套专利产品的重量 1.6 千克,每套专利产品的单价为 17~19 美元。吴某某对希美克公司上述证据的真实性予以确认,但认为专利产品的单价不应按照重量来计算。

关于专利产品的营业利润率,吴某某于 2016 年 8 月通过可信时间戳认证的方式取证,其根据网页数据认为市场上五金、家具室内装修材料产品的平均利润率为 24%,以此作为希美克公司销售专利产品的营业利润率,请求一审法院对上述营业利润率依法酌定。希美克公司对吴某某主张的营业利润率为 24% 不予确认,其认为希美克公司是加工出口企业而非专门从事销售业务的企业，专利产品全部用于出口并未在国内市场销售，该数据不能证明希美克公司关于专利产品的营业利润率。希美克公司提交了2014年度、2015年度和2016年度审计报告，证明其企业每年的营业利润率分别为1.69%、3.06%和3.60%；吴某某认为年度审计报告仅证明了希美克公司的企业整体利润率，而非具体专利产品的营业利润率。

关于涉案专利对于专利产品获利的贡献率，经一审法院测量涉案专利的41596型号产品实物，一套专利产品整体重量为1610克，其中包括专利技术方案的锁体部件重量为320克；双方当事人确认在专利产品上除了涉案专利以外，不存在其他有效专利。希美克公司认为，在计算发明人报酬时，按照每套专利产品中包括专利技术方案的锁体部件重量320克占专利产品整体重量1610克的比例，可以计算出涉案专利对于专利产品的贡献，并结合希美克公司出口销售给BETTELI的专利产品每千克为11～12美元的单价来计算，吴某某认为应按照涉案专利对于实现成品利润所起的作用来确定涉案专利的贡献率，而不能简单地按照重量比例来计算。

关于希美克公司辩称已向吴某某支付过发明人报酬的事实，吴某某提交了其于2016年8月与希美克公司工作人员胡某某之间关于主张发明人报酬的谈话记录，希美克公司提交了胡某某于2016年9月19日向吴某某转账人民币30000元的银行记录，吴某某确认收到了该笔款项，并称不知道该笔款项的用途。此外，希美克公司还称通过历年工资、奖金及年终奖等方式向吴某某发放发明人报酬，吴某某对此不予认可，认为工资、奖金及年终奖并未列明包括发明人报酬，因此与该案的发明人报酬主张无关。

庭审中，双方均未举证证明在希美克公司依法制定的规章制度或相关劳动合同中规定了发明人报酬的计算方式和数额。吴某某主张发明人一次性报酬的计算公式为"希美克公司制造销售的专利产品数量（接近150万套）×专利产品的单价（每套61.12美元）×专利产品的营业利润率（24%）×给予发明人报酬的法定提取比例（2%）"。希美克公司则认为发明人报酬的计算公式为"希美克公司制造销售的专利产品数量（326123套）×希美克公司出口的专利产品每千克的单价（为11～12美元）×每套专利产品中包括专利技术方案的锁体部件重量（为0.32千克）×专利产品的营业利润率（2014年、2015年和2016年分别为1.69%、3.06%和3.60%）×给予发明人报酬的法定提取比例（2%）"，计算结果还需减去希美克公司已向吴某某支付的发明人报酬。

关于吴某某所主张的合理费用，吴某某提交单据证明翻译费为人民币2378元、顺丰速运费用人民币20元；并且请求一审法院酌定律师费为人民币5万元。

二审法院在一审法院已查明事实的基础上另查明，吴某某与希美克公司之间并未签订与涉案职务发明权益分配相关的协议。吴某某于2003年12月5日向BETTELI签署的转让书记载："鉴于已收讫的有值对价，下列署名的发明人（指吴某某）向BETTELI出售、转让在美国、美国领属地以及所有外国的与发明（指涉案职务发明专利）有关的一切权益。"吴某某在一审、二审中均声称，吴某某当时既未收到任何对价，也不清楚该英文协议内容，仅系应希美克公司要求而在该转让书上签名。BETTELI亦无证据证明其向吴某某支付过对价。

BETTELI、希美克公司在一审时均明确承认，BETTELI与希美克公司之间未签订过相关专利申请权转让协议或专利许可实施协议，BETTELI也未就专利申请权转让或实施专利向希美克公司支付过费用。

二审中，希美克公司提交以下证据，拟证明一审法院判决金额过高：（1）希美克公司闭门器组件产品成本计算表，拟证明产品售价是成本加15%毛利。（2）广州市国家税务局直属税务分局税务检查通知书及广州市国家税务局直属税务分局特别纳税调查调整通知书，拟证明希美克公司制定的销售价格与营业利润是合理的，即使税务机关要求希美克公司补缴少量税款，对销售价格和营业利润率产生的影响也微乎其微，证明经过税务机关审核确认了产品的售价及毛利。（3）希美克公司2014年、2015年、2016年关联交易同期资料，拟证明希美克公司2014—2016年制定的销售价格依法确定，公平公允，希美克公司提交同期资料给税务局后，税务局未提出任何异议。吴某某对上述证据的质证意见为：上述证据均为该案发生前存在的证据，不属于新证据,对其真实性、合法性、关联性均不予认可。

该案一审判决后,希美克公司不服提起上诉,二审法院判决驳回上诉,维持原判。

一审判决

广州知识产权法院认为,该案属于职务发明创造发明人报酬纠纷,根据双方当事人的诉辩意见,该案的争议焦点如下:(1)该案审理是否适用中国法律;(2)吴某某是否有权向希美克公司、BETTELI主张发明人报酬;(3)吴某某的诉讼请求是否已经超过诉讼时效;(4)如吴某某有权请求支付发明人报酬,其数额如何计算。

一、关于该案审理是否适用中国法律的问题

《专利法》第六条第一款规定:"执行本单位的任务或者主要是利用本单位的物质技术条件所完成的发明创造为职务发明创造。职务发明创造申请专利的权利属于该单位;申请被批准后,该单位为专利权人。"《专利法》第十六条规定:"被授予专利权的单位应当对职务发明创造的发明人或者设计人给予奖励;发明创造专利实施后,根据其推广应用的范围和取得的经济效益,对发明人或者设计人给予合理的报酬。"从上述法条的规定可知,职务发明创造是基于用人单位与发明人之间的劳动雇佣关系而产生的;用人单位在职务发明创造专利实施获利后,应当给予发明人报酬。因此,职务发明创造的发明人获得报酬的基本要件应当是发明人在中国境内的用人单位完成职务发明创造,并且用人单位通过实施该职务发明创造而获利。该案中,涉案发明专利属于吴某某在希美克公司工作期间在中国境内所完成的职务发明创造,虽然专利申请权转让导致出现BETTELI在美国申请获得涉案发明专利而未在中国申请发明专利的情况,但BETTELI其后又委托希美克公司在中国生产专利产品并出口至美国,由BETTELI进行销售;而且,希美克公司的法定代表人与BETTELI的董事在该案诉讼发生前实际为同一人,希美克公司、BETTELI之间就上述专利申请权的转让也没有支付相应对价,故希美克公司、BETTELI

属于控制人与经营业务之间存在关联的公司。这种关联公司之间先行转让专利申请权、而后委托制造专利产品的方式，令涉案职务发明创造在美国获得授权并公开，由于新颖性问题已不可能在中国继续申请发明专利；同时希美克公司在中国境内却依然可以根据BETTELI的委托实施发明创造生产专利产品从而获得实际利益，达到其将发明人作出重要贡献的涉案发明创造在中国申请专利后实施获利的相同效果。因此，若以涉案专利属于美国专利为由认定不应适用我国法律关于职务发明创造发明人报酬的规定，对于发明人显失公平，也可能纵容用人单位此种实际获利同时规避支付发明人报酬的行为。综上，对于吴某某提出的职务发明创造发明人报酬之诉讼请求，该案诉讼应当适用中国法；希美克公司、BETTELI主张该案应适用美国法的答辩理由缺乏法律依据，一审法院不予采纳。

二、关于吴某某是否有权向希美克公司、BETTELI主张发明人报酬的问题

《专利法》规定的职务发明创造是基于用人单位与发明人之间的劳动雇佣关系而产生的，发明人基于劳动合同，按照用人单位的要求履行本职工作；而用人单位则依据与发明人的合同约定或者《专利法》关于职务发明报酬的相关规定，给予发明人报酬。因此，《专利法》第十六条所规定的"被授予专利权的单位"不应理解为现在的专利权人，而应理解为与发明人有劳动雇佣关系且在职务发明创造完成时本应依法享有专利申请权的用人单位。至于用人单位将专利申请权转让给第三人或者在获得专利权后转让给第三人的情况，参照《合同法》第三百二十六条关于"法人或者其他组织应当从使用和转让该项职务技术成果所取得的收益中提取一定比例，对完成该项职务技术成果的个人给予奖励或者报酬"之规定以及《促进科技成果转化法》第四十五条第一款第（一）项关于"将该项职务科技成果转让、许可给他人实施的，从该项科技成果转让净收入或者许可净收入中提取不低于百分之五十的比例"之规定，在职务发明创造发明人报酬的法律关系中承担支付发明人报酬的责任主体依然是用人单位，而非受让专利申请权或专利权的第三人。假设第三人对于用人单位向发明人履行上述债务存在侵害债权的客观行为及主观过错，发明人可在用人单位确实无法履行支付发明人报酬之债的损害结果已发生的前提下，另向第三人主张侵权之诉。因此，即使希美克公司、BETTELI 的法定代表人曾为同一人，希美克公司、BETTELI 之间存在一定关联，但由于 BETTELI 与吴某某之间不存在劳动雇佣关系，故吴某某以职务发明创造发明人报酬的法律关系对 BETTELI 主张的全部诉讼请求，一审法院均不予支持；吴某某在该案中有权向希美克公司主张发明人报酬。至于希美克公司关于吴某某已与 BETTELI 签署了专利申请权转让书放弃专利权益，现吴某某再主张职务发明的发明人报酬没有依据的抗辩理由，一审法院认为，该专利申请权转让书仅能证明 BETTELI 在美国申请涉案发明专利具有合法的权利来源，不能证明吴某某已作出放弃其向希美克公司主张发明人报酬的意思表示，且 BETTELI 也没有证据证明其针对该次专利申请权转让支付任何对价，因此一审法院对于希美克公司的该项抗辩意见不予采纳。

三、关于吴某某的诉讼请求是否超过诉讼时效的问题

《专利法实施细则》第七十八条规定，被授予专利权的单位未与发明人、设计人约定也未在其依法制定的规章制度中规定《专利法》第十六条规定的报酬的方式和数额的，在专利权有效期限内，实施发明创造专利后，每年应当从实施该项发明或者实用新型专利的营业利润中提取不低于2%或者从实施该项外观设计专利的营业利润中提取不低于0.2%，作为报酬给予发明人或者设计人，或者参照上述比例，给予发明人或者设计人一次性报酬；被授予专利权的单位许可其他单位或者个人实施其专利的，应当从收取的使用费中提取不低于10%，作为报酬给予发明人或者设计人。根据以上规定，发明创造专利实施后，发明人的一次性报酬在专利权有效期内没有明确规定履行期限，因此吴某某作为发明人在该案中于涉案专利权的有效期内主张一次性报酬，没有超过诉讼时效；而且，希美克公司于2016年9月19日曾向吴某某支付过3万元人民币的报酬，即使存在诉讼时效，该部分履行行为也是在吴某某主张后实施的，应构成时效中断的效果。因此，希美克公司、BETTELI 关于诉讼

时效的抗辩意见，一审法院不予采纳。

四、关于吴某某主张的发明人报酬数额如何确定的问题

根据《专利法实施细则》第七十八条的规定，由于吴某某与希美克公司未在规章制度以及相关劳动合同中约定《专利法》第十六条规定的报酬的方式和数额，因此吴某某主张参照从希美克公司实施涉案发明专利的营业利润中提取2%给予一次性报酬。经一审法院审查：第一，吴某某主张希美克公司生产并出口销售给BETTELI的专利产品的数量将近150万套，但其提交的明细清单仅为自行制作的打印件，没有希美克公司、BETTELI的有效签章，因此吴某某的证据不能证明希美克公司生产销售的专利产品数量为将近150万套。但是，希美克公司、BETTELI确认了该清单上型号为41596的产品是使用涉案专利的产品并提交了产品实物，同时确认型号为41591、41587、41588、41590、41589、41592、41595、41594、41593、42157、42158的11款产品与41596型号产品的构成零部件是完全相同的，均为使用了涉案专利的产品，只是颜色不同。同时，希美克公司、BETTELI确认上述产品共生产销售了326123套，其中2014年为153350套、2015年为90450套、2016年1~5月为82323套；针对上述12款产品，吴某某清单中所列希美克公司生产销售的套数为339723套，双方差异仅在于2013年的13150套，其余2014年、2015年、2016年的套数双方意见一致。因此，一审法院确认希美克公司至少在2014年至2016年5月生产销售了专利产品326123套。第二，吴某某主张专利产品每套售价可以参考Handle Kit类似产品在网站上的单价61.12美元，由于双方当事人均明确该价格并非专利产品的单价，因此一审法院对于吴某某的该项主张不予采纳，61.12美元不能作为每套专利产品的单价。至于希美克公司提交的海关出口报关单、发票以及希美克公司与BETTELI之间的订货单等证据，虽然可以证明希美克公司以每套专利产品17~19美元的价格出口销售给BETTELI，但由于希美克公司的法定代表人与BETTELI的执行董事在吴某某起诉前仍为同一人，两者存在关联关系，且该价格也不是面向消费者的销售价格，故一审法院据此仅作出专利产品每套的单价应在上述价格之上的推定。第三，关于涉案专利对于产品获利的贡献率，由于双方当事人均确认产品上除了涉案专利以外不存在其他有效专利，因此涉案专利对于产品获利而言具有重要贡献，应当依法合理确定涉案专利对于产品获利的贡献率；希美克公司、BETTELI主张以使用专利的零部件占整个产品的重量比例来确定贡献率的意见，一审法院不予采纳。第四，关于营业利润率，希美克公司提交了2014年度、2015年度和2016年度审计报告，证明其营业利润率分别为1.69%、3.06%和3.60%，但该利润率仅为其企业整体平均利润率，而非专利产品的利润率，因此仅有参考作用；至于吴某某主张五金、家具室内装修材料平均利润率为24%，并以此作为专利产品的营业利润率，依据不充分，一审法院不予采纳。第五，根据吴某某的举证，吴某某认为其在2016年8月与希美克公司的工作人员胡某某就发明人报酬问题曾进行协商；而在2016年9月19日，胡某某向吴某某汇款人民币3万元。希美克公司认为该笔款项属于发明人报酬，由于吴某某确认收到该笔款项并且无法说明属于其他用途，且汇款时间及人员与吴某某主张的沟通情况能够对应，因此一审法院认定希美克公司曾向吴某某支付过发明人报酬人民币3万元。至于希美克公司主张吴某某的年终奖、历年工资资金也包括发明人报酬，依据不足，吴某某对此也不予确认，故一审法院不予采纳。综合以上内容以及涉案发明专利的有效期、吴某某主张的是一次性报酬等实际情况，一审法院酌定希美克公司应支付吴某某职务发明创造的发明人报酬共人民币30万元。

关于吴某某主张的合理费用，因该案属于发明人报酬请求权纠纷，并非专利侵权纠纷，故吴某某的该主张缺乏法律依据，一审法院不予支持。

综上所述，一审法院依照《专利法》第六条、第十六条，《专利法实施细则》第七十六条、第七十八条，《民事诉讼法》第六十四条第一款规定，判决：（1）希美克公司于判决发生法律效力之日起十日内向吴某某支付发明人报酬人民币30万元；（2）驳回吴某某的其他诉讼请求。如果未按判决指定的期间履行给付金钱义务，应当依照《民事诉讼法》第二百五十三条规定，加倍支付迟延履行期间的债务利息。一审案件受理费人民币27220.78元，由吴某某负担人民币12098.78元，由希美克公司负担人民币15122元。

二审判决

广东省高级人民法院认为，该案系职务发明创造发明人报酬纠纷。根据双方当事人的诉辩意见，该案的争议焦点为：（1）吴某某是否有权依中国法律主张涉案职务发明创造发明人报酬；（2）一审法院判定的报酬数额是否合理。

一、关于吴某某是否有权依中国法律主张涉案职务发明创造发明人报酬的问题

希美克公司上诉称，涉案职务发明创造申请并获得的是美国专利权，并非中国专利权，因此该案不能适用中国《专利法》而应适用美国专利法，因此希美克公司不需要向职务发明创造发明人支付报酬。对此，二审法院认为，涉案专利是否受中国《专利法》保护与涉案职务发明创造发明人能否主张报酬权系两个不同的法律问题，不应混为一谈。涉案职务发明创造即使并未申请授予中国专利权，只要符合中国《专利法》相关规定，职务发明创造发明人亦可依法主张相关权利。该案中，各方当事人均认可，吴某某在中国境内成立的希美克公司任职后，在希美克公司完成了涉案职务发明创造。因此，中国境内不仅是吴某某的工作地，也是涉案职务发明创造的产生地与完成地。这种在中国境内完成的发明创造活动，依法受到中国《专利法》的调整。尤其需要指出的是，职务发明创造的发明人报酬具有劳务属性，相关单位不能通过不公平不合理的手段规避支付相关劳务报酬的法定义务。《涉外民事关系法律适用法》第四条规定："中华人民共和国法律对涉外民事关系有强制性规定的，直接适用该强制性规定。"《最高人民法院关于适用〈中华人民共和国涉外民事关系法律适用法〉若干问题的解释（一）》第十条第一项规定："有下列情形之一，涉及中华人民共和国社会公共利益、当事人不能通过约定排除适用、无需通过冲突规范指引而直接适用于涉外民事关系的法律、行政法规的规定，人民法院应当认定为涉外民事关系法律适用法第四条规定的强制性规定：（一）涉及劳动者权益保护的……"就职务发明创造发明人的奖励和报酬权利而言，职务发明创造制度的基础在于发明人与用人单位之间存在劳动关系，正是因为发明人系用人单位员工的身份属性和工作性质，决定了进行职务发明创造研究系其工作任务的一部分，故职务发明创造的专利权归属于用人单位，而发明人凭借其智力劳动而获得相应劳动报酬。职务发明创造发明人获得合理报酬的制度核心，正在于协调作为劳动者的发明人与用人单位之间地位不平等问题，从而实现职务发明成果利益公平合理分配。因此，中国法律中涉及职务发明创造发明人报酬的相关规定，涉及劳动者权益，不得予以规避。该案中，希美克公司通过要求吴某某签署转让书，将吴某某在中国境内完成的涉案职务发明创造相关专利申请权无偿转让给其关联公司BETTELI并在美国申请专利后，利用美国专利法规定拒绝向吴某某支付发明人报酬，其实质系利用不同的法律制度规避其依中国法律应当支付劳动对价的义务，明显损害吴某某作为劳动者的权益，不符合中国职务发明创造制度的立法宗旨，违反中国法律相关规定。吴某某作为在中国境内完成的职务发明创造的发明人，有权依中国法律规定主张获得职务发明创造发明人报酬。

二、关于一审法院判定的报酬数额是否合理的问题

《专利法》第十六条规定："被授予专利权的单位应当对职务发明创造的发明人或者设计人给予奖励；发明创造专利实施后，根据其推广应用的范围和取得的经济效益，对发明人或者设计人给予合理的报酬。"《专利法实施细则》第七十八条规定："被授予专利权的单位未与发明人、设计人约定也未在其依法制定的规章制度中规定专利法第十六条规定的报酬的方式和数额的，在专利权有效期限内，实施发明创造专利后，每年应当从实施该项发明或者实用新型专利的营业利润中提取不低于2%或者从实施该项外观设计专利的营业利润中提取不低于0.2%，作为报酬给予发明人或者设计人，或者参照上述比例，给予发明人或者设计人一次性报酬；被授予专利权的单位许可其他单位或者个人实施其专利的，应当从收取的使用费中提取不低于10%，作为报酬给予发明人或者设计人。"该案中，希美克公司主张一审法院不应当适用酌定方式确定该案职务发明创造发明人报酬数额，而应当依据营业利润率的比例计算，并在一审提交报关单、发票等证据证明涉案专利产品的利润率应当以重量计算。吴某某则主张以专利公开日后的包含涉案专利零件的产品出货数量以及网上售价作为计算依据，按照2%的比例计算报酬数额。对此，二审法院认为：首先，关于希美克公司制造销售包含涉案专利零件的产品数量的问题。吴某某主张以其在一审提交的希美克公司出货清单作为计算依据，但上述清单为吴某某单方提供，获得渠道亦无法确认，该清单上既无产品名称、图片相互对应，亦无双方签字盖章，在希美克公司不认可其真实性、合法性、关联性的情况下，二审法院对此不予采信。但是，希美克公司在一审、二审中均确认制造销售包含涉案专利零件的产品数量为326123套，与吴某某上述清单中WCM锁体产品339723套的出货数量较为接近，一审法院依据希美克公司自认的事实，认定希美克公司制造销售包含涉案专利零件的产品数量至少为326123套，并无不当，二审法院予以确认。其次，关于包含涉案专利零件的产品价格问题。吴某某主张以其在网上查询的产品价格为基础进行计算，但由于涉案专利仅系吴某某查询到商品的零部件之一，不能将商品价格简单等同于涉案专利零部件价格，吴某某的该主张不能成立。希美克公司主张以海关核定的出口售价17～19美元作为销售价格，但是该销售价格为希美克公司与其关联企业BETTELI之间的销售价格，不具有可参考性。希美克公司在一审所提交的审计报告亦无涉案产品的具体交易数额及获利情况，因此无法确定被诉产品确切单价。此外，双方提交的证据亦均不能充分证明营业利润率和专利产品贡献率的具体数额。故一审法院综合考虑希美克公司制造销售包含涉案专利零件的产品数量、经济效益、涉案专利有效期、吴某某主张的是一次性报酬等案件实际情况，酌定希美克公司支付职务发明创造的发明人报酬30万元人民币，并无不当。至于希美克公司上诉声称其与BETTELI系相互独立核算的法人，不能因双方存在关联关系而否认相关交易价格的合理性一节，二审法院认为，希美克公司与BETTELI不仅曾经法定代表人相同，而且希美克公司将自己的涉案专利申请权转让给BETTELI，BETTELI继而委托希美克公司在中国境内组装完成涉案专利产品，出口交由BETTELI在美国销售，相关分工与合作非常密切。不仅如此，在如此长期的合作中，希美克公司与 BETTELI 之间仅依靠订单进行生产出口，而未签订专利转让合同、委托加工合同或专利许可实施合同，相关专利转让费以及许可使用费均无从说起，相关流程操作明显不符合正常的市场交易习惯，可见两者在通过实施涉案专利获取利益上实为一体。故希美克公司上诉主张应以其向海关报关的订单价格作为产品正常售价，不能成立，二审法院不予支持。

综上，依照《民事诉讼法》第一百七十条第一款第（一）项之规定，判决如下：驳回上诉，维持原判。二审案件受理费人民币 5800 元，由上诉人希美克公司负担。

案例解析

该案是一个职务发明创造发明人报酬纠纷案件。关于该类案件，当事人争议的焦点主要集中在两个方面：一是原告是否享有职务发明创造发明人报酬的请求权；二是在当事人之间对报酬的计算标准没有作出约定的情况下，如何确定具体的报酬金额。该案的特殊之处在于，涉案发明创造并未在中国获得专利授权，而是在美国被授予专利权。这就引发一个准据法的问题，即该案应当适用中国《专利法》还是美国专利法？从原告的主张来看，其显然主张适用中国《专利法》，而希美克公司则坚持认为，该案应当适用美国的相关法律来处理。现结合该案，就该类诉讼中国准据法以及报酬数额的确定问题进行探讨。

一、职务发明创造发明人报酬纠纷案件准据法的确定

该案是一个具有涉外因素的案件，这就涉及准据法的确定问题。关于该案应当适用中国《专利法》还是美国专利法的问题，当事人之间存在争议。从吴某某的主张来看，其显然主张适用中国《专利法》；而希美克公司则认为，涉案职务发明创造申请并获得的是美国专利权，并非中国专利权，因此该案不能适用中国专利法而应适用美国专利法。

关于涉外知识产权纠纷准据法的确定，我国《涉外民事关系法律适用法》

只有三条对此作出规定，其中，该法第四十八条规定："知识产权的归属和内容，适用被请求保护地法律。"该法第四十九条规定："当事人可以协议选择知识产权转让和许可使用适用的法律。当事人没有选择的，适用本法对合同的有关规定。"该法第五十条规定："知识产权的侵权责任，适用被请求保护地法律，当事人也可以在侵权行为发生后协议选择适用法院地法律。"显然，上述三条并未对涉外发明创造发明人报酬的准据法问题作出规定。在法律没有具体规定的情况下，根据《涉外民事关系法律适用法》第二条❶的规定，应当适用与该涉外民事关系有最密切联系的法律。那么，与涉外职务发明创造报酬纠纷有最密切联系的法律是什么呢？这实际上应当是该案需要解决的首要问题。笔者认为，从涉外职务发明创造报酬纠纷法律关系的性质来看，与其有最密切联系的法律应当是《涉外民事关系法律适用法》第四十三条或者第四十八条，具体分析如下。

（一）涉外职务发明创造报酬纠纷适用《涉外民事关系法律适用法》第四十三条之分析

职务发明创造是基于用人单位与发明人之间的劳动或者劳务关系而产生的，用人单位在职务发明创造专利实施获利后，应当给予发明人报酬。因此，用人单位与发明人之间存在的这种法律关系在本质上似乎属于一种劳动合同关系。对此，两级法院的观点是较为明确和一致的。既如此，涉外职务发明创造报酬纠纷案件适用《涉外民事关系法律适用法》有关劳动合同准据法的规定。《涉外民事关系法律适用法》第四十三条规定："劳动合同，适用劳动者工作地法律；难以确定劳动者工作地的，适用用人单位主营业地法律。劳务派遣，可以适用劳务派出地法律。"据此，涉外劳动合同纠纷原则上应当适用劳动者工作地法律，而且这一规定属于强制性规定，应当直接适用❷，不允

---

❶ 该条规定："涉外民事关系适用的法律，依照本法确定。其他法律对涉外民事关系法律适用另有特别规定的，依照其规定。本法和其他法律对涉外民事关系法律适用没有规定的，适用与该涉外民事关系有最密切联系的法律。"

❷ 《涉外民事关系法律适用法》第四条规定："中华人民共和国法律对涉外民事关系有强制性规定的，直接适用该强制性规定。"

许当事人另行协议选择其他准据法。❶ 该案中，吴某某与希美克公司之间存在劳动关系，吴某某的工作地在我国境内，因此，劳动者工作地法律当然应当是我国的法律，具体而言，应当是我国的《专利法》。

综上，如果认为涉外职务发明创造报酬纠纷具有劳动纠纷的性质，则根据《涉外民事关系法律适用法》第四条和第四十三条的规定，应当以我国法律为准据法。

（二）涉外职务发明创造报酬纠纷能否适用《涉外民事关系法律适用法》第四十八条或五十条之思考

如前所述，如果认为职务发明创造纠纷具有劳动纠纷属性，则该案的准据法应为中国的《专利法》，对此，中国法律已经有明确的规定。希美克公司以涉案专利权是在美国获得授权为由，主张该案应当适用美国法，其法律依据应为《涉外民事关系法律适用法》第四十八条或者第五十条。因此，正确理解上述两条中规定的"被请求保护地"这一概念是解决这一问题的重点。笔者认为，对于"被请求保护地"这一概念应当从以下几个方面进行理解。

首先，"被请求保护地"和"法院地"的含义并不是同一个概念。如果两者的含义相同，则在同一个法条中，则不能同时出现。因为《涉外民事关系法律适用法》第五十条同时提到"被请求保护地"和"法院地"两个概念，由此可推断两者不能等同。对此，已故著名知识产权法学者郑成思先生的一个例子能够非常清楚地说明以上两个概念的区别。例如，某德文作品在中国已经过了著作权的保护期，某个中国出版商将该德文作品的中文译本出版，后又将该中译本销售到德国。但由于德国的著作权保护期较中国的长，故该德文作品在德国仍受著作权保护。德文作品著作权人到中国法院起诉中国出版商，法院地自然是中国，但因为中国已不保护该作品，因此著作权人请求给予其作品保护的国家是德国，即被请求保护地为德国。中国法院应适用德国法审理该案件。❷

---

❶ 《涉外民事关系法律适用法》第三条规定："当事人依照法律规定可以明示选择涉外民事关系适用的法律。"

❷ 参见郑成思. 知识产权论 [M]. 北京：法律出版社，2007：305.

其次,"被请求保护地"也并不等同于"请求保护地"。由于当事人寻求救济的方式是多样的,除向法院提起诉讼之外,还可以向相应的仲裁机构申请仲裁。因此,当事人"请求保护地"应当是"法院地"的上位概念,其不仅包括"法院地",也还包括"仲裁机构地"。上面提到的郑成思先生所举的例子实际上已经表明,"被请求保护地"并不等同于"请求保护地"。

再次,"被请求保护地"也不必然是"被请求的权利地"。在我国,有代表性的观点认为:"被请求保护地是指被请求保护的权利地。由于知识产权中既有自动产生的权利,又有需要登记或者注册的权利,该两类知识产权的被请求保护地存在某些差异。对于自动产生的权利如版权和邻接权而言,被请求保护地法律是指该被请求保护的权利地法律;对于非自动产生的权利例如专利权、商标权、植物新品种、集成电路布图设计等而言,则是指该权利的注册地或者登记地法律。"[1] 笔者认为,这种观点值得商榷,理由在于:其一,从文义上来说,"被请求保护地"与"被请求保护的权利地"并不相同。"被请求保护地"的确定,以当事人的主张为标准,而"被请求保护的权利地"则根据权利产生的地点或者说权利来源地来确定。如果确如上述观点所主张的,应当根据具体的权利地(权利来源地)法律来确定涉外知识产权纠纷的准据法,则完全可以像《涉外民事关系法律适用法》第四十条[2]一样,直接作出相应的规定,而无须采用"被请求保护地"这一概念。其二,在当事人存在争议的情况下,一方当事人主张的知识产权存在与否,实际上还是不确定的,因此,以所谓的"权利地"来作为确定准据法的连接点,实际上有违基本法理。也正是基于以上原因,有观点一方面主张"被请求保护地是指被请求保护的权利地",另一方面又认为:"需要说明的是,被请求保护地是从当事人的角度而言的,是当事人认为其享有权利并请求对该权利给付保护的地方,至于当事人是否真正享有权利并能获得保护,则取决于被请求保护地

---

[1] 最高人民法院民事审判第四庭.中华人民共和国涉外民事关系法律适用法条文理解与适用[M].北京:中国法制出版社,2011:349.

[2] 该条规定:"权利质权,适用质权设立地法律。"

的法律。"❶

最后，通过上述论述可知，所谓"被请求保护地"，实际上就是提起诉讼或者申请仲裁的一方当事人，主张其据以享有权利并请求对该权利予以保护的地方，其可能与法院地、权利保护地和权利来源地相重合，但也可能不一致。"被请求保护地"是根据提起诉讼或者申请仲裁的一方当事人的主张来确定的，至于该当事人的具体请求能否得到法院或者仲裁机构的支持，则在所不问。换言之，"这里的被请求保护地是程序意义上的，而不是实体结果意义上的保护地"❷。

该案中，吴某某在我国提起诉讼，而且主张适用我国《专利法》的相关规定，显然，我国既是"法院地"，也是"被请求保护地"。因此，即便适用《涉外民事关系法律适用法》第四十八条或者第五十条之规定，该案也应当以我国《专利法》作为准据法，希美克公司主张该案适用美国法的主张也是不成立的。

综上所述，根据我国《涉外民事关系法律适用法》的相关规定并结合吴某某的主张，该案以我国的《专利法》作为准据法应当是毫无疑问的。但具体的法律依据应当是《涉外民事关系法律适用法》第四十三条、第四十五条、第四十八条还是其他条款，值得进一步研究。该案中，一审、二审法院虽然均认为应当适用我国的《专利法》，但其确定该准据法到底是依据《涉外民事关系法律适用法》的哪一条款，则并未明确，这也是我国涉外知识产权审判中普遍存在的一个问题，希望今后能够引起重视。

二、职务发明创造发明人报酬请求权的构成要件

（一）《专利法》第十六条之法律解释

《专利法》第十六条规定："被授予专利权的单位应当对职务发明创造的发明人或者设计人给予奖励；发明创造专利实施后，根据其推广应用的范围

---

❶ 何其生.国际私法入门笔记［M］.北京：法律出版社，2019：184－185.
❷ 何其生.国际私法入门笔记［M］.北京：法律出版社，2019：185.

和取得的经济效益，对发明人或者设计人给予合理的报酬。"据此，职务发明创造发明人报酬请求权的构成要件有以下三个。

1. 权利人必须是职务发明创造发明人

《专利法》第六条第一款规定："执行本单位的任务或者主要是利用本单位的物质技术条件所完成的发明创造为职务发明创造。职务发明创造申请专利的权利属于该单位；申请被批准后，该单位为专利权人。"对于职务发明创造，完成发明创造者虽然并不享有专利申请权和专利权，但其作为发明人，亦享有相应的权利。

2. 发明创造被授予专利权

根据《专利法》第十六条的规定，承担给付奖励和报酬的义务人是"被授予专利权的单位"，据此可知，职务发明创造被授予专利权是发明人获得奖励和报酬的前提。换言之，如果职务发明创造并未被授予专利权，则发明人并不享有法定的奖励和报酬请求权。值得研究的是，这里的"被授予专利权"是仅限于在我国被授予专利权，还是也包括在其他国家和地区被授予专利权？换言之，如果在我国未获得专利授权，而是在其他国家和地区获得专利授权的，发明人是否也享有相应的奖励和报酬请求权？该案中，实际上就涉及这一问题，涉案职务发明创造并未在中国而是在美国被授予专利权，此种情况下，发明人是否享有相应的报酬请求权？对此，有观点认为，"《专利法》及其实施细则关于职务发明创造奖酬制度规定的适用范围以发明创造完成地为依据，有两层含义：第一，在中国完成的发明创造，在中国申请专利地情况下，职务发明创造地发明人、设计人有权依据中国《专利法》及其实施细则的规定，要求获得相应的奖励与报酬。第二，在中国完成的发明创造，在外国申请专利的情况下，依据中国《专利法》及其实施细则认定发明创造属于职务发明创造的，职务发明创造的发明人、设计人有权依据中国《专利法》及其实施细则的规定，要求获得相应的奖励与报酬。"❶ 该案中，两级法院实际上也采纳了上述观点，二审法院就此特别指出："涉案专利是否受中国专利

---

❶ 张晓都. 专利民事诉讼法律问题与审判实践 [M]. 北京：法律出版社，2014：337.

法保护与涉案职务发明创造发明人能否主张报酬权系两个不同的法律问题，不应混为一谈。涉案职务发明创造即使并未申请授予中国专利权，只要符合中国专利法相关规定，职务发明创造发明人亦可依法主张相关权利。"

3. 发明创造专利被实施

根据《专利法》第十六条的规定，只有在职务发明专利被实施的情况下，发明人才享有相应的报酬请求权。专利的实施既包括专利权人自己实施，也包括其授权他人实施，对此应无异议。值得探讨的是，专利权人将专利权转让与他人的情况下，是否也属于实施？对此，《专利法》及其实施细则虽未作出规定，但我国《促进科技成果转化法》第四十五条第一款规定："科技成果完成单位未规定、也未与科技人员约定奖励和报酬的方式和数额的，按照下列标准对完成、转化职务科技成果做出重要贡献的人员给予奖励和报酬：（一）将该项职务科技成果转让、许可给他人实施的，从该项科技成果转让净收入或者许可净收入中提取不低于百分之五十的比例；（二）利用该项职务科技成果作价投资的，从该项科技成果形成的股份或者出资比例中提取不低于百分之五十的比例；（三）将该项职务科技成果自行实施或者与他人合作实施的，应当在实施转化成功投产后连续三至五年，每年从实施该项科技成果的营业利润中提取不低于百分之五的比例。"职务发明创造当然属于职务科技成果，根据上述规定，被授予专利权的单位不论是自行实施专利权、许可他人实施还是将专利权作价投资，抑或转让给他人，都应当向职务发明创造的发明人支付相应的报酬。

该案中，吴某某的职务发明创造虽然未在中国被授予专利权，但在美国获得专利授权并被实际实施，根据上述的分析可知，其依法对其职务发明创造享有请求报酬的权利。

（二）关于该案的具体解析——"被授予专利权的单位"的扩张解释

根据《专利法》第十六条的规定，负有向职务发明创造发明人支付报酬的义务人是"被授予专利权的单位"。该案中，涉案发明创造在美国被授予专利权，专利权人是BETTELI而非希美克公司。从文义上来说，希美克公司显然并非"被授予专利权的单位"，因此，其似乎并不是向吴某某支付报酬的义务人。另外，由于职务发明人吴某某与专利权人 BETTELI 之间并不存在劳动或者类似关系，因此，吴某某自然也就无法根据《专利法》第十六条的规定请求 BETTELI 支付报酬。这样一来，职务发明人吴某某的报酬请求权也就失去了请求对象，也就等于否定其相应的请求权，这对吴某某本人显然是不公平的，也从根本上违背了设立职务发明创造发明人报酬制度的初衷。

正如一审法院所言，"职务发明创造是基于用人单位与发明人之间的劳动雇佣关系而产生的；用人单位在职务发明创造专利实施获利后，应当给予发明人报酬"。职务发明创造的实施，实际上可以分为两种情况：一是用人单位自己申请专利并获得授权后实施；二是用人单位将专利申请权转让给他人、由他人申请专利并获得授权后实施。对于前一种情形，根据我国《专利法》第十六条的规定，用人单位当然是向发明人支付报酬的义务主体。依照类推适用的解释方法，对于后一种情形，用人单位自然也应当是向发明人支付报酬的义务主体。因此，在用人单位未自行申请专利，而是将职务发明的专利申请权转让给他人，由他人申请获得专利授权的情况下，用人单位仍应当是职务发明创造发明人报酬的义务主体。从一审、二审的裁判理由来看，其实际上均采纳了这种观点。

三、职务发明创造发明人报酬的确定

关于职务发明创造发明人的报酬，《专利法》第十六条仅规定根据职务发明创造推广应用的范围和取得的经济效益，给予"合理的报酬"。显然，该规定是非常原则和抽象的。《专利法实施细则》对其进行了细化，其中，第七十六条规定，双方在劳动合同中约定或在规章制度中规定报酬支付的情形，按双方约定或规定支付。《专利法实施细则》第七十八条规定："被授予专利权的单位未与发明人、设计人约定也未在其依法制定的规章制度中规定专利法第十六条规定的报酬的方式和数额的，在专利权有效期限内，实施发明创造专利后，每年应当从实施该项发明或者实用新型专利的营业利润中提取不低于 2% 或者从实施该项外观设计专利的营业利润中提取不低于 0.2%，作为报酬给予发明人或者设计人，或者参照上述比例，给予发明人或者设计人一次

性报酬；被授予专利权的单位许可其他单位或者个人实施其专利的，应当从收取的使用费中提取不低于10%，作为报酬给予发明人或者设计人。"虽然有了该较为明确的标准，但是，由于作为确定报酬基础的"营业利润""使用费"往往难以确定，故司法实践中，许多情况下，该项报酬仍然需要法院根据具体情况来酌定。具体而言，主要有以下两种方法。

1. 按照侵权法定赔偿的最高限额确定

实践中，因为利润、转让费、许可费的提供方是专利权人，鉴于专利权人系利害关系人等因素，专利权人单方提供的利润、转让费、许可费等，往往不被科技人员所认可或接受，以上述利润、转让费、许可费为计算基础按照一定的比例确定报酬，也就难以体现客观性。在潘锡平与金沙江公司职务发明创造发明人报酬纠纷案中，在双方当事人未约定报酬支付标准的情况下，法院参照专利侵权法定赔偿最高限额等因素，酌情确定金沙江公司向潘锡平支付100万元的发明报酬。❶

2. 适用侵权法定赔偿方法确定

在专利侵权诉讼中，如果权利人的损失、侵权人的获利以及许可费等无法确定，法院可以在法定限额范围内酌情确定损害赔偿的数额。如前所述，所谓的法定赔偿，本质上是法官运用其裁量权而作出的酌定赔偿，其适用的前提是受害人确有损害，但具体的损害数额难以证实的情形。显然，职务发明创造发明人报酬的确定，可以适用该方法确定。该案中，一审、二审法院实际上就是运用法定赔偿的方法，参考多方面的因素，酌情确定30万元的一次性报酬金额。

---

❶ 参见深圳市中级人民法院（2010）深中法民三初字第65号、广东省高级人民法院（2011）粤高法民三终字第316号民事判决书。

第二部分　涉外商标权纠纷

5　NBA 集体肖像权、特征识别库财产利益的法律保护

——美国美商 NBA 产物股份有限公司等诉成都蓝飞互娱科技有限公司等侵害商标权及不正当竞争纠纷案

> 裁判要旨

（1）美国美商 NBA 产物股份有限公司在该案所主张保护的并非某一具体个体形象，而是由 NBA 众多成员个体形象、特征要素与标识共同组合而指向的 NBA 整体形象，由运营维护 NBA 并对相关标识享有权益的美商公司寻求法律救济，并不存在法律障碍，不需要逐一获得相关个体的额外授权。

（2）涉案 NBA 识别元素集合客观上已在中国境内对 NBA 整体形成可识别性和稳定的指向性，美商 NBA 产物股份有限公司对该识别元素集合进行长期运营并已在游戏领域进行商业化使用，以上构成其在该案主张 NBA 整体形象商品化权益的完整基础。

（3）商品化运营本身是一种转换性使用，卡通化处理并不影响对相关形象和标识予以商品化使用这一定性。基于被诉游戏对人物形象、动作特征、姓名绰号等大量对应识别元素和特征的保留与使用，卡通化处理并不妨碍相关公众毫不费力地将游戏识别为 NBA 集体并与之联系，被诉行为仍然属于对 NBA 识别元素集合的全面模仿与不正当使用。

入选理由

该案涉及全球知名篮球赛事 NBA 联赛及其识别元素的商品化权益保护问题。该案因当事人的知名度、所涉法律问题的新颖性备受社会关注，被《中国知识产权报》评为"2018 年知识产权十大热点案件"。与一般案件不同，该案被诉行为是将众多具有识别特征的元素转化运用在网络游戏中，涉及的不是某一球员个体形象或具体商标，而是 NBA 联盟整体形象权益。对于此类纠纷如何处理，缺乏先例可循，具有一定的新颖性。该案深入探讨了对此类识别特征元素集合进行《反不正当竞争法》保护的理论基础和条件，对被诉游戏全面模仿和不正当使用相关识别特征元素的行为进行制止，彰显在市场竞争中倡导遵循诚实信用原则、遵守商业道德的知识产权司法保护态度，既对如何审慎适用《反不正当竞争法》原则性条款、合理保护集体形象商品化权益作出良好示范，也对网络游戏经营者诚实经营、规范竞争起到良好的引导作用。

案例索引

一审：广州知识产权法院（2015）粤知法商民初字第 64 号
二审：广东省高级人民法院（2017）粤民终 1395 号

基本案情

上诉人（原审被告）：成都蓝飞互娱科技有限公司（以下简称"蓝飞公司"）

上诉人（原审被告）：青岛零线互动网络技术有限公司（以下简称"零线公司"）

被上诉人（原审原告）：美商 NBA 产物股份有限公司（以下简称"美商公

司")

被上诉人（原审原告）：上海蛙扑网络技术有限公司（以下简称"蛙扑公司"）

一审诉请

美商公司、蛙扑公司向一审法院起诉请求：（1）蓝飞公司、零线公司立即停止在游戏上使用被诉标识；（2）蓝飞公司立即停止运营、零线公司立即停止开发和更新萌卡篮球游戏；（3）蓝飞公司、零线公司立即停止使用 mcnba.com 域名并将其转让给美商公司；（4）畅悦公司立即停止在其运营的手游通平台上提供萌卡篮球游戏的行为；（5）判令蓝飞公司、零线公司、畅悦公司在《中国工商报》显著位置刊登声明以消除影响；（6）判令蓝飞公司、零线公司、畅悦公司连带赔偿美商公司、蛙扑公司损失及制止侵权所产生的律师费、公证费和差旅费等，共计人民币 300 万元；（7）判令蓝飞公司、零线公司、畅悦公司承担该案全部诉讼费用。诉讼过程中，美商公司、蛙扑公司变更前述诉讼请求（2）为：蓝飞公司立即停止运营、零线公司立即停止开发和更新萌卡篮球和萌卡 MC 游戏，停止侵害 NBA 商标权、NBA 集体肖像权和 NBA 特征识别库的行为；变更前述诉讼请求（3）为：蓝飞公司、零线公司立即停止使用 mcnba.com 和 mcnba.cn 域名并将其转让给美商公司；将前述诉讼请求（6）中的 300 万元赔偿数额变更为 500 万元。

案件事实

一审法院认定事实如下。

一、关于美商公司起诉的授权

2009 年 4 月 17 日，美商公司召开年度董事会会议，阿亚拉·多伊奇被任命为公司官员，任期至下届年度董事会会议或至其接任者选举之时，或至其去世、免职或辞职之时，并被授权可以代表公司签署所有已授权合同、文件或公司其他契约权力。

2013年5月23日，美商公司秘书、执行副总裁兼商业事务与公司法律总顾问William S. Koenig出具宣誓书称，其作为美商公司的秘书，负责记录公司年度董事会会议；在2009年4月17日的会议上，董事会任命阿亚拉·多伊奇为美商公司助理秘书以及授予其代表公司的签名权利，该权利至今有效。

美商公司向一审法院出具的法定代表人身份证明书显示，阿亚拉·多伊奇在美商公司任高级副总裁及副总法律顾问职务，是其公司法定代表人。

2016年8月17日，阿亚拉·多伊奇出具宣誓书亦确认，其是美商公司助理秘书、高级副总裁兼副总法律顾问，有权代表美商公司并以美商公司的名义行事。

2015年4月23日，阿亚拉·多伊奇代表美商公司，授予NBA体育文化发展（北京）有限责任公司（以下简称"NBA中国"）法律部资深法律顾问刘某某委托律师针对侵害NBA知识产权或构成不正当竞争的行为起诉的权利。2015年10月27日，刘某某以美商公司授权代表名义，授予北京安杰律师事务所律师赵某某和韩某某提起该案诉讼的权利。2015年10月28日，赵某某和韩某某代表美商公司提起该案诉讼。

二、关于美商公司、蛙扑公司主张的NBA驰名商标

第770693号注册商标是NBA，注册人是美商公司，核定使用在第41类组织篮球比赛和表演的娱乐服务上，注册有效期限自1994年10月28日经续展至2024年10月27日。

第1149992号注册商标是NBA，注册人是美商公司，核定使用在第41类无线电和电视节目编排、体育教育、组织体育活动竞赛、组织篮球比赛、体育训练（篮球）、教育、篮球（体育）教学、篮球（体育）培训、讲课（篮球运动）、俱乐部服务（娱乐或教育）体育场设备出租、组织竞赛（篮球）等服务上，注册有效期限自1998年2月7日经续展至2018年2月6日。

第1017934号注册商标是NBA，注册人是美商公司，核定使用在第9类盒式录像带、预先录制好的录音带、磁带和密纹盘、计算机软件、电视游戏软件等商品上，注册有效期自1997年5月28日至2017年5月27日。

该案中，美商公司、蛙扑公司主张核定使用在第41类组织篮球比赛服务上的第770693号和第1149992号NBA商标是驰名商标。为证明其主张，美商公司、蛙扑公司提交了百度百科关于NBA的介绍、以NBA为关键词的国家图书馆检索报告、中国媒体关于NBA高收视率、中国球迷众多及高额市场价值的报道等证据。

百度百科关于NBA的介绍称：NBA（美职篮），全称美国职业篮球联盟（National Basketball Association），是一个国际体育及媒体集团，由三个职业体育联盟组成：美国男子职业篮球联盟（NBA）、美国女子职业篮球联盟（WNBA）以及NBA发展联盟（NBA Development League）。其中，NBA是世界上水平最高的篮球联赛，美国四大职业体育联赛之一。超过6000万美国家庭可以收看到NBA电视台（NBA TV），NBA也是社交媒体上最受欢迎的体育联盟之一。联盟、球队以及球员的社交媒体平台拥有超过6亿的关注人群和粉丝。创立时间是1946年6月6日，球队分为东部联盟和西部联盟。东部联盟包括迈阿密热火队、底特律活塞队、波士顿凯尔特人队等15支球队；西部联盟包括圣安东尼奥马刺队、明尼苏达森林狼队、萨克拉门托国王队等15支球队。现任总裁亚当·萧华，前任总裁大卫·斯特恩。著名球星包括乔丹、詹姆斯、科比、麦迪、邓肯等。

国家图书馆的检索报告显示：检索年限自2000年1月1日至2015年10月22日，以"NBA"为检索词，在中国期刊全文数据库主题字段检索，检出期刊文献2883篇；在惠科中文报纸数据库标题字段检索，检出报纸文献103060篇。根据该检索报告附件，中文期刊2000—2004年382篇，2005—2006年459篇，2007—2008年469篇，2009—2010年514篇，2011—2012年495篇，2013—2014年411篇，2015年共153篇。中文报纸报道2000年共1242篇，2001年2308篇，2002年3159篇，2003年3833篇，2004年3598篇，2005年4851篇，2006年4267篇，2007年5212篇，2008年8420篇，2009年11279篇，2010年9264篇，2011年15910篇，2012年10039篇，2013年8632篇，2014年6245篇，2015年4802篇。

中国媒体关于NBA高收视率、中国球迷众多及高额市场价值的报道包括：2013年2月23日南海网转载新浪体育的《路透：NBA在中国有巨大发展机会，中国球迷量大质高》；2013年7月19日中国新闻网转载《中国体育报》的《NBA在中国收视创佳绩，赛季观众规模达5.58亿》；2013年10月15日搜狐网的《NBA三十年中国营销纪，利润年增一成球迷数上亿》；2014年2月1日网易的《斯特恩任期内NBA收入暴涨，年收入55亿全因他运作》；2014年10月11日腾讯网《NBA中国赛十年，球迷日只为球迷》；2014年10月12日凤凰网《萧华：中国球迷很了解NBA，打球人数比美国总人口还多》；2014年10月16日环球网的《NBA重视中国市场，用加时赛"取悦"中国球迷》；2015年2月10日腾讯网的《NBA在中国与球迷共贺史上最大规模新春贺岁活动》；2015年6月11日腾讯网的《福布斯NBA收入榜：詹皇杜少赢科比，书豪压哈登》《福布斯体坛吸金榜：梅威瑟居首是詹姆斯近5倍》；2015年6月16日凤凰网转载中国新闻网的《根本停不下来！NBA总决赛收视持续创纪录》；2015年6月18日凤凰网的《2015年总决赛收视率刷新高，创后乔丹时代最高纪录》；2015年10月15日凤凰网转载《北京日报》的《NBA想把"中国生意"做得更大》；2016年1月20日中国新闻网转载《法制晚报》的《NBA年味浓：球星穿中文球衣参战，向中国球迷拜年》；2016年1月21日网易转载中国新闻网的《NBA福布斯球员价值榜：尼克斯湖人领跑》；2016年4月6日凤凰网转载《华西都市报》的《姚明入选篮球名人堂，成首位获此殊荣的中国人》等。

蓝飞公司和零线公司对上述证据的真实性均无异议，但认为：NBA百度百科中的数据不一定客观真实；美商公司、蛙扑公司应以注册在第9类商品上NBA商标作为权利依据，该案不涉及跨类保护的必要性，不存在认定第41类服务上NBA商标驰名的必要性。

三、关于美商公司、蛙扑公司主张的NBA集体肖像权和特征识别库

美商公司、蛙扑公司主张的NBA集体肖像权是指NBA球员、教练、管理层肖像的集合体。

美商公司、蛙扑公司主张的NBA特征识别库除上述集体肖像权外，还包括NBA球员姓名、绰号、技术特点，教练和管理层姓名，以及NBA球队名称、队标、球员清单。美商公司、蛙扑公司进一步明确球员技术特点包括球员在比赛中的位置、招牌动作，以及在速度、力量、投篮准确率等方面的特点。

为证明其主张，美商公司、蛙扑公司提交了以下证据：美商公司中文官方网站上部分NBA球员的介绍，百度百科上NBA教练菲儿·杰克逊和前总裁大卫·斯特恩的介绍，腾讯网上NBA现役球员数据的介绍，百度百科上NBA退役球员、传奇球员、教练和管理层的介绍，NBA球队名称和队标的注册商标档案，美商公司注册证明、董事会会议记录、权利声明，美商公司授权第三方使用NBA集体肖像权和特征识别库的游戏及产品。

其中，美商公司中文官方网站对部分NBA球员进行介绍，包括詹姆斯·哈登、勒布朗·詹姆斯、卡梅隆·安东尼、凯文·杜兰特，介绍的内容包括姓名、肖像、所属球队、位置、简历和技术统计等。

百度百科对NBA教练菲儿·杰克逊的介绍内容包括早年经历、球员生涯、执教生涯、执教特点、生涯数据、场外生活和人物评价，并附有人物图册。百度百科对NBA前总裁大卫·斯特恩的介绍内容包括人物生平、主要政策、商业思维、家庭成员、人物评价，并附有人物图册。

腾讯网NBA数据库对100多名NBA现役球员进行介绍，介绍的内容包括姓名、肖像、所属球队、位置、简历和技术统计等。

百度百科对NBA退役球员、传奇球员、教练和管理层进行介绍。退役球员包括史蒂夫·纳什、昌西·比卢普斯、安德烈·基里连科、拉沙德·刘易斯、肖恩·马里昂、内特·罗宾逊、乔丹·克劳福德等。传奇球员包括阿伦·艾弗森、朱利叶斯·欧文、斯科蒂·皮蓬、查尔斯·巴克利、卡尔·马龙、丹尼斯·罗德曼、克里斯·韦伯、帕特里克·尤因、大卫·罗宾逊、沙奎尔·奥尼尔、迪肯贝·穆托姆博、埃尔文·约翰逊、科比·布莱恩特、哈基姆·奥拉朱旺等。教练和管理层包括阿诺德·奥尔巴赫、格雷格·波波维奇、帕特·莱利、菲儿·杰克逊、杰里·斯隆、查克·戴利、唐·尼尔森、兰尼·威尔肯斯、拉里·布朗等。介绍的内容包括姓名、绰号、肖像、简历、球员技术特点和技术统计等。

NBA球队名称和队标的注册商标档案包括商标注册证、核准续展注册证明、中国商标网上查询的商标详细信息。这些档案显示，美商公司对NBA 30支球队的名称和队标都在中国进行商标注册，注册的类别包括第9类计算机软件、第18类箱包、第25类服装、第41类组织体育比赛等。

1967年8月30日的美商公司注册证明显示其组建目的包括：（1）通过公司资本的购买、租赁、交换、出资等获得美国职业篮球协会任何类别成员、该协会、任何球队、俱乐部、联盟、协会或者其他组织的与篮球运动或者任何其他运动相关的名称、标识、徽章、符号、设计、颜色和其他识别标志的权利；不论单独或者与其他单位以任何方式联合（包括但不限于承办，一般或者受限合伙，任何商业企业或风险企业的助理或者经理，或者作为任何协议的一方）商业拥有、获得、利用和开发名称及开展所有相关行动。（2）在任何类型与推广、广告和商业应用有关的产品、商品和其他物品或者服务的制造、销售、营销和配送方面许可使用这些类型的名称、标识、徽章、符号、设计、颜色和其他识别标志。（3）代表美国职业篮球协会的会员俱乐部及其与篮球运动或者其他运动相关的任何球队、俱乐部、联盟、协会或者其他组织代表篮球运动或者其他运动进行广告推广和推广投机。（4）申请、获取、注册、获得、持有、使用、运用、引进、转让和处理任何与美国或者其他区域特许证书相关的服务标志、商标、商号、版权、专利、发明、改进、配方、专有技术和制作工序，并应用于任何类型的商业事务；同时，实际试用、开发、许可使用，或者自行使用上述商标、商号、版权、专利、发明、改进、配方、专有技术、制作工序等以及任何类似的财产或者权利。

2009年4月17日和2014年4月18日美商公司年度董事会会议记录均显示，董事会成员包括NBA所有30支球队。

2016年8月17日，阿亚拉·多伊奇出具宣誓书称，其以助理秘书、执行副总裁和副总法律顾问的身份有权代表美商公司并以美商公司的名义行事，其已在美商公司工作近18年半，担任目前职务2年半；根据中国《反不正当竞争法》，美商公司有权在中国经营和许可与美国职业篮球协会及其成员球队

NBA 集体肖像权、特征识别库财产利益的法律保护

有关的任何无形产权和利益，包括名称、集体肖像权、识别要素、知名商品特有的名称、包装或装潢、商誉、商业秘密、商业外观等符合公平、诚实、信用及符合一般商业道德的任何权益。

NBA 授权游戏《NBA 英雄》介绍：其是一款战斗篮球手游，巧妙融合了 NBA 和三国文化元素。玩家扮演一名篮球经理，能够收集到数百名现役 NBA 球星进行培养，还能穿越回三国战场与古代名将在球场上一较高下。通过配置比赛中的球星、装备、战术，在比赛中的合适时机释放球星技能以及威力巨大的军师技能，玩家可以击败各支强大的 NBA 球队，最终争夺 NBA 的最高荣誉——总冠军戒指。游戏中，可见各个 NBA 球员的头像、姓名、绰号、所属球队、号码、位置、工资、进攻、防守、技能等数据，亦可见各支 NBA 球队标识。

NBA 授权游戏《天天 NBA》介绍：其将为你带来最篮球的竞技体验。通过界面"赛况"，你能查看到所有参与的"未开赛""直播中"和"已完事"的房间详情，球员实时数据、最新动态排名尽在指尖掌握。

NBA 授权游戏《NBA 范特西》介绍：球员系统作为游戏中最主要的养成线之一，分为以下几个模块：（1）球员信息，包括名字、位置、品质、等级、星级、攻防、底薪、工资、3D 形象、装备、技能、生涯信息、基础属性、市价波动。（2）球员升级。（3）球员升星。（4）球员降薪。（5）球员技能。（6）球员缘分。游戏中，可见 NBA 球员头像、介绍及相关数据。

NBA 授权游戏《NBA2K》官方网站上有 NBA 球星和球队的数据库，可见球星头像、介绍及相关数据，亦可见各支球队标识。

《NBA 群星秀》介绍：2014 年 6 月 4 日，NBA 正式在腾讯微信（中国）平台发布全球首套官方即时聊天内置系列表情——NBA 群星秀，共有 16 个动画表情，主角包括迈阿密热火队的勒布朗·詹姆斯和德文·韦德、圣安东尼奥马刺队的蒂姆·邓肯、洛杉矶湖人队的科比·布莱恩特等 18 位 NBA 球星。

天猫商城的 ENTERBAY 朗行专卖店里有 NBA 球星可动玩偶销售。天猫商城的 NBA 官方旗舰店里有 NBA 球星可动玩偶、毛绒玩偶、Q 版玩偶，以及 NBA 运动服、休闲服、羽绒服、T 恤衫、运动鞋、球星海报、球星卡片、贴

纸、篮球配套产品等商品销售。这些商品或者印有NBA标志，或者印有NBA球员姓名、身着球衣的真人形象或卡通形象，或者印有NBA球队标识等，价格由数十元至数千元不等。

蓝飞公司和零线公司对上述证据质证认为：美商公司、蛙扑公司主张的NBA集体肖像权和特征识别库没有法律依据；美商公司的注册证明、董事会会议记录和权利声明不能证明其已经取得NBA所有球队和球员的授权。

四、关于美商公司、蛙扑公司的关系及蛙扑公司经营的游戏

2015年10月22日，美商公司出具《关于NBA授权许可的声明》：基于美商公司及其关联公司对蛙扑公司及其关联公司的授权，蛙扑公司有权在中国大陆的卡牌类手机游戏上使用NBA标识、NBA集体肖像权、NBA特征识别库，并使用"NBA官方授权手机游戏"字样。蛙扑公司有权与美商公司作为共同原告，针对第三方的商标侵权行为和/或不正当竞争行为提起民事诉讼。

NBA梦之队及NBA梦之队2的手机游戏软件在国家版权局进行登记，登记著作权人是蛙扑公司，登记时间分别是2013年7月19日和2015年6月15日。NBA梦之队游戏官网（www.nba.mobage.cn）由蛙扑公司经营，首页标注为"NBA官方授权手机游戏"。游戏中的球员以NBA球员真人形象体现。

五、关于被诉侵权事实

萌卡篮球游戏软件在中国版权保护中心网站登记的著作权人是零线公司，首次发表时间是2013年12月5日，登记时间是2014年2月14日。庭审中，零线公司确认萌卡篮球软件由其开发。

萌卡篮球官网（www.mcnba.com）由零线公司注册。玩家可以通过登录该网站免费下载该游戏安卓版本和苹果版本。除此之外，萌卡篮球还通过各游戏平台提供免费下载，包括91网、应用酷、苹果商店、游迅网、56手机游戏网、4399手机游戏网、3533手机世界网、11773手游网、玩游戏网、搞趣网、口袋巴士网、游吧网、起点下载网、安锋网、小米应用商店、360手机助手以及畅悦公司经营的手游通网站（www.15666.com）等。

NBA 集体肖像权、特征识别库财产利益的法律保护

萌卡篮球官网和相关平台介绍：萌卡篮球是一款以 NBA 为题材的休闲竞技游戏，在游戏中，玩家扮演一名球队经理，通过不断补强阵容、培养球星，打造自己的强力球队，在各级比赛中角逐。

91 网显示，萌卡篮球 1.8 版本和 2.3 版本开发商是蓝飞公司。应用酷网站显示，萌卡篮球 2.2 版本和 2.4 版本开发商是蓝飞公司，2.3 版本开发商是零线公司。4399 手机游戏网显示，萌卡篮球开发商是零线公司。11773 手游网显示，萌卡篮球运营商是蓝飞公司。蓝飞公司认为其与被诉游戏无关，上述网站记载其是开发商和运营商与事实不符。

4399 手机游戏网介绍：萌卡篮球是一款以收集和养成玩法为主的篮球卡牌游戏。在游戏中，玩家扮演一名球队经理，通过不断补充阵容，培养球星，打造属于自己的梦之队！库里、杜兰特、邓肯等球星将为你效力，想想有没有很激动？快乐下载吧！该网站相关文章介绍：萌卡篮球这款游戏集卡牌养成与 NBA 球赛于一身，还集合了 NBA 各个巨星……刚进入游戏就会被其中萌动有趣的人物形象吸引，游戏人物都是将现实中篮球明星漫画化制作出来，幽默可爱又不乏突出每个人的特点。

3533 手机世界网介绍：萌卡篮球是一款 NBA 题材的篮球竞技类的卡牌手游。

玩游戏网有文章介绍：刚打开游戏，卡牌上 Q 萌的人物形象就会给玩家留下深刻印象。人物全是大家熟悉的 NBA 球员漫画化的形象，每个球员的特点都被夸张化，詹姆斯的头带、内内的垄沟头、邓肯的呆萌眼神、加内特的怒吼都生动地展现出来。……背景音乐是典型的黑人音乐，嘻哈风与 NBA 题材完美契合。

口袋巴士网有文章介绍：萌卡篮球是一款以 NBA 为背景的手机游戏。

游吧网介绍：萌卡篮球游戏将卡牌玩法与 Q 版 NBA 相融合，并将其升级为拟人化卡牌比赛，呈现给玩家真实而又激烈的比赛。

起点下载网介绍：萌卡篮球是一款以 NBA 为题材的休闲竞技游戏……特点一、球星云集，形象更生动，真实地表现当前球队的动态和 Q 版人物形象，特点鲜明而生动……

萌卡篮球官方新浪微博显示博主是零线公司，最早几条微博发自2013年12月19日，标题为"官方区正式上线啦！下载地址：网页链接"。

萌卡篮球微信公众号是MCBasketball，微信认证是零线公司，最早一篇文章发自2013年9月24日，标题为"马刺GDP预祝《萌卡篮球》热卖！"。其内容称：萌卡篮球正团结紧张严肃活泼地开发中……感谢大家的关注和支持，回头游戏上线请大家天天吃甜筒，oh yeah！微信公众平台审核终于过了，可以群发消息了，目前每天只能群发一条，如果收到，请回复一次，帮忙测试一下，再次感谢！

另查明，萌卡篮球游戏首页及游戏中均可见被诉标识""。游戏首页还可见NBA球员、教练和管理人员的卡通形象。点击进入游戏，可见"KUNPO"标识。游戏中，玩家可以选择球员、球队和教练组建自己的参赛队伍。玩家可以通过充值购买游戏货币实现球员卡的获得、进化和升级。庭审中，蓝飞公司确认上述"KUNPO"是其标识，但否认是游戏的开发商和运营商。

萌卡篮球游戏中的球员、教练、管理层人员均以卡通形象出现，能与真实的NBA球员、教练、管理人员对应。球员、教练、管理层姓名，球员绰号，球员所处位置等技术特点能与真实的NBA球员、教练、管理层对应。球队中的球员清单也基本能与真实的NBA球队对应。两者举例对比图详见该判决书附件。

萌卡篮球游戏中的球队与真实的NBA球队名称拼写有以下区别：布鲁克林篮网队，后者是NETS，前者是NUTS；底特律活塞队，后者是PISTONS，前者是PISTENS；奥兰多魔术队，后者是MAGIC，前者是MAGIE；多伦多猛龙队，后者是RAPTORS，前者是RAPTERS；萨克拉门托国王队，后者是KINGS，前者是KIMS；夏洛特黄蜂队，后者是BOBCATS，前者是HOBCATS；丹佛掘金队，后者是NUGGETS，前者是NUGGOTS；俄克拉荷马城雷霆队，后者是OKC，前者是UKC；新奥尔良鹈鹕队，后者是NEW ORLEANS，前者是NEW ORLEONS。另外，两者的队标图案也存在一定区别。庭审中，美商公司、蛙扑公司据此主张蓝飞公司、零线公司有侵权故意并损害了美商公司、蛙扑公司商誉。零线公司则认为萌卡篮球是其独创作品，故与真实的 NBA 球队名称和队标不同。

再查明，2013 年 12 月 5 日，在虎扑体育网，有玩家评论萌卡篮球："这游戏难道不侵权吗？"还有玩家评论："一直不开新区，没动力，天天都一样刷，怎么都追不上，玩梦之队去。"2014 年 3 月 19 日，在 NBA 梦之队的百度贴吧，有玩家介绍萌卡篮球，有玩家回复："看起来好像差不多的样子。"有玩家回复："这么山寨。"有玩家回复："这个早就玩过，感觉没有梦之队好玩。"有玩家回复："玩这个只是因为是 nba 真实球员的卡片。"有玩家回复："这是真的，最主要不是游戏内容，而是球员卡片。"还有玩家回复："楼主请不要拿山寨货来推荐。"2014 年 11 月 23 日，在萌卡篮球的百度贴吧，有玩家请大家理性评论萌卡篮球和 NBA 梦之队这两款游戏。有玩家回复："两个游戏有很多相似的地方，但也有许多不同之处。……萌卡相比梦之队更有可玩性一点。只希望萌卡策划不要太过于去借鉴梦之队的一些东西。"2015 年 7 月 30 日，在萌卡篮球的百度贴吧，有玩家提出："今天发现个重大事件！！！萌卡经过 NBA 授权了吗？是不是违法啊？"有玩家回复："当然没授权。授权了队服早就写队名了。还打擦边球？"有玩家回复："这坑爹游戏不玩也罢！告告告！"还有玩家回复："这游戏也能拿到授权，想想也不可能嘛！"2016 年 5 月 6 日，在萌卡篮球百度贴吧，有玩家发现游戏中的活塞队和骑士队名称有拼写错误。有玩家回复："很多球队都是，萌卡故意的吧。"有玩家回复："萌卡是规避版权。"还有玩家回复："萌卡版权问题，打擦边球。"

又查明，2014 年 3 月 14 日，美商公司向萌卡篮球官网标注的联系邮箱（64291842@qq.com）发送《关于：未经授权使用 NBA 知识产权事宜》的电子邮件。该邮件称，NBA 中国代表美商公司，致函零线公司。美商公司负责 NBA 知识产权的经营管理。零线公司开发、制作和经营的萌卡篮球游戏大量使用 NBA 球员卡通形象及姓名、NBA 球队标识，严重侵害了美商公司的合法权益。故要求零线公司立即停止侵权、避免今后再次侵害 NBA 知识产权，并于 2014 年 3 月 21 日前给予明确书面答复。该邮件附件为萌卡篮球相关侵权页面截图。该邮件落款处有 NBA 中国联系人刘某某的联系邮箱（Vwliu@

nba.com）。2014年4月2日，发件人"飘渺孤鸿雨"（308686369@qq.com）回复刘某某联系邮箱："我是零线公司商务经理杨某。3月14日收到您对我们游戏的宝贵意见，我们已经加紧改版，由于工作量较大，更新时间调整为4月10日之前，届时将有新的且不涉及授权问题的游戏版本替换。"庭审中，零线公司确认杨某是其员工，但否认杨某是"飘渺孤鸿雨"。

2015年7月20日，美商公司通过邮政快递向畅悦公司邮寄投诉函。该投诉函称：美商公司承担全球（包括中国境内）所有NBA知识产权的经营和许可职能。蓝飞公司和零线公司未经授权，在萌卡篮球中擅自使用多个NBA识别元素，严重损害美商公司的合法权益，已经构成侵权及不正当竞争。畅悦公司在其网站（www.15666.com）提供该游戏下载。故要求畅悦公司依法履行网络服务提供者的"通知—删除"义务，在收到本函之日起三日内删除萌卡篮球的下载链接，停止提供萌卡篮球下载服务。美商公司保留追究畅悦公司法律责任的权利。该投诉函还附有萌卡篮球擅自使用NBA知识产权的截图（不完全列举）。2015年7月21日，该邮件妥投签收。庭审中，畅悦公司称未收到该投诉函，但确认收件人的公司名称、地址、电话等信息正确。畅悦公司还称已经于2016年3月删除萌卡篮球链接，美商公司、蛙扑公司予以确认。

2016年7月15日，美商公司向苹果公司投诉萌卡篮球侵害其知识产权。8月31日，苹果公司回复美商公司称苹果商店已经将萌卡篮球软件删除。9月28日，萌卡篮球微信公众号发布消息称：萌卡篮球3.0版本已经更新完毕，请玩家在appstore中搜寻"萌卡MC"下载最新游戏端。当天及10月10日，美商公司分别通过苹果商店和萌卡篮球官网对萌卡MC游戏进行了下载试玩。萌卡MC游戏内容与萌卡篮球游戏并无区别。庭审中，零线公司确认萌卡篮球于2016年9月底至10月初更名为萌卡MC。

另外，mcnba.cn域名亦由零线公司注册。庭审中，美商公司、蛙扑公司确认该域名未在使用。

六、关于赔偿

2014年4月11日，"飘渺孤鸿雨"（308686369@qq.com）向美商公司发送了3个附件，分别是萌卡篮球图文资料、平均数值和玩法介绍。其中，图文资料显示萌卡篮球开发商是零线公司，运营商是蓝飞公司。平均数值显示，2014年1月27日至2014年3月31日，萌卡篮球总付费人数1241人、总付费数206905元、总付费率5.54%、平均每人付费166.72元。庭审中，零线公司否认"飘渺孤鸿雨"是其员工。

2014年7月31日，北京中企华资产评估有限责任公司出具的《深圳市新国都技术股份有限公司拟收购深圳市范特西科技有限公司股东全部权益项目评估报告》记载：2014年6月30日，深圳市范特西科技有限公司和NBA中国签署了《游戏开发许可协议》，后者授权前者在其许可开发的游戏产品中使用NBA的标识、标志、名称、球队吉祥物、NBA全明星、NBA季后赛、NBA总决赛、NBA国际系列赛和双方协议同意的任何其他赛事的标识、NBA联盟球员的名字、绰号、相片、头像、肖像、签名等被许可的知识产权，许可期限自该许可协议签署之日至2017年9月30日，授权区域为中国。许可费最低保证金额为2014年6月30日至2015年9月30日的300万美元（对应低于或等于1500万美元许可游戏产品收入的许可费，费率20%），2015年10月1日至2016年9月30日的180万美元（对应低于或等于900万美元许可游戏产品收入的许可费，费率20%），2016年10月1日至2017年9月30日的220万美元（对应低于或等于1100万美元许可游戏产品收入的许可费，费率20%）；对超过最低保证金对应收入100%～150%部分的收入按15%许可费率收取许可费；对超过最低保证金对应收入150%以上部分的收入按10%许可费率收取许可费；本次评估依据合同约定的版权费进行预测。庭审中，零线公司对上述许可费的真实性不予确认。

2015年9月1日，美商公司登录零线公司的阿里云网页。在该网页，零线公司称其成立于2013年，仅仅用不到半年的时间就在客户端游戏行业获得了突破性的成绩，旗下自主研发、运营的萌卡篮球手机体育类竞技游戏刚上线就大获好评，吸引了大批玩家的目光，游戏在线日活跃人数3万～4万。庭审中，零线公司称上述日活跃人数的表述并不真实。

2015年10月30日，360手机助手网站显示，萌卡篮球下载17万次；应用酷网站显示，萌卡篮球2.2版本下载13万次，2.3版本下载12227次，2.4版本下载318次；百度手机助手网站显示，萌卡篮球下载9万次；PP助手网站显示，萌卡篮球下载5万次；口袋巴士网站显示，萌卡篮球下载1万次；豌豆荚网站显示，萌卡篮球1万人安装；91网显示，萌卡篮球苹果下载1万次、安卓下载1万次。

2015年11月27日，广州市权华知识产权事务所有限公司向美商公司、蛙扑公司出具关于蓝飞公司和零线公司的调查报告。报告记载，零线公司法定代表人徐某某在与调查人员交谈中称，萌卡篮球是其公司唯一一款游戏，一年的收入有1200多万元，该游戏主要由百度和一些游戏平台公司在经营，其中蓝飞公司也是该游戏平台公司之一。

另查明，支付宝（中国）网络技术有限公司根据一审法院调查令提供了零线公司支付宝账户流水。该账户显示，2013年12月17日至2015年11月10日的收支总额为5847273.13元。庭审中，零线公司认为，流水中显示的收入不全是萌卡篮球的收入，游戏单次充值金额只能是5元、10元、30元、50元、100元、500元、1000元，故应以此为标准统计游戏收入为2444580元。美商公司、蛙扑公司则认为流水中显示的所有收入都是萌卡篮球收入，经统计为2864294.47元。经办法官利用自有华为手机当庭下载萌卡篮球安卓版并进行试玩，发现当前充值金额只能是5元、10元、30元、50元、100元、500元、1000元，支付方式包括银行卡、微信和QQ钱包等。

零线公司为证明萌卡篮球一直处于亏本状态，提交了2013年12月至2015年12月的季度申报表。季度申报表显示，2013年累计亏损4723.88元；2014年累计亏损153389.53元；2015年累计亏损113833.54元。庭审中，美商公司、蛙扑公司对上述季度申报表的真实性不予确认。

再查明，蛙扑公司成立于2005年6月16日，注册资本1000万元，登记的经营范围包括游戏产品（游戏产品运营、网络游戏虚拟货币发行）、手机游戏出版，销售计算机软硬件及配件等。蓝飞公司成立于2013年7月11日，注册资本1000万元，登记的经营范围包括开发、销售计算机软硬件并提供技术服务等。零线公司成立于2013年11月12日，注册资本100万元，登记的经营范围包括计算机软硬件开发、维护等。畅悦公司成立于2010年8月11日，注册资本1000万元，登记的经营范围包括依法须经批准的项目等。

又查明，美商公司、蛙扑公司为该案支出律师费60万元、公证费62502元、国家图书馆检索费44700元、差旅费11276元、资料打印费12090.4元、翻译费1672元、调查费32639元。庭审中，蓝飞公司、零线公司、畅悦公司认为，律师费明显过高，调查费应当包括在律师费中，不应单独再主张。

庭审中，美商公司、蛙扑公司明确要求一审法院综合考虑上述因素，重点考虑美商公司、蛙扑公司许可使用费合理倍数，以及蓝飞公司、零线公司、畅悦公司恶意侵权应当适用惩罚性赔偿的因素，在法定赔偿300万元以上确定赔偿数额。

二审法院在一审查明事实的基础上，另有以下查明。

二审期间，蓝飞公司向法院提交如下两组新证据。第一组证据系青岛蓝飞信息技术有限公司（以下简称"青岛蓝飞"）信息打印件，蓝飞公司声称该证据系全国企业信用公示系统查询所得，拟证明该公司与蓝飞公司是两家相互独立的公司，一审法院以杨某电子邮件中提到青岛蓝飞是涉诉游戏运营商而判定蓝飞公司是运营商的结论错误。第二组证据包括：（1）蓝飞公司写给零线公司《关于手机游戏〈萌卡篮球〉相关诉讼的函》，内容是蓝飞公司针对一审判决的，要求零线公司就涉案萌卡篮球游戏的开发商和运营商进行解释和提供证据。（2）零线公司写给蓝飞公司《关于手机游戏〈萌卡篮球〉相关诉讼的情况说明》，内容是承认零线公司为涉案游戏的开发商和运营商，并称零线公司自2013年起陆续与虎扑、7659游戏、北京瓦力等渠道签订了发布涉案游戏的合同。（3）零线公司与深圳市星耀互动科技有限公司、武汉斗鱼网络科技有限公司、虎扑（上海）文化传播有限公司等案外人签订的涉案游戏运营合作协议。蓝飞公司拟以该组证据证明零线公司才是涉案游戏的开发商与运营商，涉案游戏与蓝飞公司无关。针对前述证据，零线公司确认其真实性、合法性与关联性。美商公司和蛙扑公司质证认为，第一组证据仅为打印件，无法确认真实性和关联性，且蓝飞公司在一审中就已经自认杨某是其员工，该组证据拟证明事项与蓝飞公司一审庭审陈述相违背。第二组证确认证据（3）运营合同的真实性，但该合同与待证事实无关联。对其他证据的真实性、合法性与关联性不予认可，相关证据与蓝飞公司向证券发行部门提交的证据相反，蓝飞公司在其关联公司公开转让说明书中，明确承认了与该案游戏的关系。

美商公司和蛙扑公司向法院提交一组新证据，即北京市长安公证处（2017）京长安内经证字第31478号《公证书》及其附件《青岛蓝飞互娱科技股份有限公司公开转让说明书》。内容是公证处从巨潮资讯网上搜索下载《青岛蓝飞互娱科技股份有限公司公开转让说明书》。青岛蓝飞于2016年7月发布该公开转让说明书。其第25页记载："收购前，公司与蓝飞公司的实际控制人均为王武、徐丽娜夫妻；2015年6月，……公司进行同一控制下的股权收购，收购蓝飞公司100%股权。"其第99页记载了未决诉讼，其中提到了蓝飞公司所涉的该案诉讼。其记载："经主办券商与律师核查，上述未决诉讼系成都蓝飞代理青岛零线所开发的'萌卡篮球'游戏而发生……成都蓝飞已于2015年12月底主动停止运营上述游戏。……成都蓝飞已要求青岛零线共同积极与原告方和解，并由青岛零线承诺承担本案一切赔偿责任，而青岛零线也同意成都蓝飞的相关要求。……"美商公司拟以此证明蓝飞公司的母公司青岛蓝飞承认蓝飞公司运营涉案游戏。对该组证据，蓝飞公司质证认为，确认该证据的真实性，不确认其关联性。蓝飞公司在一审中从未自认过青岛蓝飞是蓝飞公司的关联方。从公开转让说明书展示的青岛蓝飞签署的合同及代理的游戏清单中可以看出，涉诉游戏不在蓝飞公司代理范围内，相关收入与蓝飞公司无关。零线公司同意蓝飞公司的质证意见，并称，涉案游戏软件由零线公司独立开发，只是在软件开发完成之初，曾委托蓝飞公司进行时间不到三个月的短暂上线测试，此后的所有运营行为都由零线公司独立完成。

一审判决

一审法院认为，双方当事人争议的焦点包括：（1）该案起诉是否经合法授权；（2）如果是，美商公司、蛙扑公司主张蓝飞公司、零线公司、畅悦公司侵害NBA注册商标专用权能否成立；（3）美商公司、蛙扑公司主张蓝飞公司、零线公司、畅悦公司侵害 NBA 集体肖像权、特征识别库的财产利益并构成不正当竞争能否成立；（4）美商公司、蛙扑公司各项诉请能否成立。

一、关于该案起诉是否经合法授权的问题

一审法院认为，根据美商公司董事会会议记录，美商公司秘书、执行副总裁兼商业事务与公司法律总顾问 William S. Koenig 的宣誓书，阿亚拉·多伊奇的宣誓书，并结合美商公司针对该案向一审法院出具的法定代表人身份证明，足以证明阿亚拉·多伊奇获得美商公司该案起诉的合法授权。之后，阿亚拉·多伊奇转授权刘某某，刘某某再转授权北京安杰律师事务所律师赵某某和韩某某提起该案诉讼，符合法律规定。蛙扑公司作为美商公司主张的 NBA 注册商标专用权、集体肖像权和特征识别库财产权益的被许可人，经美商公司明确授权，以自己名义提起该案诉讼，也符合法律规定。故该案起诉具有合法授权。蓝飞公司和零线公司主张阿亚拉·多伊奇未取得美商公司该案起诉合法授权，以及蛙扑公司无权提起该案诉讼，均依据不足，一审法院不予支持。

二、关于美商公司、蛙扑公司主张蓝飞公司、零线公司、畅悦公司侵害 NBA 注册商标专用权能否成立的问题

美商公司、蛙扑公司主张蓝飞公司、零线公司、畅悦公司商标侵权行为是：被诉游戏使用被诉标识""；被诉游戏使用"萌卡篮球是一款以 NBA 为题材的休闲竞技游戏"的表述。美商公司、蛙扑公司还主张蓝飞公司、零线公司、畅悦公司注册、使用 mcnba.com 和 mcnba.cn 域名构成商标侵权及不正当竞争。

（一）关于使用被诉标识及被诉表述是否构成商标侵权的问题

《商标法》第十三条第三款规定，为相关公众所熟知的商标，持有人认为其权利受到侵害时，可以依照本法规定请求驰名商标保护。就不相同或者不相类似商品申请注册的商标是复制、摹仿或者翻译他人已经在中国注册的驰名商标，误导公众，致使该驰名商标注册人的利益可能受到损害的，不予注册并禁止使用。根据《最高人民法院关于审理商标民事纠纷案件适用法律若干问题的解释》第一条第（二）项，复制、摹仿、翻译他人注册的驰名商标或其主要部分在不相同或者不相类似商品上作为商标使用，误导公众，致使该驰名商标注册人的利益可能受到损害的，属于侵害注册商标专用权的行为。由此可知，驰名商标持有人可以主张驰名商标保护。侵犯注册驰名商标专用权包括三个要件：复制、摹仿、翻译他人注册的驰名商标或其主要部分；在不相同或不相类似商品上作为商标使用；误导公众，致使该驰名商标注册人的利益可能受到损害的。该案中，美商公司、蛙扑公司主张注册在第41类组织篮球比赛服务上的第770693号和第1149992号NBA是驰名商标，指控蓝飞公司、零线公司、畅悦公司在被诉游戏中使用被诉标识和被诉表述构成商标侵权，应当证明满足上述三个要件。

1. 关于使用被诉标识是否构成商标侵权的问题

要件一实际涉及商标相同或近似的判断。根据《最高人民法院关于审理商标民事纠纷案件适用法律若干问题的解释》第十条，人民法院在普通注册商标侵权案件中判断相同或者近似适用以下原则：以相关公众的一般注意力为标准；既要进行对商标的整体比对，又要进行对商标主要部分的比对，比对应当在比对对象隔离的状态下分别进行；判断商标是否近似，应当考虑请求保护注册商标的显著性和知名度。一审法院认为，这些判断原则也应当适用于注册驰名商标侵权案件中的相同或近似判断。该案中，被诉标识"萌卡篮球"大致等分为上下两部分，上半部分由三个球员＋篮球卡通图案构成；下半部分由萌卡篮球中文＋WWW.MCNBA.COM构成，中文字体远大于英文字体。显然，被诉标识的主要部分是卡通图案和萌卡篮球中文，并不是域名中的NBA英文。尽管美商公司、蛙扑公司NBA商标知名度高，但以相关公众一般注意力为标准，在隔离状态下进行整体比对和要部比对，不难得出被诉标识与美商公司、蛙扑公司NBA商标不相同也不近似的结论。所以，美商公司、蛙扑公司不能证明被诉标识的使用满足要件一，从而不能证明蓝飞公司、零线公司、畅悦公司该行为构成商标侵权。

2. 关于使用被诉表述是否构成商标侵权的问题

要件二实际涉及商标性使用的判断。根据《商标法》第四十八条，商标的使用，是指将商标用于商品、商品包装或者容器以及商品交易文书上，或者将商标用于广告宣传、展览以及其他商业活动中，用于识别商品来源的行为。根据《商标法》第五十九条第一款，注册商标中含有的本商品的通用名称、图形、型号，或者直接表示商品的质量、主要原料、功能、用途、重量、数量及其他特点，或者含有的地名，注册商标专用权人无权禁止他人正当使用。该案中，美商公司、蛙扑公司涉案 NBA 商标并非臆造商标，根据美商公司、蛙扑公司提交的 NBA 百度百科，NBA 本义是美国职业篮球联盟（National Basketball Association）的简称。"萌卡篮球是一款以 NBA 为题材的休闲竞技游戏"，显然此处 NBA 是作为本义使用的，是为了对被诉游戏题材进行说明的正当使用，并非用于识别被诉游戏的来源，美商公司、蛙扑公司对此无权禁止。所以，美商公司、蛙扑公司不能证明被诉表述的使用满足要件二，从而不能证明蓝飞公司、零线公司、畅悦公司该行为构成商标侵权。

（二）关于注册、使用被诉域名是否构成商标侵权及不正当竞争的问题

2001 年施行的《最高人民法院关于审理涉及计算机网络域名民事纠纷案件适用法律若干问题的解释》第四条规定，人民法院审理域名纠纷案件，对符合以下各项条件的，应当认定被告注册、使用域名等行为构成侵权或不正当竞争：（1）原告请求保护的民事权益合法有效；（2）被告域名或其主要部分构成对原告驰名商标的复制、摹仿、翻译或音译，或者与原告的注册商标、域名等相同或近似，足以造成相关公众的误认；（3）被告对该域名或其主要部分不享有权益，也无注册、使用该域名的正当理由；（4）被告对该域名的注册、使用具有恶意。根据《最高人民法院关于审理涉及计算机网络域名民事纠纷案件适用法律若干问题的解释》第六条，人民法院审理域名纠纷案件，根据当事人的请求以及案件的具体情况，可以对涉及的注册商标是否驰名依法作出认定。但是，2009 年施行的《最高人民法院关于审理涉及驰名商标保护的民事纠纷案件应用法律若干问题的解释》第二条规定，在下列民事纠纷案件中，当事人以商标驰名作为事实依据，人民法院根据案件具体情况，认

为确有必要的，对所涉商标是否驰名作出认定：(1) 以违反商标法第十三条的规定为由，提起的侵犯商标权诉讼；(2) 以企业名称与其驰名商标相同或者近似为由，提起的侵犯商标权或不正当竞争诉讼；(3) 符合本解释第六条规定的抗辩或者反诉的诉讼。《最高人民法院关于审理涉及驰名商标保护的民事纠纷案件应用法律若干问题的解释》第十四条规定，一审法院以前有关司法解释与本解释不一致的，以本解释为准。由此可知，涉及注册驰名商标跨类保护、未注册驰名商标保护、企业名称与驰名商标冲突这三类案件，如果确有必要，人民法院可以对所涉商标是否驰名作出认定，但并不包括涉及域名与驰名商标冲突的案件。因此，在被诉标识和被诉表述因缺少相关要件本案没有必要认定美商公司、蛙扑公司涉案 NBA 是驰名商标的情况下，也不能以《最高人民法院关于审理涉及计算机网络域名民事纠纷案件适用法律若干问题的解释》第四条和第六条为依据，认定该 NBA 商标为驰名商标，并进而认定被诉域名构成商标侵权。

《最高人民法院关于审理涉及计算机网络域名民事纠纷案件适用法律若干问题的解释》第七条第一款规定，人民法院在审理域名纠纷案件中，对符合本解释第四条规定的情形，依照有关法律规定构成侵权的，应当适用相应的法律规定；构成不正当竞争的，可以适用《民法通则》第四条、《反不正当竞争法》第二条第一款的规定。《最高人民法院关于审理商标民事纠纷案件适用法律若干问题的解释》第一条第（三）项规定，将与他人注册商标相同或者相近似的文字注册为域名，并且通过该域名进行相关商品交易的电子商务，容易使相关公众产生误认的，属于侵犯注册商标专用权的行为。由此可知，虽然注册、使用的域名与他人注册商标相同或近似，但是如果并未通过该域名进行相同或类似商品交易的电子商务，容易使公众产生误认的，可能构成不正当竞争，却不构成商标侵权。

该案中，美商公司是涉案 NBA 商标注册人，依法享有商标专用权。蛙扑公司经授权得以使用涉案 NBA 商标，依法享有商标使用权。被诉域名与美商公司、蛙扑公司涉案 NBA 商标相比，区别仅在于前者多了 mc 两个字母。由于美商公司、蛙扑公司涉案 NBA 商标具有极高的知名度和美誉度，故被诉域名的注册、使用足以造成相关公众误认。虽然 www.mcnba.com 作为萌卡篮球官网，其中 mc 可以解释为"萌卡"，但蓝飞公司、零线公司对 nba 并不享有任何权益，其将 nba 解释为"牛逼啊"过于牵强。故蓝飞公司、零线公司注册、使用被诉域名，明显为了攀附美商公司、蛙扑公司涉案 NBA 商标的知名度和美誉度，具有恶意。根据《最高人民法院关于审理涉及计算机网络域名民事纠纷案件适用法律若干问题的解释》第四条的规定，零线公司注册、使用被诉域名，构成对美商公司、蛙扑公司的不正当竞争。

三、关于美商公司、蛙扑公司主张蓝飞公司、零线公司、畅悦公司侵害 NBA 集体肖像权、特征识别库的财产利益并构成不正当竞争能否成立的问题

无论是集体肖像权还是特征识别库的财产利益，均不是我国法律规定的民事权利。美商公司、蛙扑公司向一审法院提交的相关司法判例也印证这一点。对此，双方当事人都是清楚的。但是，《侵权责任法》第二条规定，侵害民事权益，应当依照本法承担侵权责任。本法所称民事权益，包括生命权、健康权、姓名权、名誉权、荣誉权、肖像权、隐私权、婚姻自主权、监护权、所有权、用益物权、担保物权、著作权、专利权、商标专用权、发现权、股权、继承权等人身、财产权益。由此可知，民事权益既包括民事权利，也包括民事利益。民事权利是为了保护主体的某种利益而赋予的法律上的力，自然受到法律保护。民事利益虽然尚未被确定为民事权利，但也应当受到法律保护。该案中，美商公司、蛙扑公司正是主张 NBA 集体肖像权、特征识别库的财产利益属于民事利益，应当受到法律保护。同时，《反不正当竞争法》第一条规定，为保障社会主义市场经济健康发展，鼓励和保护公平竞争，制止不正当竞争行为，保护经营者和消费者的合法权益，制定本法。《反不正当竞争法》第二条规定，本法所称的不正当竞争，是指经营者违反本法规定，损害其他经营者的合法权益，扰乱社会经济秩序的行为。由此可知，对于市场经营者而言，如果一方采用不正当竞争手段损害另一方的民事利益，该另一方可以依据《反不正当竞争法》，通过制止不正当竞争行为来维护其民事利益。该案中，美商公司、蛙扑公司正是依据我国《反不正当竞争法》第二条的规定，要求一审法院认定并制止蓝飞公司、零线公司、畅悦公司的不正当竞争行为，保护其上述民事利益。

我国《反不正当竞争法》第二条还规定，经营者在市场交易中，应当遵循自愿、平等、公平、诚实信用的原则，遵守公认的商业道德。本法所称的经营者，是指从事商品经营或者营利性服务的法人、其他经济组织。另外，我国《反不正当竞争法》第五条至第十五条规定了十一类具体的不正当竞争行为。

根据上述法律规定，一审法院认为，美商公司、蛙扑公司依据《反不正当竞争法》第二条主张蓝飞公司、零线公司、畅悦公司构成不正当竞争，应当证明满足以下要件：NBA集体肖像权和特征识别库的财产利益属于民事利益；美商公司、蛙扑公司有权主张该民事利益；美商公司、蛙扑公司和蓝飞公司、零线公司、畅悦公司是具有竞争关系的经营者；蓝飞公司、零线公司、畅悦公司没有实施我国《反不正当竞争法》第五条至第十五条的不正当竞争行为；但蓝飞公司、零线公司、畅悦公司的行为违反了诚实信用原则和公认商业道德，损害了该民事利益，确有制止之必要。

（一）关于NBA集体肖像权和特征识别库的财产利益是否属于民事利益的问题

首先，根据美商公司、蛙扑公司的主张，NBA集体肖像权的财产利益实际上可以被NBA特征识别库的财产利益涵括，故一审法院以下论述将不作区分。其次，NBA球员、教练和管理层的姓名、绰号、肖像，球员的技术特点，NBA球队的名称、队标和球员清单，这些元素能够与NBA联盟和联赛产生特定的联系。故美商公司、蛙扑公司将其统称为NBA识别元素，并无不当。最后，根据查明事实，《NBA英雄》《天天NBA》《NBA范特西》《NBA2K》《NBA梦之队》等NBA授权游戏使用球员的姓名、绰号、肖像、技术特点以及球队标识等NBA识别元素。NBA在微信平台上发布并使用众多NBA球星的动画表情。另外，天猫商城的ENTERBAY朗行专卖店里有NBA球星可动玩偶销售。天猫商城的NBA官方旗舰店里有NBA球星可动玩偶、毛绒玩偶、Q版玩偶，以及NBA运动服、休闲服、羽绒服、T恤衫、运动鞋、球星海报、球星卡片、贴纸、篮球配套产品等商品销售。基于 NBA 联盟和联赛、球星、球队极高的知名度，相关公众看到这些使用 NBA 识别元素的游戏和商品时，就会引发观赏 NBA 联赛的愉悦，产生情感上的共鸣，从而激发购买的欲望。上述充分证明，NBA 识别元素可以商品化，且如果商品化使用被某一市场经营者垄断，其无疑将在激烈的市场竞争中占据更大的竞争优势，赢得更多的商业利益。美国职业篮球联盟是 NBA 联赛的创办者和组织者，经过长达 70 余年的发展，NBA 联赛已经成为世界上水平最高的篮球比赛，关注人群和粉丝数以亿计，在世界范围内都具有极高的知名度和美誉度。这种极高的知名度和美誉度归根结底来源于美国职业篮球联盟数十年的巨额投入和诚实经营。NBA 识别元素商品化实现的商业利益正是这种投入和经营的结果。美国职业篮球联盟的投入和经营理应得到法律的肯定。因为只有这样，努力和付出才能得到回报，辛勤劳动和诚实经营才会受到激励。故 NBA 识别元素商品化垄断使用实现的利益是法律保护的民事利益，应由美国职业篮球联盟享有。美商公司、蛙扑公司所主张的 NBA 特征识别库的财产利益实际就是 NBA 识别元素商品化垄断使用实现的民事利益。蓝飞公司、零线公司、畅悦公司辩称 NBA 特征识别库的财产利益不是法律保护的对象，依据不足，一审法院不予支持。

（二）关于美商公司、蛙扑公司是否有权主张该民事利益的问题

首先，根据美商公司注册证明，公司组建的目的就是获得美国职业篮球联盟及其成员与篮球运动相关的任何识别标志的权利，并进行使用。其次，美国职业篮球联盟的 30 支球队都是美商公司的董事会成员。其次，美商公司授权代表阿亚拉·多伊奇出具宣誓书称该公司有权在中国经营和许可与美国职业篮球联盟及其成员有关的所有无形产权和利益。最后，美商公司对 NBA 标识和 NBA 30 支球队名称与队标在中国多个商品和服务类别上都进行了商标注册。这些证据和事实能够相互印证，足以证明美商公司取得了 NBA 识别元素商品化垄断使用的民事利益。蛙扑公司经美商公司许可有权在手机游戏上使用 NBA 识别元素。蓝飞公司、零线公司、畅悦公司仅简单否认美商公司、蛙扑公司享有该民事利益，但未提交任何相反证据证明，其主张显然依据不

足,一审法院不予支持。

(三) 关于各方当事人是否有竞争关系的经营者的问题

首先,美商公司、蛙扑公司和蓝飞公司、零线公司、畅悦公司均符合我国《反不正当竞争法》第二条关于经营者的定义。其次,NBA 梦之队与萌卡篮球都是手机游戏,都使用 NBA 识别元素,显然具有直接竞争关系。前者由蛙扑公司经营,美商公司和蛙扑公司指控后者由蓝飞公司和零线公司共同经营,并指控畅悦公司在其网站提供后者的下载。所以,蛙扑公司与蓝飞公司、零线公司、畅悦公司具有竞争关系。最后,美商公司作为 NBA 识别元素商品化使用的垄断者,既可以许可他人在手机游戏中使用这些元素,也可以自己经营同类手机游戏,故与蓝飞公司、零线公司、畅悦公司也存在竞争关系。

(四) 关于蓝飞公司、零线公司和畅悦公司是否实施我国《反不正当竞争法》第五条至第十五条不正当竞争行为的问题

《反不正当竞争法》第五条至第十五条列举了仿冒行为、垄断经营、虚假广告、侵害商业秘密、倾销、搭售、商业诋毁等不正当竞争行为。显然,未经美商公司许可商品化使用 NBA 识别元素,并不符合这些不正当竞争行为各自的构成要件。所以,蓝飞公司、零线公司、畅悦公司没有实施《反不正当竞争法》第五条至第十五条的不正当竞争行为。

(五) 关于蓝飞公司、零线公司和畅悦公司行为是否违反诚信原则和公认商业道德,损害他人合法权益的问题

没有实施《反不正当竞争法》第五条至第十五条的不正当竞争行为,并不代表蓝飞公司、零线公司、畅悦公司的行为一定不构成不正当竞争。事实上,《反不正当竞争法》第五条至第十五条规定的不正当竞争行为,也应当符合我国《反不正当竞争法》第二条关于不正当竞争行为的定义,属于违反诚实信用原则和公认的商业道德,损害他人合法权益的行为。只是因为我国《反不正当竞争法》制定时,这些具体的不正当竞争行为较为突出,为便于法律实施,故对其进行特别列举。所以,判断蓝飞公司、零线公司和畅悦公司行为是否构成不正当竞争,归根结底在于判断其是否违反诚信原则和公认商

业道德，损害他人的合法权益。如上所述，NBA 识别元素商品化垄断使用的利益是法律保护的民事利益，由美商公司享有。被诉游戏使用 NBA 识别元素，属于对这些元素的商品化使用。蓝飞公司、零线公司和畅悦公司未选择其他元素却选择 NBA 识别元素进行商品化使用，不是毫无目的的随机行为，而是希望通过利用 NBA 联盟和联赛的高知名度和美誉度，吸引更多玩家购买其游戏服务，从而获取更大利益的故意行为。该行为并未得到美商公司许可，属于搭别人知名度便车，攫取他人劳动成果的行为，无疑违反了诚信原则和公认商业道德，损害了美商公司和蛙扑公司的合法权益，构成对美商公司、蛙扑公司的不正当竞争。

需要特别指出的是，被诉游戏并没有使用 NBA 球员、教练和管理层的真人头像，而是进行了卡通化的处理。被诉游戏中的球队名称和队标也与 NBA 球队名称和队标在拼写和图案方面存在细微的差别。但对于相关公众而言，这些经过卡通化处理的人物头像和经过修改的球队名称及队标，仍然具备 NBA 相关人物和球队的显著特征，再结合人物的姓名、绰号和技术特点，足以毫不费力地指向相应的 NBA 球员、教练、管理层以及球队。所以，被诉游戏使用 NBA 识别元素的事实当无疑问。

根据查明事实，有的游戏平台注明蓝飞公司是开发商和运营商，有的注明零线公司是开发商。零线公司确认其是被诉游戏开发商和经营者。另外，被诉游戏可见蓝飞公司的"KUNPO"标识。以上足以证明被诉游戏由该蓝飞公司和零线公司共同开发经营，故两者共同实施了不正当竞争行为，构成共同侵权。美商公司和蛙扑公司为证明畅悦公司帮助蓝飞公司和零线公司实施不正当竞争，提供了投诉函及其妥投证明，畅悦公司亦确认投诉函上收件人的名址和电话属实。在此情况下，畅悦公司否认收到该投诉函，依据不足，一审法院不予支持。畅悦公司在收到美商公司、蛙扑公司投诉函后，未及时删除被诉游戏，主观上存在过错，客观上对蓝飞公司和零线公司实施不正当竞争提供帮助，也构成共同侵权。

四、关于美商公司和蛙扑公司各项诉请能否成立的问题

（一）关于美商公司和蛙扑公司要求蓝飞公司、零线公司与畅悦公司停止侵权、登报消除影响等诉请能否成立的问题

如上所述，被诉游戏使用被诉标识并未侵害美商公司和蛙扑公司涉案注册商标专用权。故美商公司、蛙扑公司诉请蓝飞公司和零线公司立即停止在被诉游戏上使用被诉标识，依据不足，一审法院不予支持。

根据《最高人民法院关于审理涉及计算机网络域名民事纠纷案件适用法律若干问题的解释》第八条，人民法院认定域名注册、使用等行为构成侵权或不正当竞争的，可以判令被告停止侵权、注销域名，或者依原告的请求判令由原告注册使用该域名。零线公司注册、使用被诉域名构成不正当竞争。美商公司和蛙扑公司诉请零线公司立即停止使用 mcnba.com 域名并将 mcnba.com 和 mcnba.cn 域名转让给美商公司，具有法律依据，一审法院予以支持。零线公司并未使用 mcnba.cn 域名，美商公司和蛙扑公司诉请零线公司立即停止使用该域名并无必要，一审法院不予支持。蓝飞公司并未注册、使用被诉域名，美商公司和蛙扑公司对蓝飞公司相关诉请，一审法院不予支持。

蓝飞公司和零线公司共同开发经营被诉游戏，未经许可使用涉案 NBA 识别元素，构成不正当竞争。美商公司和蛙扑公司诉请蓝飞公司和零线公司立即停止侵害 NBA 集体肖像权和特征识别库财产利益的行为，实际是诉请蓝飞公司和零线公司立即停止使用涉案 NBA 识别元素的不正当竞争行为，该请求于法有据，一审法院予以支持。由于被诉游戏大量使用 NBA 识别元素，以至于一旦彻底消除这些识别元素，该游戏将不复存在。也就是说，判令蓝飞公司和零线公司停止使用涉案 NBA 识别元素，与判令其停止运营被诉游戏，并无本质区别。故美商公司和蛙扑公司还诉请蓝飞公司、零线公司立即停止运营、开发、更新被诉游戏，已无必要，一审法院不予支持。

虽然畅悦公司在其网站提供被诉游戏下载也构成侵权，但畅悦公司已于 2016 年 3 月删除被诉游戏链接，故美商公司和蛙扑公司诉请畅悦公司立即停止侵权已无必要，一审法院不予支持。

被诉游戏大量使用 NBA 识别元素，容易使相关公众误认被诉游戏获得美商公司的授权许可。故被诉游戏中出现的对 NBA 球队名称、队标的拼写错误和图案修改，容易使相关公众降低对 NBA 联盟和联赛的评价，给美商公司和蛙扑公司商誉造成不良影响。故美商公司和蛙扑公司诉请被诉游戏的共同开发经营者蓝飞公司和零线公司登报消除不良影响，依据充分，一审法院予以支持。至于美商公司和蛙扑公司还诉请仅提供被诉游戏下载链接的畅悦公司登报消除影响，依据不足，一审法院不予支持。

（二）关于美商公司和蛙扑公司要求蓝飞公司、零线公司和畅悦公司赔偿 500 万元的诉请能否成立的问题

根据《反不正当竞争法》第二十条，经营者违反本法规定，给被侵害的经营者造成损害的，应当承担赔偿责任，被侵害的经营者的损失难以计算的，赔偿额为侵权人在侵权期间因侵权所获得的利润；并应当承担被侵害的经营者因调查该经营者侵害其合法权益的不正当竞争行为所支付的合理费用。根据《最高人民法院关于审理不正当竞争民事案件应用法律若干问题的解释》第十七条，确定我国《反不正当竞争法》第五条、第九条、第十四条规定的不正当竞争行为的损害赔偿额，可以参照确定侵犯注册商标专用权的损害赔偿额的方法进行。一审法院认为，《反不正当竞争法》第五条规定，不正当竞争行为包括"擅自使用知名商品特有的名称、包装、装潢"和"擅自使用他人的企业名称或者姓名"，误导公众的行为等。如上所述，被诉游戏大量使用 NBA 识别元素，容易使相关公众误认被诉游戏获得美商公司和蛙扑公司授权许可。所以，蓝飞公司、零线公司和畅悦公司的不正当竞争行为，与我国《反不正当竞争法》（1993 年）第五条规定的不正当竞争行为具有同质性。故该案赔偿数额的确定，可以参照《商标法》的相关规定。

根据《商标法》第六十三条，侵犯商标专用权的赔偿数额，按照权利人因被侵权所受到的实际损失确定；实际损失难以确定的，可以按照侵权人因侵权所获得的利益确定；权利人的损失或者侵权人获得的利益难以确定的，参照该商标许可使用费的倍数合理确定。对恶意侵犯商标专用权，情节严重的，可以在按照上述方法确定数额的一倍以上三倍以下确定赔偿数额。赔偿

数额应当包括权利人为制止侵权行为所支付的合理开支。权利人因被侵权所受到的实际损失、侵权人因侵权所获得的利益、注册商标许可使用费难以确定的，由人民法院根据侵权行为的情节给予300万元以下的赔偿。根据《最高人民法院关于审理商标民事纠纷案件适用法律若干问题的解释》第十六条第二款，人民法院在适用法定赔偿确定赔偿数额时，应当考虑侵权行为的性质、期间、后果、商标的声誉、商标使用许可费的数额、商标使用许可的种类、时间、范围及制止侵权行为的合理开支等因素综合确定。由此可见，《商标法》规定了四种赔偿数额的计算方式，依次为权利人的实际损失、侵权人的侵权获利、许可使用费的合理倍数以及法定赔偿。对于恶意侵权情节严重的行为，可以在依前三种方式确定数额的基础上给予一倍以上三倍以下的惩罚性赔偿。另外，法院在适用法定赔偿时，应当考虑案件相关因素综合确定。

第一，关于美商公司和蛙扑公司的实际损失。美商公司和蛙扑公司并未主张亦未提交证据证明。

第二，关于蓝飞公司和零线公司的侵权获利。零线公司为证明被诉游戏一直亏损，提交了2013年12月至2015年12月的季度申报表。对此，一审法院认为，该申报表由零线公司单方制作，并非由具有资质的审计机构出具，且零线公司也未提交申报表制作时应当依据的原始会计凭证，故不能证明零线公司的主张。根据零线公司支付宝账户，美商公司、蛙扑公司和零线公司依不同的标准对被诉游戏2013年12月17日至2015年11月10日的收入进行了统计。美商公司和蛙扑公司统计为2864294.47元，零线公司统计为2444580元。经当庭核实，被诉游戏每次充值金额只能是5元、10元、30元、50元、100元、500元、1000元。故零线公司统计数据合理，一审法院予以采纳。但被诉游戏持续经营至今，且并非支付宝一种收入方式，故2444580元不是被诉游戏的全部收入。另外，被诉游戏的利润率及NBA识别元素的利润贡献率也未见充分证据证明。所以，蓝飞公司和零线公司的侵权获利难以确定。

第三，关于NBA识别元素的许可使用费。美商公司和蛙扑公司为证明NBA识别元素保底许可使用费300万美元，提交了《深圳市新国都技术股份有限公司拟收购深圳市范特西科技有限公司股东全部权益项目评估报告》。对此，一审法院认为，美商公司和蛙扑公司并未举证证明该评估报告的出具单位具有相应评估资质，且该评估报告明确指出是依据许可合同约定的版权费进行的预测。而该许可合同是否得到真实履行，美商公司和蛙扑公司并未举证证明。故评估报告不能证明美商公司和蛙扑公司的主张。所以，NBA识别元素的许可使用费亦难以确定。

第四，关于惩罚性赔偿。在前三种方式无法确定赔偿额基数的情况下，美商公司和蛙扑公司主张蓝飞公司、零线公司和畅悦公司应承担一倍以上三倍以下的惩罚性赔偿，既没有法律依据，也没有计算的可能性。

第五，关于法定赔偿。根据上述法律规定，在前三种方式无法确定赔偿额的情况下，法院应当考虑相关因素在300万元以下综合确定。一审法院对该案的相关因素分析如下：（1）2013年12月17日至2015年11月10日被诉游戏支付宝收入为2444580元，据此进行简单推算，被诉游戏至今的支付宝总收入将超过400万元。同时应当考虑，被诉游戏并非支付宝一种收入方式。（2）关于"飘渺孤鸿雨"发给美商公司邮件中提及的被诉游戏平均数值。尽管"飘渺孤鸿雨"的邮箱不同于被诉游戏联系邮箱，但双方往来邮件的内容足以证明"飘渺孤鸿雨"在被诉游戏联系邮箱收到美商公司警告函后进行了回复，且"飘渺孤鸿雨"自称是零线公司经理杨某，零线公司亦当庭承认有此姓名的员工，故一审法院予以采纳。但该邮件仅反映了被诉游戏2014年1月27日至3月31日的平均数值，数据的采集时间过短，难以反映被诉游戏此后稳定的收入状况，不应作为推算被诉游戏收入的依据。（3）关于零线公司在阿里云自称被诉游戏日活跃人数3万~4万。联系上下文可知，该表述出于宣传目的，不能排除存在夸大成分，一审法院不予采纳。（4）关于各游戏平台显示的被诉游戏下载数量。这些数据由第三方平台提供，在蓝飞公司、零线公司和畅悦公司未能提交反证推翻的情况下，一审法院予以采纳。（5）关于广州市权华知识产权事务所有限公司对蓝飞公司和零线公司的调查报告。由于该调查公司由美商公司和蛙扑公司聘请，调查报告并未得到蓝飞公司和零线公司确认，故其真实性难以认定，一审法院不予采纳。（6）NBA联盟和联赛具有极高的知名度和美誉度，蓝飞公司和零线公司擅自使用 NBA 识别元素，并在收到美商公司和蛙扑公司警告函后继续经营，在游戏被苹果商店下架后更换名称重新上线，均足以表明其侵权恶意明显。（7）手机游戏行业的一般利润率。（8）NBA 识别元素对被诉游戏利润的贡献率。根据查明事实，无论是被诉游戏的官网、官博、官微还是相关第三方游戏平台，对被诉游戏的介绍宣传都突出其具有 NBA 识别元素。这充分表明，NBA 识别元素是被诉游戏吸引玩家的主要卖点。所以，NBA 识别元素将对被诉游戏实现利润产生主要贡献。（9）蓝飞公司和零线公司的经营规模。（10）美商公司和蛙扑公司为该案支付的合理开支。美商公司和蛙扑公司主张的公证费、国家图书馆检索费、差旅费、资料打印费、翻译费和调查费，属于为制止侵权所发生的合理费用，一审法院予以全额支持。根据该案的复杂程度、律师工作量、诉讼标的额和一般涉外收费标准，美商公司和蛙扑公司主张 60 万元律师费过高，一审法院予以相应调整。综合考虑上述因素，一审法院认为蓝飞公司和零线公司应按法定赔偿上限 300 万元连带赔偿美商公司和蛙扑公司。美商公司和蛙扑公司要求一审法院超过法定赔偿上限酌情确定蓝飞公司、零线公司和畅悦公司赔偿 500 万元，缺乏充分依据，一审法院不予支持。

畅悦公司虽然构成共同侵权，但其仅是涉案众多游戏平台之一，实施的仅是提供下载的帮助行为，侵权时间短、侵权情节轻，一审法院酌情确定其对上述 300 万元赔偿数额中的 10 万元负连带赔偿责任。

综上所述，一审法院依照《侵权责任法》第八条、第九条第一款、第十五条第一款第（一）项、第（六）项、第（八）项、第二款，《商标法》第十三条第三款、第四十八条、第五十九条第一款，《反不正当竞争法》第二条、第二十条第一款，《最高人民法院关于审理商标民事纠纷案件适用法律若干问题的解释》第一条第（二）项、第（三）项，《最高人民法院关于审理涉及计算机网络域名民事纠纷案件适用法律若干问题的解释》第四条、第七条第一款、第八条的规定，判决如下：（1）成都蓝飞互娱科技有限公司和青岛零线互动网络技术有限公司于判决发生法律效力之日起立即停止在萌卡篮球和萌卡 MC 游戏使用涉案 NBA 识别元素的不正当竞争行为；（2）青岛零线互动网络技术有限公司于判决发生法律效力之日立即停止使用 mcnba.com 域名，并于三十日内将 mcnba.com 和 mcnba.cn 域名转让给美商 NBA 产物股份有限公司；（3）成都蓝飞互娱科技有限公司和青岛零线互动网络技术有限公司于判决发生法律效力之日起三十日内在《中国工商报》显著位置刊登声明以消除涉案不正当竞争行为给美商 NBA 产物股份有限公司和上海蛙扑网络技术有限公司造成的不良影响（声明内容须经法院审定）；（4）成都蓝飞互娱科技有限公司和青岛零线互动网络技术有限公司于判决发生法律效力之日起十日内连带赔偿美商 NBA 产物股份有限公司和上海蛙扑网络技术有限公司共人民币 300 万元，广州畅悦网络科技有限公司对其中的 10 万元负连带赔偿责任；（5）驳回美商 NBA 产物股份有限公司和上海蛙扑网络技术有限公司其他诉讼请求。一审案件受理费 46800 元，由美商 NBA 产物股份有限公司和上海蛙扑网络技术有限公司共同负担 9360 元，由成都蓝飞互娱科技有限公司和青岛零线互动网络技术有限公司共同负担 37440 元。

二审判决

二审法院认为，该案系侵害商标权及不正当竞争纠纷。根据各方当事人的上诉请求与理由、答辩意见，该案的争议焦点为：（1）该案诉讼的提起是否经过合法授权；（2）上诉人被诉行为是否构成不正当竞争；（3）零线公司使用相关域名的行为是否构成侵权；（4）蓝飞公司是否被诉游戏的共同运营商；（5）一审判决赔偿数额是否合理。

一、关于该案诉讼的提起是否经过合法授权

蓝飞公司与零线公司上诉称，该案证据无法证明阿亚拉·多伊奇有权代表美商公司对外授权并提起该案诉讼，应驳回起诉。经查，美商公司在一审时提交了美商公司法定代表人阿亚拉·多伊奇及美商公司秘书的宣誓书、法定代表人身份证明书、美商公司注册证明及 2009 年与 2014 年两次年度董事会会议记录，相关证据均依法履行了公证认证手续。从以上证据来看，美商公司助理秘书、执行副总裁和副总法律顾问阿亚拉·多伊奇不仅分别于 2014

年3月20日和2016年8月17日两次通过宣誓确认自己有权代表美商公司并以美商公司名义行事,还提交美商公司注册资料、法定代表人身份证明书和2009年度及2014年度的美商公司董事会会议记录,证明自己有权代表美商公司签署授权文件。此外,美商公司秘书、副总裁William S. Koening还于2013年5月出具宣誓书,确认相关董事会会议记录的真实性和阿亚拉·多伊奇有权代表美商公司签署相关授权文件的事实。以上证据足以证明阿亚拉·多伊奇有权代表美商公司对外签署授权文件。蓝飞公司与零线公司虽主张相关宣誓和董事会会议记录不具法律效力,但对该主张不能提供任何法律依据。至于蓝飞公司与零线公司主张2014年度董事会会议决定已改变2009年度会议决定、仅授予其他四位官员相关权利一节,经查,2009年度董事会会议记录明确记载授予阿亚拉·多伊奇等公司官员代表美商公司签署所有已授权合同、文件或公司其他契约权利的权力及批准相关行为。2014年度董事会会议在增补四位官员的同时,会议记录第三项记载针对"一项授予上述(四位)官员以及公司其他官员以公司的名义签署所有已授权合同、文件或公司其他契约权利的动议",一致达成"公司官员及其指定人员有权以公司的名义签署所有已授权合同、文件或公司其他契约"的决议。可见,阿亚拉·多伊奇代表美商公司对外签署授权文件的权力并未因2014年增补四位官员而发生变化。蓝飞公司与零线公司相关主张明显与事实不符。综上,蓝飞公司与零线公司关于阿亚拉·多伊奇无权代表美商公司对外授权,进而其代表美商公司签署的授权许可蛙扑公司使用相关标识的合同或委托律师提起本案诉讼的文件均属无效的主张,不能成立,该院不予支持。

二、关于相关被诉行为是否构成不正当竞争的问题

该案被诉不正当竞争行为发生在《反不正当竞争法》(2017年修正)实施之前,依法应适用1993年12月1日起实施的《反不正当竞争法》。该案中,美商公司和蛙扑公司主张被诉游戏未经授权,大量使用NBA球员、教练和管理层的姓名、绰号、肖像、技术特点以及球队标识等NBA识别元素,不当攀附美商公司美誉,侵害了美商公司和蛙扑公司合法权益,构成不正当竞争。蓝飞公司与零线公司则抗辩认为，被诉行为不属于《反不正当竞争法》规制对象，相关 NBA 识别元素不应被美商公司垄断，被诉游戏使用相关元素存在正当性，不构成不正当竞争。对此，二审法院逐一分析如下。

（一）关于该案能否援引适用《反不正当竞争法》第二条一般条款的问题

该案中，各方当事人均确认被诉行为不属于《反不正当竞争法》第二章第五条至第十五条明列的具体不正当竞争行为。蓝飞公司与零线公司上诉认为，该案被诉行为既然不属于我国《反不正当竞争法》第二章所明列的各具体行为，就不属于《反不正当竞争法》的规制对象，该案不能通过《反不正当竞争法》第二条规定来扩大认定不正当竞争行为。对此，二审法院认为，我国于 1993 年 12 月 1 日起实施的《反不正当竞争法》第二章第五条至第十五条，对该法制定时市场上常见的和可以明确预见的不正当竞争行为类型进行了列举式规定。同时，该法第二条规定："经营者在市场交易中，应当遵循自愿、平等、公平、诚实信用的原则，遵守公认的商业道德。本法所称的不正当竞争，是指经营者违反本法规定，损害其他经营者的合法权益，扰乱社会经济秩序的行为。"此对市场交易应遵循的基本原则和不正当竞争的定义进行了相关规定。市场竞争的开放性和激烈性必然导致市场竞争行为方式的多样性和可变性，《反不正当竞争法》作为管制市场竞争秩序的法律，不可能对各种行为方式都作出具体化和预见性的规定。因此，在具体案件中，法院根据《反不正当竞争法》第二条第一款和第二款的一般规定，对没有在第二章中列明的市场竞争行为予以调整，以保障市场公平竞争，符合相关法律规定和现实需求。故蓝飞公司与零线公司该上诉理由不成立，二审法院不予支持。

（二）关于被诉行为是否符合《反不正当竞争法》第二条规定的问题

根据我国《反不正当竞争法》第二条规定，判断经营者的行为构成不正当竞争，应当考虑以下方面：一是行为实施者是《反不正当竞争法》意义上的经营者；二是经营者从事商业活动时，没有遵循自愿、平等、公平、诚实信用原则，违反了《反不正当竞争法》的规定和公认的商业道德；三是经营者的不正当竞争行为损害正当经营者的合法权益。二审法院认为，该案完全符合以上要件，具体分析如下。

首先，该案当事人不仅属于《反不正当竞争法》意义上的经营者，且当事人之间存在竞争关系。根据《反不正当竞争法》第二条有关经营者的规定，经营者的确定并不要求原、被告属同一行业或服务类别，只要是从事商品经营或者营利性服务的市场主体，就可成为经营者。蛙扑公司与零线公司均系从事游戏行业的市场主体，蓝飞公司主营计算机软件开发销售，其母公司青岛蓝飞在《公开转让说明书》中明确记载"移动游戏的开发及运营由成都蓝飞负责"并列出蓝飞公司主营的系列游戏产品，可见蛙扑公司、零线公司与蓝飞公司均属于同业竞争者。美商公司虽然主营篮球等体育运动相关的商业化运作，但从当前商业环境来看，体育运动的衍生商品或服务已涵盖各类玩具、音像制品、图书、电子游戏、服饰、娱乐等行业，而且，美商公司提供的授权许可使用合同、多个授权游戏版本等表明其确实已在游戏领域进行相关商品化运作，因此美商公司衍生商品或服务与零线公司和蓝飞公司所从事的游戏行业存在交叉甚至重合。故该案各方当事人不仅属于《反不正当竞争法》意义上的经营者，而且经营领域相同或交叉，存在竞争关系。蓝飞公司和零线公司上诉称其与美商公司的行业领域不同，两者不存在竞争关系或利害关系，不能成立。

其次，美商公司在该案所主张的权益应受到反不正当竞争法保护。该案中，美商公司和蛙扑公司所主张保护的NBA特征识别库，实质上是由众多富有特征的个体形象、特征要素和标识共同集合而成的NBA集体形象的商品化权益。而且，与一般的商品化权益不同，该案涉及的不是某一个体形象，而是集体形象。蓝飞公司和零线公司上诉认为，NBA特征识别库并非法定权利，不能受到《反不正当竞争法》保护，一审法院关于美商公司具有相关识别元素商品化垄断使用的民事利益的论述错误；而且相关形象的权利人应该是各球员、教练、管理层等个人，在没有该个人的授权下，美商公司不得主张权利。对此，二审法院认为，《反不正当竞争法》保护的是经营者的合法权益而并不限于法定权利，即使经营者主张保护的不属于法定权利，亦有可能作为民事合法利益予以保护。虽然对这种并未明列为《反不正当竞争法》具体行为类型的民事利益的保护，确应慎重，不宜断言垄断，但该案中，美商公司

NBA 集体肖像权、特征识别库财产利益的法律保护

已经提供大量证据，证明对其相关权益进行保护具有正当和充分理由。其中，美商公司《公司注册证明》记载公司组建目的系获得美国职业篮球联盟、俱乐部、协会及其成员相关识别标志权利，并进行广告推广、产品或服务制造、营销等商业化运用，美商公司提供的商标注册证明表明其在中国对 NBA 标识及 NBA 球队名称和队标享有商标权。此不仅在法律文件上明确了相关标识和权利的所有者，也更在事实上说明美商公司对 NBA 联盟和球队的商业化运营将直接影响其所享有的相关标识的商业价值和经济利益。美商公司为证明 NBA 的知名度，还提供了百度百科关于 NBA 的介绍、以 NBA 为关键词的国家图书馆检索报告、中国媒体关于 NBA 高收视率、中国球迷众多及高额市场价值的报道等证据，证明在其多年投入经营和维护下，NBA 联盟、球队和相关标识已经在中国具有极高知名度和极大号召力，深受中国公众的喜爱。美商公司中文官方网站、百度百科、腾讯网 NBA 数据库等均有对多名 NBA 球员姓名、绰号、肖像、所属球队、位置、简历和技术特点，对多名教练和管理层姓名、绰号、肖像、简历、球员特点和技术统计进行详细介绍。可见，美商公司在经营 NBA 联盟及球队的过程中也通过宣传相关球员、教练和管理层个体形象来吸引相关公众，进而树立和维护 NBA 集体的相关形象。在美商公司不断投入、良好运营和大力宣传之下，这些富有诸多个性特征与共同特征的人物形象、特征要素、标识集合在一起，使相关公众首先联想到的已经不是某一具体个体，而是不畏挑战、拼搏奋进、团结合作的 NBA 集体形象。因此，这种众多识别元素集合，即美商公司在该案中所主张的 NBA 特征识别库，已经与 NBA 集体形象建立起稳定的指向关系与对应关系。此外，美商公司提交的商标注册证、对外授权合同、相关游戏软件等，证明美商公司不仅在职业体育赛事领域积极经营和维护 NBA 集体形象，还将 NBA 集体形象产生的商品化利益积极运营于衍生行业领域，并至少已在游戏这一行业领域上进行商业化运营。当这些代表 NBA 集体形象的 NBA 识别特征元素集合与游戏进行商业结合时，相关游戏显然将凭借 NBA 联盟的知名度与号召力而获得较高商业机会和商业价值。这种因经营 NBA 集体形象而带来的商业机会和商业价值，是应当得到法律保护的。至于蓝飞公司和零线公司所主张的相关识别元

· 175 ·

素应由相关个人进行维权的问题,二审法院认为,该案中美商公司主张保护的并非某一具体个体形象,而是由 NBA 众多成员个体形象、特征要素与标识共同组合而指向的 NBA 整体形象,因此由运营维护 NBA 并对相关标识享有权益的美商公司寻求法律救济,并不存在法律障碍,不需要逐一获得相关个体的额外授权。如果依蓝飞公司和零线公司所言,将美商公司主张的权益逐一分解成各个体形象、标识和要素并相互孤立,而让相关个体来进行逐一维权,相关个体显然只能制止与自己权益相关的行为,而不能制止其他与 NBA 相关的行为,这显然无法解决其他众多识别元素的存在使 NBA 集体形象受损的问题。因此,蓝飞公司和零线公司该上诉主张不能成立,二审法院不予支持。

最后,该案被诉行为违反诚信原则和公认商业道德,具有明显的不正当性,损害美商公司和蛙扑公司权益。根据《反不正当竞争法》的相关规定,经营者应当通过诚信经营、公平竞争来获得竞争优势,不能未经他人许可,不正当地攀附利用他人的声誉或经营成果来进行商业运作并从中获利。该案中,被诉游戏未经授权大量使用 NBA 识别元素的行为,实质上是不当利用美商公司苦心经营 NBA 联盟而获得的影响力与号召力,使相关公众误以为该游戏与 NBA 联盟、赛事或美商公司存在某种特定关联,基于对 NBA 的喜爱而移情于被诉游戏,从而轻而易举地获得相关消费群体和占有市场份额。这种行为不当利用美商公司多年付出的经营成果及良好声誉为自己牟利,掠夺和挤占美商公司和蛙扑公司在游戏领域的市场份额,使美商公司和蛙扑公司经济利益受到损害。被诉游戏还刻意将球队名称拼写错误及队标图案进行局部修改,容易降低相关公众对 NBA 联盟和联赛的评价,给美商公司商誉造成不良影响。蓝飞公司与零线公司上诉声称 NBA 识别元素不应被美商公司所垄断,被诉游戏是基于现实自行创作的合理行为。对此,二审法院认为,事实上,并非所有商品化利益均受到《反不正当竞争法》保护。如果相关形象特征或商业标识知名度不够,相关公众无法将之与权利主体建立起相对稳定的对应和指向关系,或者虽有一定知名度但相关商品化运用的领域与原有领域相差太远,不容易导致相关公众产生联想或误解,又或者被诉行为仅仅系在必要限度内的合理使用,没有明显不当攀附他人商誉恶意和掠夺他人交易机会等损害后果的,均不属于《反不正当竞争法》的规制对象。但该案的情况并非如此。如前所述,美商公司已提供大量证据证明,涉案 NBA 识别元素集合(即美商公司所称的 NBA 特征识别库)客观上已在中国境内对 NBA 集体所形成的可识别性和稳定的指向性,美商公司对该识别元素集合进行的长期运营及事实上已在游戏领域进行的商业化使用,构成了美商公司在该案主张商品化权益的完整基础。而该案中,被诉游戏并非使用某一 NBA 元素,也不是仅仅将 NBA 联赛作为游戏背景和情节,而是将大量 NBA 识别元素运用于整个游戏中,游戏中的大量球员、教练、管理层人物形象乃至相关姓名、绰号和技术特点,球队名称、清单和队标均与美商公司现实运营的 NBA 球队相对应。这种使用范围甚至达到如果停止使用相关识别元素,该游戏将完全无法运行的程度。可见被诉游戏对相关识别元素的使用远远超出合理使用和正当使用所应当遵守的必要范围,而是足以引起市场混淆、误认的全面模仿使用,此已明显违反诚实信用原则和公认的商业道德,构成不正当竞争。蓝飞公司和零线公司虽辩称被诉游戏并没有直接使用 NBA 球员、教练、管理层真人形象,而是进行了卡通化创作和处理。但商品化运营本身就是一种转换性使用,卡通化处理并不影响对相关形象和标识予以商品化使用这一定性。该案中,基于人物形象特征、动作特征、姓名绰号等大量对应识别元素和特征的保留与使用,卡通化处理仍然不妨碍相关公众毫不费力地将游戏识别为 NBA 集体并与之联系,故被诉行为仍然属于对 NBA 识别元素集合的全面模仿与不正当使用。综上,蓝飞公司与零线公司关于被诉游戏系对 NBA 这一公共元素的创作使用,具有正当性、不构成不正当竞争的上诉主张,不能成立,二审法院不予支持。

三、关于零线公司使用相关域名的行为是否构成侵权的问题

《最高人民法院关于审理涉及计算机网络域名民事纠纷案件适用法律若干问题的解释》第四条规定:"人民法院审理域名纠纷案件,对符合以下各项条件的,应当认定被告注册、使用域名等行为构成侵权或者不正当竞争:(一)原告请求保护的民事权益合法有效;(二)被告域名或其主要部分构成

零线公司上诉声称一审判赔数额过高的问题，二审法院考虑以下因素：（1）美商公司经营的 NBA 联盟及相应识别标识集合具有较高商业价值，应当给予相应司法力度的保护。美商公司已提供充分证据证明其经长期经营和宣传，NBA 及相应标识在中国已取得较高知名度和较强影响力，具有较高的商业价值和商业利益。（2）零线公司与蓝飞公司的侵权行为恶劣，且侵权主观恶意明显。从被诉行为来看，被诉游戏不仅全面模仿和使用大量 NBA 识别元素，且相关球员姓名、球队名称拼写错误，不但降低了美商公司运营的 NBA 球队的声誉，零线公司还另行注册、使用两个被诉域名，提供相关游戏下载，进一步造成市场混淆。从零线公司与蓝飞公司侵权主观恶意来看，美商公司早于 2014 年 3 月开始即与零线公司就被诉游戏涉嫌侵权事宜进行交涉，但零线公司并未因此及时停止被诉游戏，反而继续经营被诉游戏。而且，在 2016 年被诉"萌卡篮球"游戏因美商公司投诉而被苹果公司下架之后，零线公司又将游戏更名为"萌卡 MC"，重新在苹果商店和萌卡篮球官网上架，可见其侵权主观恶意明显。（3）该案证据证明零线公司与蓝飞公司侵权规模较大。不论是一审法院所查明的各游戏平台所显示的被诉游戏下载数量、被诉游戏宣传情况，还是零线公司在二审期间提交的与案外人的相关合作合同，均可证明零线公司与蓝飞公司在多个游戏平台，通过多种途径推送、运营被诉游戏，相关游戏下载量大，运营时间较久。（4）该案证据证明零线公司与蓝飞公司侵权获利较高。根据支付宝（中国）网络技术有限公司向一审法院提供的零线公司支付宝账户流水，可以确认 2013 年 12 月 17 日至 2015 年 11 月 10 日期间被诉游戏收入仅支付宝支付渠道即达到 2444580 元。且蓝飞公司与零线公司均确认除了支付宝渠道之外，还存在苹果平台等支付渠道。可见被诉游戏的收入远远不止以上金额。（5）美商公司与蛙扑公司为制止被诉行为的合理维权费用应予支持。因此，一审法院根据以上情节判定零线公司与蓝飞公司共同赔偿美商公司和蛙扑公司经济损失及合理费用人民币 300 万元，并无不当，二审法院予以维持。零线公司上诉称一审判赔数额过高，被诉游戏收入无法维持日常运营成本，但对其主张不能提供完整的财务账册予以证明，二审法院不予支持。

NBA 集体肖像权、特征识别库财产利益的法律保护

综上所述，蓝飞公司、零线公司上诉请求与理由不成立，二审法院不予支持。一审法院事实查明清楚，裁判结果正确，二审法院予以维持。依照《民事诉讼法》第一百七十条第一款第（一）项之规定，判决如下：

驳回上诉，维持原判。

二审案件受理费 30800 元，由上诉人成都蓝飞互娱科技有限公司、青岛零线互动网络技术有限公司各负担 15400 元。成都蓝飞互娱科技有限公司、青岛零线互动网络技术有限公司已各自向本院预交二审案件受理费 30800 元，其各自多支付的 15400 元，本院予以退还。

案例解析

该案是一起侵害商标权及不正当竞争纠纷案件，主要争议焦点为：（1）该案诉讼的提起是否经过合法授权；（2）蓝飞公司、零线公司、畅悦公司在被诉游戏上使用被诉标识""、被诉游戏使用"萌卡篮球是一款以 NBA 为题材的休闲竞技游戏"的表述是否构成商标侵权及不正当竞争；（3）零线公司注册、使用被诉域名的行为是否构成侵权；（4）蓝飞公司是否被诉游戏的共同运营商；（5）侵权赔偿数额的认定。对于上述焦点问题，合议庭已经在该案判决理由中作了较为详尽而充分的论述，现结合该案，对其中反映的理论和实践问题，再作简要的分析。

一、侵害注册驰名商标专用权的构成要件

《商标法》第十三条第三款规定，为相关公众所熟知的商标，持有人认为其权利受到侵害时，可以依照本法规定请求驰名商标保护。就不相同或者不相类似商品申请注册的商标是复制、摹仿或者翻译他人已经在中国注册的驰名商标，误导公众，致使该驰名商标注册人的利益可能受到损害的，不予注册并禁止使用。根据《最高人民法院关于审理商标民事纠纷案件适用法律若干问题的解释》第一条第（二）项，复制、摹仿、翻译他人注册的驰名商标或其主要部分在不相同或者不相类似商品上作为商标使用，误导公众，致使

该驰名商标注册人的利益可能受到损害的，属于侵害注册商标专用权的行为。

由此可知，驰名商标持有人可以主张驰名商标保护。侵犯注册驰名商标专用权包括三个要件：复制、摹仿、翻译他人注册的驰名商标或其主要部分；在不相同或不相类似商品上作为商标使用；误导公众，致使该驰名商标注册人的利益可能受到损害的。下面分别进行分析。

1. 要件一"复制、摹仿、翻译他人注册的驰名商标或其主要部分"及要件三"误导公众，致使该驰名商标注册人的利益可能受到损害的"实际涉及商标相同或近似的判断

根据《最高人民法院关于审理商标民事纠纷案件适用法律若干问题的解释》第十条，人民法院在普通注册商标侵权案件中判断相同或者近似适用以下原则：以相关公众的一般注意力为标准；既要进行对商标的整体比对，又要进行对商标主要部分的比对，比对应当在比对对象隔离的状态下分别进行；判断商标是否近似，应当考虑请求保护注册商标的显著性和知名度。这些判断原则也应当适用于注册驰名商标侵权案件中的相同或近似判断。

将"相关公众"作为判断商标近似的主体是目前国际社会通行的做法，如国际保护工业产权协会就在其 127 号问题中指出"相关公众"是指商标使用过程中可能涉及的任何人，尤其是售前、售中及售后过程中的消费者、潜在消费者、使用者或操作者。❶ 而根据我国对于"相关公众"的界定见《最高人民法院关于审理商标民事纠纷案件适用法律若干问题的解释》第八条和第十条："相关公众是指与商标所标识的某类商品或者服务有关的消费者和与前述商品或者服务的营销有密切关系的其他经营者""认定商标相同或者近似，应当以相关公众的一般注意力为标准"。由于商标的作用主要在于区分商品的来源，如果一般消费者或经营者从不与该产品发生任何联系，那么商标是否近似、是否会产生混淆或误认，对其而言也就无关紧要，因为它们与该产品不可能具有任何利害关系。❷ 因此，对于商标审查而言，其近似性的判断

---

❶ 黄晖. 驰名商标和著名商标的法律保护——从识别到表彰 [M]. 北京：法律出版社，2001.
❷ 唐义. 从相关公众一般注意力角度谈商标的近似审查标准——以第 23451503 号、第 23449960 号图形商标为例 [J]. 中华商标，2018（6）.

主体应该是与该商标有联系的相关公众,而非普通公众。

该案中,被诉标识的主要部分是卡通图案和萌卡篮球中文,并不是底部域名中的 NBA 英文。尽管美商公司和蛙扑公司的 NBA 商标知名度高,但以相关公众一般注意力为标准,在隔离状态下进行整体比对和要部比对,不难得出被诉标识与美商公司、蛙扑公司 NBA 商标不相同也不近似的结论。所以,美商公司和蛙扑公司不能证明被诉标识的使用会造成"商品相同或近似""误导公众"。

2. 要件二"在不相同或不相类似商品上作为商标使用"实际涉及商标性使用的判断

根据《商标法》第四十八条,商标的使用,是指将商标用于商品、商品包装或者容器以及商品交易文书上,或者将商标用于广告宣传、展览以及其他商业活动中,用于识别商品来源的行为。根据《商标法》第五十九条第一款,注册商标中含有的本商品的通用名称、图形、型号,或者直接表示商品的质量、主要原料、功能、用途、重量、数量及其他特点,或者含有的地名,注册商标专用权人无权禁止他人正当使用。可以看出,《商标法》第五十九条第一款中出于说明产品自身功能或特性等的目的而使用某些文字或商标的做法,不足以构成识别商品来源的效果,因而不属于商标使用。

该案中,美商公司和蛙扑公司涉案 NBA 商标并非臆造商标,"萌卡篮球是一款以 NBA 为题材的休闲竞技游戏",显然此处"NBA"是作为本义即美国职业篮球联盟的简称而使用,是为了对被诉游戏题材进行说明的正当使用,并非用于识别被诉游戏的来源,美商公司和蛙扑公司对此无权禁止。

二、集体肖像权的保护

该案中的 NBA 特征识别库实际为一种识别元素的集合,其中包括被诉受到侵权的 NBA 集体肖像权。虽然该案中集体肖像权的财产利益实际被特征识别库的财产利益所涵盖,但我们还是需要明晰集体肖像权的概念。

我国法律并未对集体肖像权作出规定,但鉴于现实中使用集体成员形象相关元素造成他人损失的情况的产生,早有学者提出了集体肖像权的概念。

"集体肖像是客观存在的，所谓集体肖像，是指数个人的肖像并存在一个载体上，构成一个完整的、独立于个体的肖像。未经集体肖像权人的许可而擅自复制、利用集体肖像，构成侵害集体肖像权。"❶ 司法审判中也早已涉及这一概念，如三军仪仗队诉深圳市信禾工艺品公司案中，法院虽不认可三军仪仗队享有集体肖像权，但认为三军仪仗队对于该照片所带来利益享有权益，该权益应当受到法律的保护。❷ 中国篮协诉贵人鸟案中，法院认为姚明、易建联、王治郅三名运动员穿着中国国家男子篮球队队服的集体肖像权属中国篮协，从而在司法判决中正式认可集体肖像权的存在。❸

那么，集体肖像权的权利主张是否需要得到集体中每一个个体的授权呢？具体到该案，二审法院作出了否定的回答。该案中，蓝飞公司和零线公司上诉主张该相关集体形象的权利人应该是各球员、教练、管理层等个人，在没有该个人的授权下，美商公司不得主张（集体肖像权）权利。二审法院则指出，该案中美商公司主张保护的并非某一具体个体形象，而是由 NBA 众多成员个体形象、特征要素与标识共同组合而指向的 NBA 整体形象，因此由运营维护 NBA 并对相关标识享有权益的美商公司寻求法律救济并不存在法律障碍，不需要逐一获得相关个体的额外授权。如果将美商公司主张的权益逐一分解成各个体形象、标识和要素并相互孤立，而让相关个体来进行逐一维权，相关个体显然只能制止与自己权益相关的行为，而不能制止其他与 NBA 相关的行为，这显然无法解决其他众多识别元素的存在使 NBA 集体形象受损的问题。

三、识别元素集合的《反不正当竞争法》保护

关于识别元素的集合并不少见，但却并不是每一种都蕴含财产利益。总的来说，具备财产利益应当达到以下三个特点：（1）整体性，即这种识别元素的集合应当能够清晰指示到具体的某个集体，是具有个性化的整体形象。

---

❶ 王利明. 人格权法研究［M］. 北京：中国人民大学出版社, 2005.
❷ 参见北京市第一中级人民法院（2006）一中民终字第 3240 号民事判决书。
❸ 参见北京市第二中级人民法院（2008）二中民终字第 1505 号民事判决书。

(2) 知名度，表现为在相关领域的广泛认知度和对社会公众的相当影响力，实际上是可供商品化的声誉或名望。(3) 商品化，即相关主体对此识别元素集合的商业使用。"权利人利用自身或虚拟的形象，或他人以合理的对价受让或许可使用该形象，其目的并不局限于该形象的知名度和创造性本身，而在于该形象在市场中的影响，这种影响能给形象所附载的商品带来广泛的认知度，能给形象的利用者带来一定的经营优势。"❶ 在具备上述要素后，这种识别元素的集合才能在转向市场时使消费者产生好感，进而产生财产利益。

该案中，这种识别元素的集合包括 NBA 球员、教练和管理层的姓名、绰号、肖像，球员的技术特点，NBA 球队的名称、队标和球员清单，这些元素能够清晰地指向 NBA 联盟和联赛，在公众中具有很高的知名度，同时也被美商公司和蛙扑公司进行长期的商业使用。相关公众看到使用这些 NBA 识别元素的游戏和商品时，就会引发观赏 NBA 联赛的愉悦，产生情感上的共鸣，从而激发购买的欲望。因此，这种特征识别库具备财产利益。

那么，这种财产利益是否能够受到法律的保护？对此，一审、二审法院都作出了肯定的回答。《侵权责任法》第二条规定，侵害民事权益，应当依照本法承担侵权责任。本法所称民事权益，包括生命权、健康权、姓名权、名誉权、荣誉权、肖像权、隐私权、婚姻自主权、监护权、所有权、用益物权、担保物权、著作权、专利权、商标专用权、发现权、股权、继承权等人身、财产权益。由此可知，民事权益既包括民事权利也包括民事利益。民事权利是为了保护主体的某种利益而赋予的法律上的力，自然受到法律保护。民事利益虽然尚未被确定为民事权利，也应当受到法律保护。该案中，美商公司和蛙扑公司正是主张 NBA 集体肖像权、特征识别库的财产利益属于民事利益，应当受到法律保护。

二审中，蓝飞公司和零线公司上诉提出，该案被诉行为既然不属于我国《反不正当竞争法》第二章所列明的各具体行为，就不属于《反不正当竞争法》的规制对象，该案不能通过《反不正当竞争法》第二条规定来扩大认定

---

❶ 吴汉东. 形象的商品化与商品化的形象权 [J]. 法学, 2004 (10): 77-89.

不正当竞争行为。我国于1993年12月1日起实施的《反不正当竞争法》的确在第二章第五条至第十五条对该法制定时市场上常见的和可以明确预见的不正当竞争行为类型进行了列举式规定，但该法第二条同时规定："经营者在市场交易中，应当遵循自愿、平等、公平、诚实信用的原则，遵守公认的商业道德。本法所称的不正当竞争，是指经营者违反本法规定，损害其他经营者的合法权益，扰乱社会经济秩序的行为。"此对市场交易应遵循的基本原则和不正当竞争的定义进行了相关规定。市场竞争的开放性和激烈性必然导致市场竞争行为方式的多样性和可变性，《反不正当竞争法》作为管制市场竞争秩序的法律，不可能对各种行为方式都作出具体化和预见性的规定。因此，在具体案件中，法院根据《反不正当竞争法》第二条第一款和第二款的一般规定，对没有在第二章中明列的市场竞争行为予以调整，以保障市场公平竞争，符合相关法律规定和现实需求。

而根据上文分析，我们已经知道这种特征识别库虽非法定权利，但其财产利益属于民事利益，应当受到法律保护。根据我国《反不正当竞争法》第二条的规定，判断经营者的行为构成不正当竞争，应当考虑以下方面：一是行为实施者是反不正当竞争法意义上的经营者；二是经营者从事商业活动时，没有遵循自愿、平等、公平、诚实信用原则，违反了反不正当竞争法律规定和公认的商业道德；三是经营者的不正当竞争行为损害正当经营者的合法权益。具体到该案，首先，该案当事人不仅属于《反不正当竞争法》意义上的经营者，且当事人之间存在竞争关系；其次，美商公司在该案所主张的权益应受到《反不正当竞争法》保护；最后，该案被诉行为违反诚信原则和公认商业道德，具有明显的不正当性，损害了美商公司和蛙扑公司权益。因此，蓝飞公司和零线公司的被诉行为构成不正当竞争。

附件

被诉游戏使用 NBA 人物肖像举例

名称	NBA 人物肖像	被诉游戏
詹姆斯·哈登（James Harden）休斯顿火箭队现役得分后卫	证据二十二，补充证据卷十四第 6911 页；证据十八，补充证据卷八第 4231 页	证据二十一，补充证据卷十四第 6804 页
史蒂夫·纳什（Steve Nash）湖人队已退役控球后卫	证据二十二，补充证据卷十四第 6838 页；证据十九，补充证据卷十一第 5150 页	证据二十一，补充证据卷十四第 6796 页
菲尔·杰克逊（Philip Jackson）教练	证据二十二，补充证据卷十四第 6967 页；证据十九，补充证据卷十一第 5392 页	证据二十一，补充证据卷十四第 6812 页
大卫·斯特恩 前 NBA 总裁	证据十二，第 263 页	证据九，第 132 页

被诉游戏使用 NBA 球员姓名、绰号、所述球队、位置举例

NBA 球员	被诉游戏
 名字：林书豪 球队：夏洛特黄蜂队 位置：后卫 证据二十二，补充证据卷十四第 6880 页 证据十八，补充证据卷八第 4184 页	 名字：林书豪 球队：黄蜂队 位置：控卫 证据二十一，补充证据卷十四第 6800 页
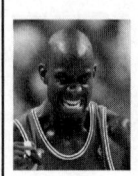 名字：凯文·加内特 绰号：狼王 证据二十二，补充证据卷十四第 6964 页 证据十九，补充证据卷十一第 5211 页	 名字：狼王·加内特 证据二十一，补充证据卷十四第 6812 页
 名字：沙奎尔·奥尼尔 绰号：大鲨鱼 证据二十二，补充证据卷十四第 6960 页 证据十九，补充证据卷十第 4956 页	 名字：大鲨鱼 证据二十一，补充证据卷十四第 6811 页

被诉游戏使用 NBA 教练姓名举例

 名字：帕特·莱利 身份：教练 证据二十二，补充证据卷十四第 6967 页 证据十九，补充证据卷十一第 5379 页	 名字：帕特·莱利 身份：教练 证据二十一，补充证据卷十四第 6812 页
 名字：埃弗里·约翰逊 身份：教练 证据二十二，补充证据卷十四第 6973 页 证据十九，补充证据卷十一第 5584 页	 名字：埃弗里·约翰逊 身份：教练 证据二十一，补充证据卷十四第 6813 页

被诉游戏使用 NBA 球队标识举例

序号	NBA 球队标识		被诉游戏	
1		洛杉矶湖人队 证据十八 补充证据卷八第 3965 页		湖人队 证据十，第 211 页
2		圣安东尼奥马刺队 证据十八 补充证据卷八第 4155 页		马刺队 证据十，第 194 页
3		犹他爵士队 证据十三，第 368 页		爵士队 证据十，第 200 页
4		波士顿凯尔特人队 证据十八 补充证据卷八第 3661 页		凯尔特人队 证据十，第 199 页
5		明尼苏达森林狼队 证据十八 补充证据卷八第 4087 页		森林狼队 证据十，第 219 页
6		芝加哥公牛队 证据十八 补充证据卷八第 4321 页		公牛队 证据十，第 193 页
7		密尔沃基雄鹿队 证据十八 补充证据卷八第 4064 页		雄鹿队 证据十，第 196 页

续表

序号	NBA 球队标识	被诉游戏
8	费城 76 人队 证据十八 补充证据卷八第 3863 页	76 人队 证据十，第 195 页
9	华盛顿奇才队 证据十三，第 274 页	奇才队 证据十，第 229 页
10	布鲁克林篮网队 证据十八 补充证据卷八第 3703 页	篮网队 证据十，第 228 页
11	底特律活塞队 证据十八 补充证据卷八第 3771 页	活塞队 证据十，第 212 页
12	亚特兰大老鹰队 证据十八 补充证据卷八第 4251 页	老鹰队 证据十，第 218 页
13	奥兰多魔术队 证据十八 补充证据卷八第 3635 页	魔术队 证据十，第 198 页
14	多伦多猛龙队 证据十三，第 279 页	猛龙队 证据十，第 215 页

续表

序号	NBA 球队标识	被诉游戏
15	休斯敦火箭队 证据十八 补充证据卷八第 4227 页	火箭队 证据十，第 193 页
16	萨克拉门托国王队 证据十八 补充证据卷八第 4132 页	国王队 证据十，第 213 页
17	纽约尼克斯队 证据十三，第 282 页	尼克斯队 证据十，第 217 页
18	迈阿密热队（原名热火队） 证据十八 补充证据卷八第 4009 页	热火队 证据十，第 193 页
19	夏洛特黄蜂队 证据十三，第 285 页	黄蜂队 证据十，第 227 页
20	丹佛掘金队 证据十八 补充证据卷八第 3746 页	掘金队 证据十，第 216 页
21	达拉斯小牛队 证据十八 补充证据卷八第 3719 页	小牛队 证据十，第 194 页

续表

序号	NBA 球队标识	被诉游戏
22	俄克拉荷马城雷霆队 证据十八 补充证据卷八第 3818 页	雷霆队 证据十，第 194 页
23	新奥尔良鹈鹕队 证据十八 补充证据卷八第 4203 页	鹈鹕队 证据十，第 214 页

6 商标性使用与否的判断及企业名称英文翻译的规则

——丹麦洛克尔国际有限公司诉大连岩棉
有限公司侵害商标权及不正当竞争纠纷案

[裁判要旨]

根据商业习惯和常识,商业主体如果要对其销售的产品材质进行描述,往往以一句完整的语句来表达,较少以单独一个词语来表达。在大连岩棉有限公司的网站中,首页的眉头部分标有"Rockwool"标识,且隔行还标有其企业名称。在网页该位置单独地、突出地放置标识,一般而言,相关公众会认为该标识是在宣示其网页商品的来源,而不是在对产品材质进行描述。

在一般情况下,中国的企业只使用一个汉字名称,企业名称需译成外文的,企业可以自行翻译使用,但应当依据文字翻译原则进行翻译。将企业名称翻译成外文企业名称,对于其中字号部分,既可以拼音形式表达,亦可以直译、意译、音译、单词缩写及合并演化等方式进行翻译。拼音的形式表达翻译对象,其结果具有固定的对应性,不可能进行选择。直译的方式包括按照通用辞典所标注的单词或者词组进行翻译的情形,也包括公众已经普遍知悉,该翻译对象中文与外文的对应有较为固定的情形。直译的结果亦不具有选择性。意译、音译、单词缩写和合并演化等方式,其翻译结果具有可选性,不同人对同一对象进行翻译,能产生多种不同的结果。二审法院认为,在企业中文名称具有正当性的前提下,企业将其中文名称翻译为外文,如果是以拼音和直译方式进行翻译，因其翻译结果具有固定的对应性，即使该翻译结果与他人在先权益存在冲突，一般而言，仍然可以认定该使用外文企业名称的行为具有正当性。以意译、音译、单词缩写及合并演化等方式翻译的结果，因其翻译结果可选择、不唯一，所以该种方式翻译结果有可能构成侵害他人在先权益。国内企业将自身中文名称翻译成英文名称进行使用时，若未按通常方式进行规范翻译，且主观上存在攀附他人知名字号的恶意，则构成不正当竞争。

入选理由

该案是关于侵害商标权及不正当竞争纠纷的一个案例，被告字号"岩棉"翻译成"Rock Wool"系通常的翻译，其却将自身字号翻译成"Rockwool"，结合其具有攀附故意的事实，认定其构成侵权。该判决对国内外主体的权利进行了平等的保护，且对今后审理同类案件具有重要的参考作用。

案例索引

一审：广东省江门市中级人民法院（2014）江中法知民初字第95号

二审：广东省高级人民法院（2016）粤民终783号

基本案情

上诉人（原审被告）：大连岩棉有限公司（以下简称"大连岩棉公司"）

被上诉人（原审原告）：洛克尔国际有限公司（ROCKWOOL INTERNATIONAL A/S）（以下简称"洛克尔公司"）

一审诉请

洛克尔公司向一审法院起诉请求：（1）判令大连岩棉公司立即停止对洛

克尔公司所属的第 G813306 号"ROCKWOOL"商标及"ROCKWOOL"商号的侵权行为,包括停止在网站、宣传材料、公司经营过程中使用"ROCK-WOOL"商标、商号的行为;(2)判令大连岩棉公司立即停止使用"www.chinarockwool.com"域名、侵犯洛克尔公司商标和商号的行为,并将其转让给洛克尔公司;(3)判令大连岩棉公司分别在《中国工商报》《中国建设报》《中国建材报》《中国房地产报》显著位置刊登声明以消除影响;(4)判令大连岩棉公司赔偿洛克尔公司损失及制止侵权所产生的律师费、公证费和差旅费等,共计人民币 200 万元;(5)判令大连岩棉公司承担本案的全部诉讼费用。

案件事实

一审法院认定事实:该案所涉"ROCKWOOL"商标由洛克尔公司于 1937 年 3 月 13 日在丹麦王国登记注册,注册 A 类编号为 260/37,核定使用商标为国际分类第 17 类的"保温材料的岩棉,对冷、热、火和声音的控制"和国际分类第 19 类的"从岩棉提炼的建材"。"ROCKWOOL"商标于 2014 年 9 月 9 日经中国国家工商行政管理局商标局❶核准注册,商标注册证号为 G813306,有限期自 2013 年 10 月 9 日至 2023 年 10 月 9 日,核定使用商品/服务为第 17 类的"防止高温、寒冷、火灾以及噪声的矿棉制的绝缘物,包括用于音响调节的;防止高温、寒冷、火灾以及噪声的矿棉制的绝缘物,包括用于音响调节的(截止)"和第 19 类的"矿棉制的建筑材料(截止)"。洛克尔公司"ROCKWOOL 洛科威"商标经国家工商行政管理局商标局核准注册,商标注册证号为第 9173648 号和第 9173647 号,核定使用商品(第 17 类)"隔热材料;保温用非导热材料;绝缘耐火材料;声音调节用吸音材料(截止)"和(第 19 类)"非金属建筑材料(截止)"。

洛克尔公司提供的 ROCKWOOL 集团发展简史及其翻译件,洛克尔公司首

---

❶ 2018 年国家机构改革后,国家工商行政管理总局商标局被整合为国家知识产权局商标局,改革前的时点仍采用旧称。

席财务官出具的宣誓书，丹麦出口协会高级部门经理出具的并经公证认证程序的证明及所附洛克尔公司参加中国营销活动的照片、记录以及中文翻译，ROCKWOOL岩棉案例手册，《材料开发与应用》和《建材与设计》杂志报道，洛克威建材材料香港有限公司、洛克威防火保温材料（广州）有限公司、洛克威建筑材料（天津）有限公司以及洛克威防火保温材料（上海）公司的公司资料、相关财务报告节选、参展照片、买卖合同、交易单据以及增值税发票，2013年第十一届上海国际保温材料与节能技术展览会会刊节选，2014年第十届国际绿色建筑与建筑节能大会暨新技术与产品博览会会刊节选，洛克尔公司2013年年报节选及其翻译件，上述证据可以证明"ROCKWOOL"商标和"ROCKWOOL"商号由洛克尔公司于1937年独创并在全球持续使用。自1983年开始，国内媒体已有洛克尔公司"ROCKWOOL"商标和"ROCKWOOL"商号的相关报道。洛克尔公司于1995年已开始在中国向包括"北京东方广场"和"深圳嘉里中心"项目在内的建筑项目销售、供货"ROCKWOOL"商标的岩棉产品并持续至今。

洛克尔公司于1996年4月16日注册并使用www.rockwool.com网络域名，到期日期为2016年4月17日。大连岩棉公司于2001年8月28日注册并使用www.chinarockwool.com网络域名，到期日期为2017年8月28日。

大连岩棉公司成立于1987年6月3日，注册资本是30.7万元，经营范围为岩棉制造，辉绿岩矿石、硅酸铝耐火纤维加工（不含开采）、铆焊加工。2003年8月22日，企业名称由大连岩棉厂变更为大连岩棉有限公司。

北京市长安公证处（2014）京长安内经证字第19578号公证书显示，登录www.chinarockwool.com，打开大连岩棉公司网页，大连岩棉公司中文名称上方突出使用"Rockwool"字样，且大连岩棉公司的英文名称翻译为"Dalian Rockwool Co., LTD"，该网页内附有的大连岩棉公司大门照片显示其英文名称翻译为"DA LIAN ROCKWOOL CO., LTD"。东北认证有限公司将大连岩棉厂英文翻译为"THE DALIAN ROCKWOOL FACTORY"，将大连岩棉有限公司英文翻译为"DALIAN ROCK WOOL CO., LTD"。中国船级社大连分社将大连岩棉有限公司英文名称翻译为"Dalian Rockwool Co., Ltd."。

洛克尔公司为该案诉讼支付法律服务费 106595.15 元，公证费 11322 元，检索费及复印费 1661 元。

二审法院对一审法院查明的事实予以确认。二审法院另查明，北京市第一中级人民法院（2012）一中知行字初第 1722 号行政判决第 17 页"本院认为"部分作如下表述："原告（洛克尔公司）在评审阶段提交的证据 7 可以证明在 2002～2010 年，使用'ROCKWOOL'商标的原告绝缘材料和保温材料产品已经向中国 10 余个省市的 30 余家企业进行了销售，涉及的贸易金额近亿元人民币，申请商标在中国使用的持续时间较长，涉及面广，销售量大，该商标在中国相关公众中已形成一定的消费群体并具有相应的知名度。此外，该证据中的发票、提单、航运单等商业票据在右上角的显著位置均标有'ROCKWOOL'标识，按照国际贸易的一般惯例，上述标识即为申请商标在国外企业商业票据中的实际使用形式，属于商标的实际商业使用。"

一审判决

一审法院认为，该案系侵害商标权及不正当竞争纠纷案件。该案的争议焦点：（1）于洛克尔公司主张的"ROCKWOOL"商号权是否受我国法律保护，大连岩棉公司使用"DALIAN ROCK WOOL CO.，LTD"英文名称是否侵害洛克尔公司"ROCKWOOL"商标权及"ROCKWOOL"商号权并构成不正当竞争的问题；（2）关于大连岩棉公司注册使用 www.chinarockwool.com 的网络域名是否侵害洛克尔公司"ROCKWOOL"商标权及"ROCKWOOL"商号权并构成不正当竞争的问题；（3）关于大连岩棉公司应当承担何种民事责任的问题。

一、关于洛克尔公司主张的"ROCKWOOL"商号权是否受我国法律保护，大连岩棉公司使用"DALIAN ROCKWOOL CO.，LTD"英文名称是否侵害洛克尔公司"ROCKWOOL"商标权及"ROCKWOOL"商号权并构成不正当竞争的问题

根据《反不正当竞争法》第二条"经营者在市场交易中，应当遵循自愿、平等、公平、诚实信用的原则，遵守公认的商业道德"、第五条第（三）项"擅自使用他人的企业名称或者姓名，引人误认为是他人的商品"及《最高人民法院关于审理不正当竞争民事案件应用法律若干问题的解释》第六条第一款"企业登记主管机关依法登记注册的企业名称，以及在中国境内进行商业使用的外国（地区）企业名称，应当认定为反不正当竞争法第五条第（三）项规定的'企业名称'。具有一定的市场知名度、为相关公众所知悉的企业名称中的字号，可以认定为反不正当竞争法第五条第（三）项规定的'企业名称'"和第七条"在中国境内进行商业使用，包括将知名商品特有的名称、包装、装潢或者企业名称、姓名用于商品、商品包装以及商品交易文书上，或者用于广告宣传、展览以及其他商业活动中，应当认定为反不正当竞争法第五条第（二）项、第（三）项规定的'使用'"的规定，洛克尔公司的企业名称及其"ROCKWOOL"商号经过自身多年的经营，已经在中国境内为相关公众广泛知晓，具有较高的知名度和美誉度。因此，洛克尔公司企业名称中所使用的"ROCKWOOL"商号可以认定为《反不正当竞争法》第五条第（三）项规定的"企业名称"，依法受到保护。

判断大连岩棉公司使用"DALIAN ROCKWOOL CO.，LTD"是否构成与洛克尔公司"ROCKWOOL"商号的混淆，需要考量商业活动习惯，且应从经营者、消费者或者相关市场需求者出发，综合判断。该案中，根据洛克尔公司的公司简介可以证明洛克尔公司成立于1937年，远早于大连岩棉公司的成立时间1987年，且洛克尔公司系目前世界上较大的岩棉产品制造企业。洛克尔公司及其"ROCKWOOL"品牌产品于1983年已被中国媒体报道，"ROCKWOOL"品牌产品于1995年已被中国的建筑行业采购、使用。该案的在案证据可以形成完整的证据链，足以证明洛克尔公司"ROCKWOOL"商号在世界范围内具有较高的知名度，同时洛克尔公司及其"ROCKWOOL"品牌产品已经进入中国大陆市场，并在中国大陆市场进行了较长时间和较大范围的宣传、使用和大量的销售，并通过上述商业使用在中国市场确立了较高比例的市场份额，形成了稳定的市场秩序和固定的消费群体，并具有相应的知名度和影响力。因大连岩棉公司与洛克尔公司生产的岩棉产品在销售渠道和消费群体等方面存在密切联系，作为同业竞争者，大连岩棉公司对于洛克尔公司在行业内的地位、经营时间、知名度及影响力应当是知晓的，大连岩棉公司在其官网和公司大门上使用"Dalian Rockwool Co.，LTD"和"DALIAN ROCKWOOL CO.，LTD"英文企业名称翻译，包含洛克尔公司"ROCKWOOL"商号，"DALIAN ROCKWOOL CO.，LTD"英文企业名称中的"ROCKWOOL"与洛克尔公司"ROCKWOOL"商标权相近似，并突出使用了洛克尔公司"ROCKWOOL"商标权，在主观上具有明显的恶意模仿、搭便车的故意并侵害了洛克尔公司"ROCKWOOL"商标权，违反了诚实信用原则和公认的商业道德，在客观上足以使相关公众对商品及商品的生产者发生混淆和误认，违反了公平竞争的原则。大连岩棉公司关于"ROCK WOOL"属于岩棉产品通用名称的主张，根据大连岩棉公司提供的相关英文翻译资料显示，"rock wool"或"ROCK WOOL"是作为分开的英文词组翻译成岩棉或岩棉制品，但"ROCKWOOL"属于连续的英文字母组合，"ROCKWOOL"和"rock wool"或"ROCK WOOL"并不相同，"ROCKWOOL"不属于岩棉产品通用名称，故大连岩棉公司的主张理据不足，一审法院不予支持。

二、关于大连岩棉公司注册使用www.chinarockwool.com的网络域名是否侵害洛克尔公司"ROCKWOOL"商标权及"ROCKWOOL"商号权并构成不正当竞争的问题

大连岩棉公司注册使用的www.chinarockwool.com网络域名与洛克尔公司的"ROCKWOOL"商标权、"ROCKWOOL"商号权以及www.rockwool.com网络域名相比较，整体组成构成近似，主要部分均为"rockwool"，仅有的区别在于有无"china"前缀，而这种区别并不足以使相关公众对两域名进行区分，与之相反，会导致相关公众误认为"www.chinarockwool.com"是"www.rockwool.com"网络域名的中文版，进而将大连岩棉公司与洛克尔公司的产品或服务相混淆。依据《商标法》第五十七条第（七）项"给他人的注册商标专用权造成其他损害的"和《最高人民法院关于审理涉及计算机网络域名民事纠纷案件适用法律若干问题的解释》第四条"人民法院审理域名纠纷案件，对符合以下各项条件的，应当认定被告注册、使用域名等行为构成侵权或者不正当竞争：（一）原告请求保护的民事权益合法有效；（二）被告域名或其主要部分构成对原告驰名商标的复制、摹仿、翻译或音译；或者与原告的注册商标、域名等相同或近似，足以造成相关公众的误认；（三）被告对该域名或其主要部分不享有权益，也无注册、使用该域名的正当理由；（四）被告对该域名的注册、使用具有恶意"的规定。该案中，洛克尔公司依法对"ROCKWOOL"商标权、"ROCKWOOL"商号权以及"www.rockwool.com"网络域名享有权利，应当受到法律保护。而大连岩棉公司对其网络域名的主要部分"rockwool"并不享有权利，也无注册、使用该网络域名的正当理由，大连岩棉公司通过在网络域名的主要部分"rockwool"添加"china"前缀的行为，存在不规范注册、使用网络域名的故意，这种不规范注册、使用网络域名的行为不再受到法律保护，且其注册"www.chinarockwool.com"网络域名为2001年，晚于"www.rockwool.com"网络域名1996年的注册时间，主观上亦存在利用该域名造成两公司的产品或服务相混淆的故意，故一审法院认为大连岩棉公司注册使用"www.chinarockwool.com"网络域名的行为符合《商标法》第五十七条第（七）项和《最高人民法院关于审理涉及计算机网络域名民事纠纷案件适用法律若干问题的解释》第四条规定的情形，构成侵害商标权和不正当竞争，应当予以禁止。大连岩棉公司关于"rockwool"属于岩棉商品的通用名称，使用其作为网络域名组成部分具有合理性的主张缺乏证据支持，也无相关事实及法律依据，一审法院不予支持。

三、关于大连岩棉公司应当承担何种民事责任的问题

前文已述，大连岩棉公司在其英文企业名称、网络域名上使用"ROCKWOOL"的行为已构成侵犯商标专用权及不正当竞争，依法应当承担停止侵权、赔偿损失的民事责任。大连岩棉公司辩称其不构成侵害商标权及不正当竞争的抗辩意见，理据不充分，一审法院不予采信。关于停止侵权的问题，结合该案案情综合考虑，该院判令大连岩棉公司停止在其英文企业名称、网络域名、网站内容、宣传资料中使用"ROCKWOOL"标识及"ROCKWOOL"

商号。关于转让案涉域名的问题，洛克尔公司诉请将 www.chinarockwool.com 网络域名转让给其的诉讼请求，缺乏法律依据，一审法院不予支持。关于赔偿数额的问题，洛克尔公司未能提供证据证明大连岩棉公司因侵权所获利的情况和洛克尔公司因大连岩棉公司的侵权行为所受到的损失的证据，一审法院在综合考虑大连岩棉公司侵权行为的性质、情节、侵权的持续时间，洛克尔公司注册商标和"ROCKWOOL"商号的知名度及其为制止侵权行为所支出的合理费用等因素的基础上，确定大连岩棉公司应向洛克尔公司赔偿经济损失及维权费用15万元。洛克尔公司200万元的索赔金额过高，一审法院不予全额支持。关于消除影响、赔礼道歉的问题，因洛克尔公司并未举证证明该案的侵权行为给其造成的商誉影响，且该案的处理已足以制止大连岩棉公司的侵权行为，洛克尔公司诉请判令大连岩棉公司消除影响、赔礼道歉的诉讼请求，一审法院不予支持。

综上所述，一审法院依照《商标法》第五十七条第（七）项、第六十三条，《反不正当竞争法》第二条、第五条，《最高人民法院关于审理反不正当竞争民事案件应用法律若干问题的解释》第六条第一款、第七条，《最高人民法院关于审理涉及计算机网络域名民事纠纷案件适用法律若干问题的解释》第四条的规定，判决：（1）大连岩棉公司在本判决发生法律效力之日起立即停止侵犯洛克尔公司第G813306号"ROCKWOOL"注册商标专用权及不正当竞争行为，不得突出使用"ROCKWOOL"标识和"ROCKWOOL"商号；（2）大连岩棉公司在本判决发生法律效力之日起立即停止使用并注销"www.chinarockwool.com"网络域名；（3）大连岩棉公司在本判决发生法律效力之日起十日内赔偿洛克尔公司经济损失及维权费用15万元；（4）驳回洛克尔公司其他诉讼请求。一审案件受理费人民币22800元，由大连岩棉有限公司负担10000元，由洛克尔公司负担12800元。

二审判决

二审法院认为，该案系侵害商标权及不正当竞争纠纷。根据双方诉辩意见，二审诉讼争议焦点是：（1）大连岩棉公司在网页上使用"Rockwool"标识的行为是否侵犯洛克尔公司涉案商标权以及构成不正当竞争；（2）大连岩棉公司在其网站上使用英文全称的企业名称以及在其企业门口牌匾上使用英文企业名称行为，是否构成不正当竞争；（3）大连岩棉公司注册、使用域名"chinarockwool.com"的行为是否侵害洛克尔公司涉案商标权以及构成不正当竞争。

一、关于大连岩棉公司在网页上使用"Rockwool"标识的行为是否侵犯洛克尔公司涉案商标权以及构成不正当竞争的问题

《最高人民法院关于审理商标民事纠纷案件适用法律若干问题的解释》第一条第（一）项规定，将与他人注册商标相同或者相近似的文字作为企业的字号在相同或者类似商品上突出使用，容易使相关公众产生误认的，属于商标法第五十二条第（五）项规定的给他人注册商标专用权造成其他损害的行为。商标的使用，是指将商标用于商品、商品包装或者容器以及商品交易文书上，或者将商标用于广告宣传、展览以及其他商业活动中，用于识别商品来源的行为。该案中，大连岩棉公司的网站用于企业介绍和商品宣传，大连岩棉公司在其网站首页上使用"Rockwool"标识，起到识别商品来源的作用，该使用行为属于商标性使用。大连岩棉公司的主营商品及网站宣传的商品是岩棉产品，与洛克尔公司涉案商标核定注册商品类别相近。大连岩棉公司使用的"Rockwool"标识，与洛克尔公司涉案商标标识相同。大连岩棉公司在其网站的网页上使用"Rockwool"标识，容易使公众产生混淆的可能，公众会以为该网站宣传的商品系来源于洛克尔公司，或者与洛克尔公司存在某种联系。因此，大连岩棉公司在其网页上使用"Rockwool"标识的行为，构成侵害洛克尔公司涉案商标权。大连岩棉公司认为，其网站上的内容更新于2007年4月13日，至少从此时起大连岩棉公司已经在先使用"Rockwool"标识，该在先使用行为早于洛克尔公司涉案商标获得授权的时间，大连岩棉公司有权使用"Rockwool"标识。大连岩棉公司为了证明该网站更新的时间，提交其与案外人——中企动力科技股份有限公司（以下简称"中企公司"）签订的数字商务平台服务合同以及进入前述网站中企动力数字商务平台后台管理系统对前述网站内容更新时间的页面进行公证的公证书等证据，对此，二审法院认为，鉴于互联网网页内容的可篡改性较强，前述网站中企动力数字商务平台后台管理系统为中企公司所管理、控制，而该公司与大连岩棉公司存在利益关系，故该网页数据的真实性难以确认，在洛克尔公司否认该证据真实性的情况下，二审法院对该证据不予采纳。因此，大连岩棉公司主张至少从2007年起，其已经在公司网站上使用"Rockwool"标识的事实，缺乏足够证据支持，二审法院对该主张不予采信。大连岩棉公司还认为，由于"rock wool"是岩棉的英文名称，故其在网页上的使用行为并非商标性使用，而是指产品材质。对此，二审法院认为，根据商业习惯和常识，商业主体如果要对其销售的产品材质进行描述，往往以一句完整的语句来表达，较少以单独一个词语来表达。在大连岩棉公司的网站中，首页的眉头部分标有"Rockwool"标识，且隔行还标有其企业名称。在网页该位置单独、突出地放置标识，一般而言，相关公众会认为该标识是在宣示其网页商品的来源，而不是在对产品材质进行描述。因此，大连岩棉公司该项主张依据不足，二审法院不予支持。

《反不正当竞争法》第五条规定："经营者不得采用下列不正当手段从事市场交易，损害竞争对手：（一）假冒他人的注册商标；（二）擅自使用知名商品特有的名称、包装、装潢，或者使用与知名商品近似的名称、包装、装潢，造成和他人的知名商品相混淆，使购买者误认为是该知名商品；（三）擅自使用他人的企业名称或者姓名，引人误认为是他人的商品；（四）在商品上伪造或者冒用认证标志、名优标志等质量标志，伪造产地，对商品质量作引人误解的虚假表示。"《最高人民法院关于审理不正当竞争民事案件应用法律若干问题的解释》第六条规定："企业登记主管机关依法登记注册的企业名称，以及在中国境内进行商业使用的外国（地区）企业名称，应当认定为反不正当竞争法第五条第（三）项规定的'企业名称'。具有一定的市场知名度、为相关公众所知悉的企业名称中的字号，可以认定为反不正当竞争法第五条第（三）项规定的'企业名称'。"该案中，中国验船中心于1998年7月8日出具的《产品批准书》显示，产品的制造商为"ROCKWOOL A/S"。国家工商行政管理局商标局于2014年9月9日出具的《商标注册证明》显示，涉案商标权人是"ROCKWOOL INTERNATIONAL A/S"。该案证据可以认定，洛克尔公司的英文名称为"ROCKWOOL INTERNATIONAL A/S"。由该案证据可知，洛克尔公司的岩棉产品于1996年进入中国，"ROCKWOOL"字号于2002年已经为中国相关公众所知悉，在中国市场具有一定知名度，公众能够以"ROCKWOOL"字号来识别其商品的来源，且为公众所知悉并具有一定影响力。由于洛克尔公司以"ROCKWOOL"形式进行长期使用，而不是以"ROCKWOOL INTERNATIONAL"的形式进行使用，且"INTERNATIONAL"不具有显著性，因此，洛克尔公司英文名称中起识别作用的是"ROCKWOOL"部分。如前所述，因大连岩棉公司提供的相应证据不能被采信，所以其主张的至少从2007年起就在网站上使用"ROCKWOOL"标识的事实不能被确信。即使该证据能够被采信，大连岩棉公司提供的证据也仅能证明其在网站上使用"ROCKWOOL"的时间始于2007年，而洛克尔公司"ROCKWOOL"字号被中国公众熟知的起始时间2002年之前，大连岩棉公司并无证据证明其在网站上使用"ROCKWOOL"。综上，相对于洛克尔公司的"ROCKWOOL"字号权益而言，大连岩棉公司并无证据证明其在先使用"ROCKWOOL"标识的事实，且亦无证据证明其有其他正当使用"ROCKWOOL"的理由，因此，大连岩棉公司的该行为构成不正当竞争。

二、关于大连岩棉公司在其网站上使用英文全称的企业名称以及在其企业门口牌匾上使用英文企业名称行为，是否构成不正当竞争的问题

《企业名称登记管理规定》第六条规定，企业只准使用一个名称，在登记主管机关辖区内不得与已登记注册的同行业企业名称相同或者近似。确有特殊需要的，经省级以上登记主管机关核准，企业可以在规定的范围内使用一个从属名称。《企业名称登记管理实施办法》第八条规定，企业名称应当使用符合国家规范的汉字，不得使用汉语拼音字母、阿拉伯数字。企业名称需译成外文使用的，由企业依据文字翻译原则自行翻译使用。由此可知，在一般情况下，中国的企业只使用一个汉字名称，企业名称需译成外文的，企业可以自行翻译使用，但应当依据文字翻译原则进行翻译。将企业名称翻译成外文企业名称，对于其中字号部分，既可以拼音形式表达，亦可以直译、意译、音译、单词缩写及合并演化等方式进行翻译。拼音的形式表达翻译对象，其结果具有固定的对应性，不可能进行选择。直译的方式包括按照通用辞典所标注的单词或者词组进行翻译的情形，也包括公众已经普遍知悉，该翻译对象中文与外文的对应较为固定的情形。直译的结果亦不具有选择性。意译、音译、单词缩写和合并演化等方式，其翻译结果具有可选性，不同人对同一对象进行翻译，能产生多种不同的结果。二审法院认为，在企业中文名称具有正当性的前提下，企业将其中文名称翻译为外文，如果是以拼音和直译方式进行翻译，因其翻译结果具有固定的对应性，即使该翻译结果与他人在先权益存在冲突，一般而言，仍然可以认定该使用外文企业名称的行为具有正当性。以意译、音译、单词缩写及合并演化等方式翻译的结果，因其翻译结果可选择、不唯一，所以该种方式翻译结果有可能构成侵害他人在先权益。

该案中，《英汉大词典》中收录了"Rock Wool"一词，解释为"矿毛绝缘纤维（一种矿物纤维，用作绝缘材料）"。国家标准GB 11835—89《绝热用岩棉、矿渣棉及其制品》亦载明，自1989年起"岩棉"被翻译为"Rock Wool"。因此，将"岩棉"翻译为"Rock Wool"系通常的翻译，两者的对应较为固定。大连岩棉公司提交中国知网中的论文作为证据，拟证明"岩棉"通常被翻译为"ROCKWOOL"的情形。二审法院认为，该证据只能证明少数人的使用情况，并不足以证明"ROCKWOOL"已经成为"岩棉"的通常翻译。综上，在大连岩棉公司中文名称未被证明不正当使用的前提下，如果大连岩棉公司将其企业名称翻译为"Dalian Rock Wool Co., Ltd."并进行使用，系大连岩棉公司对其自身企业名称的合理使用，难以认定不正当。

该案中，洛克尔公司指控的是对方使用"Dalian Rockwool Co., Ltd."的行为。两者字号的区别在于，前者系由两个单词组成的词组"Rock Wool"，后者为一个单词"Rockwool"。在该案中，洛克尔公司提交的宣誓书及交易单据等证据，可以证明洛克尔公司及其"ROCKWOOL"品牌于1983年已被中国媒体报道，"ROCKWOOL"品牌产品于1996年进入中国市场。2002—2010年，

"ROCKWOOL"品牌产品向中国多个省市多家企业进行销售,涉及的贸易金额和销售量较大,且销售持续时间较长,在销售过程中一直使用"ROCKWOOL"字号,因此,"ROCKWOOL"字号自2002年起在中国相关公众中已形成一定的消费群体,并具有一定的知名度。从大连岩棉公司在该案提交的证据来看,在2002年之前,大连岩棉公司所使用的英文企业名称多为"DALIAN ROCK WOOL FACTORY"或者"Dalian Rock wool Co.,Ltd."。也就是说,在洛克尔公司"ROCKWOOL"字号获得中国相关公众知悉、具有一定知名度之前,大连岩棉公司并未将"ROCKWOOL"在其英文企业全称中使用并致使该英文企业全称与大连岩棉公司建立识别性质的联系;较多的情形是,大连岩棉公司根据通常翻译习惯在其英文企业全称中使用"Rock Wool"。而在洛克尔公司"ROCKWOOL"字号在中国具有一定知名度之后,大连岩棉公司才开始将"ROCKWOOL"在其英文企业全称中较多使用。二审法院认为,在洛克尔公司的"ROCKWOOL"字号已经具有一定知名度的前提下,大连岩棉公司使用其英文企业名称,应当按照通常的翻译习惯进行使用,以合理避让他人有一定知名度、为相关公众所知悉的企业字号。大连岩棉公司在网站及企业门牌中使用"Dalian Rockwool Co.,Ltd."的行为,具有攀附意图,难谓正当、善意使用。大连岩棉公司的该项主张依据不足,二审法院不予支持。

三、关于大连岩棉公司注册、使用域名"chinarockwool.com"的行为是否侵害洛克尔公司涉案商标权以及构成不正当竞争的问题

《最高人民法院关于审理涉及计算机网络域名民事纠纷案件适用法律若干问题的解释》第四条规定:"人民法院审理域名纠纷案件,对符合以下各项条件的,应当认定被告注册、使用域名等行为构成侵权或者不正当竞争:(一)原告请求保护的民事权益合法有效;(二)被告域名或其主要部分构成对原告驰名商标的复制、模仿、翻译或音译;或者与原告的注册商标、域名等相同或近似,足以造成相关公众的误认;(三)被告对该域名或其主要部分不享有权益,也无注册、使用该域名的正当理由;(四)被告对该域名的注册、使用具有恶意"。第五条规定："被告的行为被证明具有下列情形之一的，人民法院应当认定其具有恶意：（一）为商业目的将他人驰名商标注册为域名的；（二）为商业目的注册、使用与原告的注册商标、域名等相同或近似的域名，故意造成与原告提供的产品、服务或者原告网站的混淆，误导网络用户访问其网站或其他在线站点的；（三）曾要约高价出售、出租或者以其他方式转让该域名获取不正当利益的；（四）注册域名后自己并不使用也未准备使用，而有意阻止权利人注册该域名的；（五）具有其他恶意情形的。被告举证证明在纠纷发生前其所持有的域名已经获得一定的知名度，且能与原告的注册商标、域名等相区别，或者具有其他情形足以证明其不具有恶意的，人民法院可以不认定被告具有恶意。"该案中，大连岩棉公司网站注册时间是2001年8月28日，早于洛克尔公司涉案商标获得授权的时间2013年10月9日，亦早于洛克尔公司英文企业名称在中国获得一定知名度的时间——2002年。因此，大连岩棉公司在先注册、使用域名"chinarockwool.com"，不构成侵害洛克尔公司涉案商标权，亦不构成侵害洛克尔公司企业名称的权益。再者，该案中，由于域名格式的使用习惯，通常不会在域名中使用空格。也就是说，在域名中不会出现"Rock Wool"的情形。基于"岩棉"通常被翻译为"Rock Wool"，且大连岩棉公司对"Dalian Rock wool Co., Ltd."的使用具有正当性，因此大连岩棉公司注册、使用域名"chinarockwool.com"亦具有正当理由。大连岩棉公司于1987年成立。在洛克尔公司的岩棉产品进入中国之前，大连岩棉公司已经在中国生产、销售岩棉产品。该网站记载有大连岩棉公司的公司全称、简介、地址，这些信息可以表明网页上的产品来源于大连岩棉公司。且该网页中的内容亦无故意造成与洛克尔公司提供的产品或者网站混淆或者攀附洛克尔公司声誉的情形，因此，大连岩棉公司在该网页的使用行为不具有恶意。综上，退一步而言，即使洛克尔公司"ROCKWOOL"字号权益形成时间早于大连岩棉公司注册、使用域名"chinarockwool.com"的时间，大连岩棉公司亦不构成侵害洛克尔公司企业名称的权益。针对洛克尔公司网站域名的权益而言，亦属同理。大连岩棉公司该项上诉主张依据充足，二审法院予以支持。一审法院认定有误，二审法院予以纠正。

关于赔偿数额的问题。虽然大连岩棉公司注册该企业域名的行为不构成侵害洛克尔公司涉案商标权及不正当竞争，但是，大连岩棉公司在网页上使用"Rockwool"标识的行为构成不正当竞争，侵害了洛克尔公司涉案商标权，在其网站上使用英文全称的企业名称以及在大连岩棉公司企业门口牌匾上使用英文企业名称的行为构成不正当竞争，应当承担停止侵害行为、赔偿损失的民事责任。洛克尔公司未能提供证据证明大连岩棉公司因侵权所获利益的情况和洛克尔公司因大连岩棉公司的侵权行为所受到的损失，综合考虑大连岩棉公司侵权行为的性质、情节、侵权的持续时间，洛克尔公司涉案商标和"ROCKWOOL"字号的知名度等因素，以及其为制止侵权行为所支出的合理费用，二审法院认为，一审法院判决大连岩棉公司应向洛克尔公司赔偿经济损失及维权费用15万元适当，二审法院予以维持。

综上所述，大连岩棉公司的上诉请求部分成立，二审法院予以支持。依照《反不正当竞争法》（1993年）第五条第（三）项，《最高人民法院关于审理涉及计算机网络域名民事纠纷案件适用法律若干问题的解释》第四条、第五条，《民事诉讼法》第一百七十条第一款第（二）项的规定，判决如下：

（1）维持广东省江门市中级人民法院（2014）江中法知民初字第95号民事判决第一、第三项；

（2）撤销广东省江门市中级人民法院（2014）江中法知民初字第95号民事判决第二、第四项；

（3）驳回洛克尔国际有限公司的其他诉讼请求。

如未按判决指定的期间履行给付金钱义务的，应当依据《民事诉讼法》第二百五十三条的规定，加倍支付迟延履行期间的债务利息。

一审案件受理费22800元，由洛克尔国际有限公司负担13800元，大连岩棉有限公司负担9000元。二审案件受理费3300元，由大连岩棉有限公司负担2800元，由洛克尔国际有限公司负担500元。大连岩棉有限公司已向本院预交二审案件受理费22800元，本院予以退回19500元。洛克尔国际有限公司多预交的一审案件受理费9000元，一审法院不再退回，由大连岩棉有限公司迳付给洛克尔国际有限公司。洛克尔国际有限公司负担的二审案件受理费500

元,已经由大连岩棉有限公司预交,因此由洛克尔国际有限公司迳付给大连岩棉有限公司。

[案例解析]

该案是关于侵害商标权及不正当竞争纠纷的一个案例,争议的焦点主要集中在以下方面:关于洛克尔公司主张的"ROCKWOOL"商号权是否受我国法律保护,大连岩棉公司使用"DALIAN ROCKWOOL CO., LTD"英文名称是否侵害洛克尔公司"ROCKWOOL"商标权及"ROCKWOOL"商号权并构成不正当竞争的问题。对于上述焦点问题,合议庭已经在该案判决理由中作了较为详尽而充分的论述,现结合该案,对其中反映的理论和实践问题,再作简要的分析。

一、外国商号权在我国的《反不正当竞争法》保护

商号,或称企业名称,是区别不同的市场经营主体、经营者在商业活动中表明企业身份的商业性标识。不仅如此,在商事主体的不断努力下,商号还承载着企业的市场信誉,代表商事主体的商品质量及服务质量,是企业无形资产的重要组成部分,应当受到法律保护。

关于外国商号权在我国受《反不正当竞争法》保护,最高人民法院已经出台相关解释。《最高人民法院关于审理不正当竞争民事案件应用法律若干问题的解释》第六条第一款规定:"企业登记主管机关依法登记注册的企业名称,以及在中国境内进行商业使用的外国(地区)企业名称,应当认定为反不正当竞争法第五条第(三)项规定的'企业名称'。具有一定的市场知名度、为相关公众所知悉的企业名称中的字号,可以认定为反不正当竞争法第五条第(三)项规定的'企业名称'";第七条规定:"在中国境内进行商业使用,包括将知名商品特有的名称、包装、装潢或者企业名称、姓名用于商品、商品包装以及商品交易文书上,或者用于广告宣传、展览以及其他商业活动中,应当认定为反不正当竞争法第五条第(二)项、第(三)项规定的

'使用'。"由此可见,外国商号权要在我国受到《反不正当竞争法》保护,实际上要满足以下条件。

(1) 该外国企业商号必须在中国境内进行过使用且在国内相关公众中具有一定知名度。如果请求保护的商号从未在中国境内使用,商业活动仅限于域外,且缺乏一定的知名度,那么国内的相关公众对该商号缺乏知悉,国内企业使用与其相同或相似的商号也就不可能造成相关公众的混淆误认。值得注意的是,"相关公众"并非泛指社会上所有公众,根据《最高人民法院关于审理商标民事纠纷案件适用法律若干问题的解释》第八条,"相关公众"的范围应当限于与商标所标识的某类商品或者服务有关的消费者和与前述商品或者服务的营销有密切关系的其他经营者。

(2) 该商号的使用应当是商业使用。只有经过商业性使用商号的行为,才能建立起商号和企业产品、服务的一一对应关系,社会公众才能将商号和企业的产品及服务联系起来,此外,商号只有经过商业性使用,才能为企业创造物质财富,真正体现出商号所蕴含的商誉价值。❶ 所谓商业意义上的使用,包括但不限于"包括将知名商品特有的名称、包装、装潢或者企业名称、姓名用于商品、商品包装以及商品交易文书上,或者用于广告宣传、展览以及其他商业活动中",实际上就是企业在市场活动中对外表明企业商业名称的一切商业行为都应当视为商业性使用。

该案中,洛克尔公司的企业名称及其"ROCKWOOL"商号经过自身多年的经营,已经在中国境内进行长期使用并为相关公众广泛知晓,具有较高的知名度和美誉度。因此,洛克尔公司企业名称中所使用的"ROCKWOOL"商号可以认定为《反不正当竞争法》第五条第(三)项规定的"企业名",受到我国《反不正当竞争法》的保护。

---

❶ 陈镇. 外国企业的商号保护 [J]. 中华商标, 2007 (8).

二、中国企业使用英文企业名称的正当性判断

根据《企业名称登记管理规定》第六条、❶《企业名称登记管理实施办法》第八条规定,❷ 在一般情况下,中国的企业只使用一个汉字名称,企业名称需译成外文的,企业可以自行翻译使用,但应当依据文字翻译原则进行翻译。

将企业名称翻译成外文企业名称,对于其中字号部分,既可以拼音形式表达,亦可以直译、意译、音译、单词缩写及合并演化等方式进行翻译。拼音的形式表达翻译对象,其结果具有固定的对应性,不可能进行选择。直译的方式包括按照通用辞典所标注的单词或者词组进行翻译的情形,也包括公众已经普遍知悉,该翻译对象中文与外文的对应较为固定的情形。直译的结果亦不具有选择性。该案中,法院在分析过程中指出,在企业中文名称具有正当性的前提下,企业将其中文名称翻译为外文,如果是以拼音和直译方式进行翻译,因其翻译结果具有固定的对应性,即使该翻译结果与他人在先权益存在冲突,一般而言仍然可以认定该使用外文企业名称的行为具有正当性。

而针对除拼音及直译形式外的意译、音译、单词缩写和合并演化等方式,由于其翻译结果可选择、不唯一,所以该种方式翻译结果有可能构成侵害他人在先权益,这时就需要判定其使用行为是否具有正当性。如果请求保护的企业名称具有较高知名度,被诉侵权方明知或应知该企业名称,通常情况下,可以推定其主观上存在仿冒恶意,其使用行为缺乏正当性;但是,如果被诉侵权方能够举证证明其具有正当的使用理由,足以排除其具有仿冒他人企业名称"搭便车"恶意的,则应作为例外对待。❸

---

❶《企业名称登记管理规定》第六条:企业只准使用一个名称,在登记主管机关辖区内不得与已登记注册的同行业企业名称相同或者近似。确有特殊需要的,经省级以上登记主管机关核准,企业可以在规定的范围内使用一个从属名称。

❷《企业名称登记管理实施办法》第八条:企业名称应当使用符合国家规范的汉字,不得使用汉语拼音字母、阿拉伯数字。企业名称需译成外文使用的,由企业依据文字翻译原则自行翻译使用,不需报工商行政管理机关核准登记。

❸ 苏志甫.“企业名称”反不正当竞争法保护的分歧、反思及建议——基于若干不正当竞争司法判例的实证研究 [J]. 竞争政策研究, 2017 (3).

该案中，根据《英汉大词典》和国家标准 GB 11835-89《绝热用岩棉、矿渣棉及其制品》，将"岩棉"翻译为"Rock Wool"系通常的翻译，两者的对应较为固定，因此如果大连岩棉公司将其企业名称翻译为"Dalian Rock Wool Co., Ltd."并进行使用，则具有正当的使用理由，是大连岩棉公司对其自身企业名称的合理使用，难以得出不正当认定。然而实际情况是，在 2002 年之前，即洛克尔公司"ROCKWOOL"字号获得中国相关公众知悉、具有一定知名度之前，大连岩棉公司并未将"ROCKWOOL"在其英文企业全称中使用并使该英文企业全称与大连岩棉公司建立识别性质的联系，而是在大多数情况下根据通常翻译习惯在其英文企业全称中使用"Rock Wool"。而在洛克尔公司"ROCKWOOL"字号在中国具有一定知名度之后，大连岩棉公司才开始将"ROCKWOOL"在其英文企业全称中较多使用。法院认为，在洛克尔公司的"ROCKWOOL"字号已经具有一定知名度的前提下，大连岩棉公司使用其英文企业名称，应当按照通常的翻译习惯进行使用，以合理避让他人有一定知名度、为相关公众所知悉的企业字号。因此，大连岩棉公司在网站及企业门牌中使用"Dalian Rockwool Co., Ltd."的行为，具有攀附意图，难谓正当、善意使用。

三、域名使用中的商标侵权问题

《最高人民法院关于审理涉及计算机网络域名民事纠纷案件适用法律若干问题的解释》第四条规定："人民法院审理域名纠纷案件，对符合以下各项条件的，应当认定被告注册、使用域名等行为构成侵权或者不正当竞争：（一）原告请求保护的民事权益合法有效；（二）被告域名或其主要部分构成对原告驰名商标的复制、模仿、翻译或音译；或者与原告的注册商标、域名等相同或近似，足以造成相关公众的误认；（三）被告对该域名或其主要部分不享有权益，也无注册、使用该域名的正当理由；（四）被告对该域名的注册、使用具有恶意。"第五条规定："被告的行为被证明具有下列情形之一的，人民法院应当认定其具有恶意：（一）为商业目的将他人驰名商标注册为域名的；（二）为商业目的注册、使用与原告的注册商标、域名等相同或近似的域名,故意造成与原告提供的产品、服务或者原告网站的混淆,误导网络用户访问其网站或其他在线站点的;(三)曾要约高价出售、出租或者以其他方式转让该域名获取不正当利益的;(四)注册域名后自己并不使用也未准备使用,而有意阻止权利人注册该域名的;(五)具有其他恶意情形的。被告举证证明在纠纷发生前其所持有的域名已经获得一定的知名度,且能与原告的注册商标、域名等相区别,或者具有其他情形足以证明其不具有恶意的,人民法院可以不认定被告具有恶意。"

该案中,一审认定大连岩棉公司使用涉案域名的行为"构成侵害商标权和不正当竞争"、而二审法院认为其"不构成侵害洛克尔公司企业名称的权益"的原因,就在于二审法院认为大连岩棉公司对该域名的使用行为不具有恶意。对此,二审法院从以下三个层面进行分析:(1)从使用时间上来看,大连岩棉公司网站注册时间是2001年8月28日,早于洛克尔公司涉案商标获得授权的时间2013年10月9日,亦早于洛克尔公司英文企业名称在中国获得一定知名度的时间——2002年;(2)从域名命名习惯来看,域名中通常不会使用空格,大连岩棉公司在域名中使用"rockwool"而非"Rock Wool"亦具有正当理由;(3)从网页内容来看,该网站记载有大连岩棉公司的公司全称、简介、地址,这些信息可以表明网页上的产品来源于大连岩棉公司,且该网页中的内容亦无故意造成与洛克尔公司提供的产品或者网站混淆或者攀附洛克尔公司声誉的情形。综上,大连岩棉公司使用涉案域名的行为不具有恶意,因而不构成侵权。

值得注意的是,在该案中,一审法院认为大连岩棉公司使用涉案域名的行为"构成侵害商标权和不正当竞争",但在实践中也有法院对域名使用问题持不同的分析角度。在ZIPPO商标侵权及不正当竞争案中,法院提出:"……鉴于郑某某和林某某注册、使用'www.zippolight.com.cn'域名的行为已被纳入商标法的调整范畴,对于这种已在《商标法》中给予穷尽性保护的竞争行为,本院不再从不正当竞争的角度对上述行为是否侵犯之宝制造公司字号进行评述。"❶ 这种分析角度的逻辑在于《商标法》是保护商标的专门法，《反不正当竞争法》相对而言是补充法，对于同一事项，既能适用专门法保护，又能适用补充法保护时，应优先适用专门法。❷ 这或许是对《最高人民法院关于审理商标民事纠纷案件适用法律若干问题的解释》❸ 及《最高人民法院关于审理涉及计算机网络域名民事纠纷案件适用法律若干问题的解释》❹ 间相互关系更为准确的定位和适用。

---

❶ 参见（2012）浙温知初字第145号判决书。

❷ 夏志泽. 域名纠纷案件的商标侵权与不正当竞争之分——ZIPPO商标侵权及不正当竞争案评析［J］. 中华商标, 2014（1）.

❸ 《最高人民法院关于审理商标民事纠纷案件适用法律若干问题的解释》第一条："下列行为属于商标法第五十二条第（五）项规定的给他人注册商标专用权造成其他损害的行为：……（三）将与他人注册商标相同或者相近似的文字注册为域名，并且通过该域名进行相关商品交易的电子商务，容易使相关公众产生误认的。"

❹ 《最高人民法院关于审理涉及计算机网络域名民事纠纷案件适用法律若干问题的解释》第七条："人民法院在审理域名纠纷案件中，对符合本解释第四条规定的情形，依照有关法律规定构成侵权的，应当适用相应的法律规定……"

7 商标权利用尽原则的适用

——英国多米诺印刷科学有限公司诉广州市杜高精密机电有限公司等侵害商标权纠纷案

> 【裁判要旨】

（1）商标的功能在于发挥识别商品来源的作用，该识别来源的过程，既是商标与商品之间建立联系的过程，也是商标权人对其使用商标的商品质量负责，构建和维护其商誉的过程。在商标未改变的情况下，如果未经商标权人同意对商品进行实质替换，商品品质发生实质变化，则人为地将商品和商标进行分离，阻碍商标功能的发挥。

（2）我国《商标法》并未明文规定商标权用尽抗辩，但从法理上讲，不存在毫无限制的权利，任何权利都有边界，都涉及权利用尽问题。就商标权而言，商标依附商品而生，在市场经济发展过程中有效的市场是商品可以合法自由流通的市场，如果没有商标权利用尽，那么商标可以对商品生产、销售、使用、转让、回收、再生等各个环节进行无限的控制，也可能对商品流通的市场区域进行控制，导致人为地割裂市场，阻碍商品自由流通和利用，因此商标权应当受到一定限制。对已经售出的产品进行回收利用，符合资源充分利用和节约理念，有利于创造和增进社会福祉，因此，在商品的回收利用市场模式中，需要对商标权人与相关行为人、社会公众的权益作出平衡和协调。何种情形下商标权受限制而用尽，需视回收利用的具体方式和情况而定。

入选理由

该案系刑事和民事交叉的典型案例。刑事部分历经上诉、发回重审、上诉、改判四个程序后，因认定不属于"相同商品"而最终改判无罪，即不构成假冒注册商标罪；但民事部分因认定为"类似商品"，被诉侵权人仍须承担侵权责任。其充分体现了在商标保护方面，刑法与民法功能与定位上的差别，以及在知识产权保护体系中的互补。

该案还是涉及商标权利用尽的典型案例。两种被诉侵权行为均涉及改装商品正品，但一种行为因阻却商标识别功能而构成侵权，另一种行为因商标权利用尽而不侵权。两种侵权行为在定性上形成的强烈反差，恰恰凸显了商标功能的发挥与商品的自由流通之间存在辩证关系和利益权衡。我国《商标法》虽并未明文规定商标权用尽抗辩，但商标依附商品而生，在市场经济发展过程中有效的市场是商品可以合法自由流通的市场，如果没有商标权利用尽，那么商标可以对商品生产、销售、使用、转让、回收、再生等各个环节进行无限的控制，也可能对商品流通的市场区域进行控制，导致人为地割裂市场，阻碍商品自由流通和利用。该案可以促进对商标权利用尽的具体适用条件的深入探讨。

案例索引

一审：广州知识产权法院（2016）粤73民初2529号
二审：广东省高级人民法院（2017）粤民终2659号

基本案情

上诉人（原审被告）：广州市杜高精密机电有限公司和广州心可工业设计有限公司（以下简称"杜高公司"和"心可公司"）

被上诉人（原审原告）：多米诺印刷科学有限公司（DOMINO PRINTING SCIENCES PLC）（英国）（以下简称"多米诺公司"）

一审诉请

多米诺公司向一审法院起诉请求：（1）确认杜高公司和心可公司生产、销售涉案喷码机的行为侵犯了多米诺公司第 G709885 号"DOMINO"注册商标专用权；（2）判令杜高公司和心可公司立即停止侵犯多米诺公司第 G709885 号"DOMINO"注册商标专用权的行为，包括但不限于停止生产、销售侵犯多米诺公司第 G709885 号"DOMINO"商标专用权的喷码机，销毁侵权商品；（3）认定多米诺公司"DOMINO""DOMINO""多米诺"构成使用于喷码机商品上的驰名商标，判令禁止杜高公司和心可公司使用多米诺公司"DOMINO""DOMINO""多米诺"驰名商标；（4）判令杜高公司和心可公司共同赔偿多米诺公司经济损失人民币 2677200 元，以及为制止侵权行为所支出的合理开支人民币 150000 元，共计人民币 2827200 元；（5）判令杜高公司和心可公司在《法制日报》刊登声明，消除影响（内容须经多米诺公司审核）；（6）判令杜高公司和心可公司承担该案诉讼费用。诉讼中，多米诺公司明确称其要求销毁的商品是指型号为 A200 及 E50 的被诉侵权商品。

案件事实

一审法院认定事实如下。

一、多米诺公司在该案主张权利的商标标识及其注册情况、多米诺公司的成立情况

多米诺公司在该案中主张权利的商标包括"DOMINO""DOMINO""多米诺"，其中，"DOMINO"为多米诺公司第 G709885 号国际注册商标的样式，多米诺公司未主张将"DOMINO""多米诺"标识作为注册商标请求保护。多米诺公司在该案中称，如法院认定多米诺公司"DOMINO"

注册商标核定使用的商品不包括被诉侵权商品，则其依据《商标法》第十三条第一款，请求法院认定" DOMINO"" DOMINO"" 多米诺"三个标识为未注册驰名商标并适用驰名商标保护。多米诺公司称其对" DOMINO"商标享有在先权，在喷码机商品上使用" DOMINO"商标，"DOMINO"是其在喷码机上使用的外文商标，"多米诺"是英文"DOMINO"商标的中文翻译，并主张杜高公司和心可公司在A200喷码机和E50喷码机商品上使用"DOMINO"商标及在商业票据、合同上使用"多米诺"商标。

多米诺公司所提交的第G709885号" DOMINO"国际注册商标的《注册证书》中记载，该商标核定使用商品包括第九类的"Ink jet printing apparatus""ink jet marking apparatus""ink jet printers"，多米诺公司在该案中主张"Ink jet printing apparatus"翻译为喷墨打印装置，"ink jet printers"翻译为喷墨打印机，两者是等同概念，"ink jet marking apparatus"翻译为喷墨标识装置，是前两者的下位概念，均指通过墨汁喷出实现打印和标示功能，并认为被诉侵权商品喷码机属于"ink jet marking apparatus"。

（2014）穗中法知刑终字第21号刑事判决查明，第G709885号商标申请使用在第一类、第二类和第九类商品上，商标图样为：" DOMINO"，根据《商标国际注册马德里协定》和《商标国际注册马德里协定有关议定书》的规定于1999年通过领土延伸指定到我国并获得保护。多米诺公司申请时使用英文提交相关文件，没有对申请使用的商品附对应的中文翻译件，且申请文件中并未包含对商品的图片或文字说明。商标局档案显示该商标国际注册信息中核定使用在第九类上的商品英文名称为"Ink jet printing apparatus; ink jet marking apparatus; laser marking apparatus; ink jet printers; electrical and electronic control apparatus for the aforesaid goods; computer software for use in controlling the operation of industrial ink jet printers, of industial laser marking apparatus; printheads for ink jet printers; parts and fittings for all the aforesaid goods"。商标局档案记录该商标核定使用在第九类上的中文商品名称为"喷墨打印装置；喷墨标示装置；激光标示装置；喷墨打印机；上述商品的电动、电子控制装置；控制工业喷墨打印机、工业喷墨标示装置和工业激光标示装置的运行状况的计算机软件等商品"。该注册商标有效期自 2009 年 1 月 28 日至 2019 年 1 月 28 日。

一审法院另查明，多米诺公司系英国公司，于 1978 年 4 月 17 日作为有限责任公司成立，于 1985 年 4 月 3 日重新注册为公共公司。多米诺公司于 1996 年在中国独资成立多米诺标识科技有限公司，多米诺标识科技有限公司属有限责任公司，多米诺标识科技有限公司于全国成立共 12 家分公司。多米诺公司已出具授权函授权许可多米诺标识科技有限公司独占性使用多米诺公司所有商标。

二、喷码机及第 G709885 号"DOMINO"商标核定使用商品的类别情况

（一）关于第 G709885 号"DOMINO"商标核定使用商品类别的问题

（2014）穗中法知刑终字第 21 号刑事判决中已查明如下事实。

2011 年 12 月 19 日，商标局出具第 G709885 号"DOMINO"商标注册证明，核定使用商品包括第九类：喷墨打印器具；喷墨绘图装置；激光打印机、喷墨打印机；上述商品的电气电子控制部件；控制工业用喷墨打印机；工业用喷墨绘图及工业用激光绘图器具运行用计算机软件；喷墨打印机头；上述商品的零配件。

2012 年 12 月 28 日，商标局再次出具第 G709885 号"DOMINO"商标注册证明，核定使用商品包括：喷墨打印器具；喷码机；激光打码器具；喷墨打印机；上述商品的电气电子控制部件；用于控制工业用喷墨打印机、工业用喷墨打码器具及工业用激光喷墨打码器具运转的计算机软件；喷墨打印机头；上述商品的零配件。

多米诺标识科技有限公司出具第 G709885 号"DOMINO"商标国际注册英文证书及其中文翻译件（由中国对外翻译出版有限公司翻译），内容如下：商标持有人是多米诺公司，基础申请：英国，1999 年 1 月 12 日。商品及其服务明细：墨水打印器具；喷码机；激光打码器具；喷墨打印机；上述商品的电气电子控制部件；用于控制工业用喷墨打印机、工业用喷墨打码器具及工业激光打码器具运转的计算机软件；喷墨打印机打印头；上述商品的零配件。英文证书与中文翻译件中"喷码机"对应的英文单词为 ink jet marking apparatus。多米诺标识科技有限公司出具的第 G709885 号 " ![DOMINO] " 商标在英国、澳大利亚、加拿大、欧共体的英文注册证书及其中文翻译件，上述证书的中文翻译件载明上述商标以多米诺公司的名义注册于下列商品上：第九类：喷墨打印器具；喷墨打码器具；激光打码器具；喷码机；上述商品的电气电子控制部件；用于控制工业用喷码机、工业用喷墨打码器具及工业用激光打码器具运转的计算机软件；喷码机打印头；前述所有商品的零配件。英文证书与中文翻译件中"喷码机"对应的英文单词为 ink jet printers。

商标局关于第 G709885 号"DOMINO"商标有关情况的复函。2014 年 2 月 11 日，商标局出具了商标函字［2014］10 号《关于第 G709885 号"DOMINO"商标有关情况的复函》（商标局 2014 年 10 号复函），主要内容有：（1）第 G709885 号"DOMINO"商标系国际注册商标，可以根据相关国际协定通过领土延展指定在我国得到保护。（2）第 G709885 号"DOMINO"商标于 1999 年通过领土延伸指定到我国并获得保护，申请使用在商标注册用商品和服务国际分类第一类、第二类和第九类商品上。国家商标局于 2011 年 12 月 19 日及 2012 年 12 月 28 日出具商标注册证明，外文商品名称译为中文时，中外文之间存在不是唯一对应的情况，第 G709885 号"DOMINO"商标核定使用在第九类上的中文商品名称以商标局数据库的记录为准。（3）"喷码机"并非《类似商品和服务区分表》所列商品名称，且其所涉及的商品较为宽泛，需要根据具体商品的功能、用途、销售渠道、消费对象等方面确定所属的类别。例如：功能、用途等和"与计算机连用的打印机"类似的，属于第九类；功能、用途等和"塑料导线印字机""工业打标机"类似的，属于第七类。第 G709885 号"DOMINO"商标核定使用商品"喷墨标示装置"包括符合第九类分类标准的"喷码机"，其功能、用途和"与计算机连用的打印机"类似。

2014 年 10 月 16 日，商标局作出商标函字［2014］118 号《关于第 G709885 号"DOMINO 及图"商标有关情况的复函》（商标局 2014 年 118 号

商标权利用尽原则的适用

复函），复函内容如下：（1）根据我局商标数据库的档案资料，最早一批在"喷码机"商品上申请注册的商标有第 1005292 号"达嘉"商标、第 1023207 号"DIAGRAPH"商标、第 1171491 号"威登巴赫"商标、第 1171492 号"WIEDENBACH HR P"商标、第 1581714 号"CESS"商标等，均申请注册在商标注册用商品和服务国际分类第七类商品上（附件 1～5）。（2）根据我局数据库的档案资料，在多米诺公司第 G709885 号"DOMINO 及图"商标申请国际注册的同一时期（1997—2001 年），其他在"喷码机"商品上申请注册的商标有第 1171491 号"威登巴赫"商标、第 1171492 号"WIEDENBACH HR P"商标、第 1581714 号"CESS"商标、第 1581715 号图形商标、第 1705592 号"DIATEC"商标、第 1976026 号"顺茂 SOOMA"商标，均申请注册在第七类商品上。（3）第 G709885 号"DOMINO"及图商标申请使用在第一类、第二类和第九类商品上，依据我国加入的国际条约的相关规定于 1999 年通过领土延伸指定到我国并获得保护，该申请使用英文提交，其商品的表述及分类由世界知识产权组织国际局审查并确定。在国际局转交的申请文件中并未包含商品的图片或文字说明。多米诺公司在申请国际注册时，没有对申请使用的商品附对应的中文翻译件。（4）区分属于第七类和第九类的喷码机并非以是否以计算机控制为标准，而是根据功能、用途、销售渠道、消费对象等方面进行分类。属于第七类的喷码机主要为工业用机械设备或工业成套设备的组成部分，属于第九类的喷码机则为家用或普通商用的小型电子设备。商标注册申请人按照有关法律规定申请商标注册，我局对申请人申报的商品/服务名称、类别以及其他内容进行审查。（5）根据我局数据库的档案资料，含"喷码机"商品的商标大多数在第七类申请注册，较少在第九类申请注册。最早申请注册在"喷码机"商品上的商标也在第七类。你院来函提及，随着电脑的普及和迅猛发展，许多机械设备都实现电脑控制，不能将这些机械设备统统都划归"计算机控制的外围设备"，因此开始出现在第七类商品上注册"喷码机"商标的案例，并且呈现出由主要处于第九类商品向第七类商品（机械类）过渡的逐年增长的趋势。该观点无法从我局数据库获得佐证。（6）多米诺公司于 2013 年 4 月在第七类商品上向我局提出了一系列商标注册申请，其中包括第 12385462 号"DOMINO"及图商标、第 12385466 号"多米诺"商标、第 12385470 号"DOMINO"商标和第 12385458 号图形商标（附件 9~12）。

多米诺公司在第七类商品上的商标注册权属情况。多米诺公司于 1995 年分别申请在第七类及第九类商品上注册商标。其中，第 969970 号"多米诺"商标、第 938241 号"domino"商标核定使用商品为第七类，包括印刷机械、贴标签机，喷墨印刷机，喷墨印刷机的印刷头（机器零件），上述商品的零部件；第 975852 号"多米诺"商标、第 942701 号"domino"商标核定使用商品为第九类，包括打印设备、打印机的电动机电子控制设备及上述商品的零配件。上述商标均于 1995 年申请注册，并于 1997 年注册公告，且均因未续展而于 2008 年被注销。

（二）关于杜高公司生产、销售的喷码机与第 G709885 号注册商标核定使用的商品是否属于同一种商品的问题

（2014）穗中法知刑终字第 21 号刑事判决作出如下认定。

第一，杜高公司生产、销售的喷码机应属于工业用机械设备。根据商标局 2014 年 118 号复函，区分属于第七类和第九类的喷码机并非以是否与计算机控制为标准，而是根据功能、用途、销售渠道、消费对象等方面进行分类。属于第七类的喷码机主要为工业用机械设备或工业成套设备的组成部分，属于第九类的喷码机则为家用或普通商用的小型电子设备。经查，首先，多米诺 A200 喷码机、E50 喷码机及杜高公司生产的涉案喷码机属于工业用途，且多米诺 A200、E50 喷码机属于连续式喷码机（Continuous ink jet printer）。对上述事实，多米诺公司与杜高公司、心可公司均无异议。其次，根据《连续式喷码机（Continuous ink jet printer）》的国家标准，该标准是由全国包装机械标准化技术委员会提出并归口，且该标准的起草单位包括多米诺标识科技有限公司——多米诺公司中国子公司，该标准引用的文件中包括《工业商品使用说明书》。包装机械属于工业用机械设备，其在《类似商品和服务区分表》属于第七类商品中的 0721 群组。最后，从涉案喷码机的功能、喷印速

度、销售渠道和消费对象看，其不属于家用或普通商业用的电子设备。由于涉案喷码机属于工业用机械设备，故其应属于第七类商品。第二，喷码机行业的倾向性意见是喷码机商品属于第七类商品。根据商标局2014年118号复函，最早一批在"喷码机"商品上申请注册的商标有第1005292号"达嘉"商标、第1023207号"DIAGRAPH"商标、第1171491号"威登巴赫"商标、第1171492号"WIEDENBACH HR P"商标、第1581714号"CESS"商标等，均申请注册在商标注册用商品和服务国际分类第七类商品上。在该案第G709885号注册商标申请国际注册的同一时期（1997—2001年），其他在"喷码机"商品上申请注册的商标有第1171491号"威登巴赫"商标、第1171492号"WIEDENBACH HR P"商标、第1581714号"CESS"商标、第1581715号图形商标、第1705592号"DIATEC"商标、第1976026号"顺茂SOOMA"商标，均申请注册在第七类商品上。根据商标局的数据库资料显示，含"喷码机"商品的商标大多数在第七类申请注册，较少在第九类申请注册，且商标局亦不认可"喷码机"商品在商标注册方面处于第九类商品向第七类商品（机械类）过渡的趋势。可见，从最早在"喷码机"商品上申请商标注册至今，喷码机行业的倾向性意见是喷码机属于第七类商品。第三，该案现有证据不能证实第G709885号注册商标核定使用的第九类商品中具体哪一个商品包括杜高公司生产的喷码机。权利人、商标局对于涉案喷码机应属于第G709885号注册商标核定使用的第九类商品中的具体哪一个商品，意见不一致。首先，商标局认为符合第九类分类标准的喷码机属于第G709885号注册商标核定使用的第九类商品中"ink jet marking apparatus"（喷墨标示装置）。经查，商标局就该案第G709885号注册商标出具过两份商标注册证明，其中2012年的商标注册证明中与中文商品名"喷码机"对应的英文商品名是"ink jet marking apparatus"，而2011年的商标注册证明中与英文商品名"ink jet marking apparatus"对应的中文商品名是"喷墨绘图器具"，而该案第G709885号注册商标档案中与英文商品名"ink jet marking apparatus"对应的中文商品名是"喷墨标示装置"，商标局2014年10号复函也认为该案第G709885号注册商标核定使用商品"喷墨标示装置"包括符合第九类分类标准的"喷码机"。其次，权利人对涉案喷码机是第 G709885 号注册商标指定的第九类商品中具体哪一个商品，意见不明确。经查，在多米诺标识科技有限公司提交的第 G709885 号注册商标的中文翻译件中与喷码机对应的英文名称为"ink jet marking apparatus"，而在其提交的《有关多米诺 A 系列喷码机所属商品分类的阐述》中却称多米诺公司通过国际商标注册马德里体系注册了第 G709885 号商标指定的商品包括"ink jet printers"等，喷码机的英文通用名称是"ink jet printers"。但商标局却认为与英文商品名"ink jet printers"对应的中文商品名是"喷墨打印机"，而非喷码机。可见，权利人自身对中文"喷码机"商品所对应的英文商品名意见不明确，并且权利人认为喷码机的英文通用名称是"ink jet printers"的意见并未得到商标局的认可。第四，从多米诺公司的商标注册情况来看，其最初在喷码机商品上使用的商标是申请注册在第七类商品上的。经查，多米诺公司曾在 1995 年向国家商标局申请注册了四个商标，分别在第七类和第九类商品上申请注册了两个商标。其中，第 938241 号商标"![domino]"、第 9699670 号多米诺商标，核定使用商品为第七类，包括印刷机械、贴标签机、喷墨印刷机、喷墨印刷机的印刷头（机器零件），上述商品的零部件；第 942701 号"![domino]"商标、第 975852 号多米诺商标，核定使用商品为第九类，包括打印设备、打印机的电动机电子控制设备及上述商品的零配件。上述商标均于 1995 年申请，并于 1997 年经商标局核准注册，2007 年均因期满未续展而在专用权期限届满后归于无效。从多米诺公司在国内申请注册的四个商标核定使用的商品来看，其在第九类上申请使用的商品"打印设备、打印机的电动机电子控制设备及上述商品的零配件"显然不包括喷码机，而多米诺公司迄今为止仅生产一种机器即喷码机，故其生产的喷码机应当属于上述注册商标中在第七类上申请使用的商品"印刷机械、喷墨印刷机"。据此分析，多米诺公司在最初进入中国时，其在喷码机商品上使用的商标是申请注册在第七类商品上的。第五，商标局商标评审委员会[1]认为第七类的印刷机器、喷墨印刷机、喷码机（印刷工业用）等商品与第九类的喷墨打印装置等商品不属于"同一种商品"。经查，商标局商标评审委员会在"关于第6844050号多米诺商标的异议复审裁定书"以及"关于第6844050号DOMINO商标的异议复审裁定书"中认定：李某某在第七类商品上申请注册的"多米诺""DOMINO"商标指定使用的商品包括印刷机器、喷墨印刷机、喷码机（印刷工业用）等商品，多米诺公司在第九类商品上注册使用的第1984308号"多米诺"商标、第G709885号"DOMINO及图"商标核定使用的商标包括喷墨打印装置、工业用喷墨打印机的电动、电子控制装置等商品。李某某申请的第七类商品与多米诺公司注册商标核定使用的第九类商品在功能用途、销售渠道、消费对象等方面关联性较强，具有一定的重叠性。综合考虑，李某某申请的商标与多米诺公司的注册商标构成《商标法》第二十八条所指的"使用在类似商品上的近似商标"。从上述裁定书的意见分析，商标局商标评审委员会认为第七类的印刷机器、喷墨印刷机、喷码机（印刷工业用）等商品与第九类的喷墨打印装置等商品属于类似商品，并不属于"同一种商品"。第六，原审判决根据多米诺公司生产的喷码机在机器结构和功能上均可与计算机连用来判断涉案喷码机属于第九类商品，理由不成立。商标局2014年118号复函已经明确表明"区分属于第七类和第九类的喷码机并非以是否与计算机控制为标准，而是根据功能、用途、销售渠道、消费对象等方面进行分类"，故该意见已经推翻商标局2014年10号复函中关于喷码机"功能、用途等和与计算机连用的打印机类似的喷码机，属于第九类；功能、用途等和塑料导线印字机、工业打标机类似的，属于第七类"的意见。综上所述，涉案喷码机属于《类似商品和服务区分表》中的第七类商品，即杜高公司生产、销售的喷码机与多米诺公司第G709885号注册商标核定使用的第九类商品并非"同一种商品"。

（三）关于喷码机及喷墨打印装置的相关文献和宣传手册

经核，《类似商品和服务区分表（第十版）》中第九类不包括"喷墨标示

---

[1] 2018年国家机构改革后，取消了商标评审委员会这一部门，但案例中时点在机构改革前，为体现历史真实性保留这一旧称。

装置""喷墨打印装置""喷墨打印机"。

"连续式喷码机"（continuous ink jet printer）的国家标准（GB/T 29017—2012）负责起草单位包括多米诺标识科技有限公司，该"连续式喷码机国家标准（GB/T 29017—2012）"中记载，本标准适用于连续式喷码机，喷印字符、图案等标识标记，"连续式喷码机"定义为"通过连续产生的墨点在物品表面进行非接触式喷印的设备"。

中国国家标准化管理委员会网页中，将"台式喷墨打印机通用规范"的英文标为"General specification for desktop ink–jet printer"。

多米诺公司所提交的"伟迪捷"品牌的宣传手册上，将其商品的功能记载为"EXCEL100系列喷印机能用整套可调节的点阵，连续自动地喷印生产日期和保存期限、序列号和批号、文字信息，并可喷印字母数字混编的编码及客户标识，防止产品的伪造"，并称其商品为"全电脑喷墨射印机""喷码机"及"喷墨打印机"等。

三、涉案第 G709885 号 " DOMINO" 商标的使用情况

多米诺公司为证实其对涉案商标使用情况所提交的国家图书馆《检索报告》记载，"以'（多米诺 or DOMINO）and（喷码 or 标识 or 打码）'为检索词，经查上述检索工具，在慧科中文报纸数据标题及内文字段检索检出报纸文献258篇，根据客户要求挑选并打印全文33篇；在中国期刊全文数据库全文字检索出期刊文献89篇，根据客户要求挑选并打印全文64篇"。该《检索报告》附件中的报纸内容包括："多米诺开发高速喷码新技术"（《中国机电日报》2001-04-03）、多米诺新一代A+系列喷码机创造更完美的标识体验（《中国食品报》2007-10-29）等；期刊内容包括"携手共创十年辉煌——多米诺喷码技术有限公司十周年庆"（《食品工业科技》2005）、"低速生产线的理想喷码组合——多米诺E50经济型喷码机"（《机电信息》2006）、"多米诺A+系列双喷嘴喷码机为高速灌装线解忧"（《食品安全导刊》2010），其中"携手共创十年辉煌——多米诺喷码技术有限公司十周年庆"一文的宣传图片上有" DOMINO"图样等。

多米诺公司所提交的多米诺喷码技术有限公司宣传册中显示有"DOMINO""多米诺A200A300喷码机""Domino. Do more.""多米诺A系列喷码机"等标识字样。

多米诺公司在该案提交的多份销售合同中，仅部分合同涉及多米诺A200喷码机及E50喷码机的销售，该部分合同中记载的商品及单价包括以下情况：(1) 多米诺喷码技术有限公司广州分公司与凯达精细化工股份有限公司于1998年12月29日签订的销售合同中记载A200喷码机（标准配置：主墨水箱、溶剂盒、清洗剂盒、清洗壶）的单价为129500元；(2) 多米诺喷码技术有限公司与深圳彩虹环保建材科技有限公司于2003年12月29日签订的合同中记载，商品规格为"A200喷码机"的单价为64000元；(3) 多米诺喷码技术有限公司与河南莲花味精股份有限公司于2007年4月28日签订的合同中记载A200喷码机的单价为69004元；(4) 多米诺喷码技术有限公司与青岛晋诺希精密线束有限公司于2005年6月签订的合同中记载A200PP黑墨喷码机的单价为90000元；(5) 多米诺喷码技术有限公司与吉林慧安科工贸有限公司于2007年11月签订的合同中记载E50喷码机的单价为48000元；(6) 多米诺喷码技术有限公司与四川蜀光石油化工有限公司于2008年4月10日签订的合同中记载E50喷码机的单价为48000元；(7) 多米诺标识科技有限公司与箭牌糖果（中国）有限公司于2012年10月签订的设备供货和技术服务合同中约定的交付标的包括"定制激光机"及"高清晰大字符打印机"等。

四、杜高公司和心可公司的成立情况及其生产、销售被诉侵权商品的相关事实

（一）杜高公司和心可公司的成立情况

杜高公司于2008年3月18日成立，注册资本为50万元，股东为谢某周、谢某标。经营范围包括机械配件批发、喷枪及类似器具制造等。杜高公司的股东谢某周于2001年2月至2003年是多米诺公司中国子公司——多米诺标识科技有限公司的职员。

心可公司于2009年1月9日成立，注册资本为50万元，该公司2010年

10月15日至2016年9月5日期间的法定代表人为李某某，原股东为谢某周、谢某标、李某某，经营范围包括五金商品批发、金属制品批发和通用机械设备零售等。

（二）杜高公司和心可公司生产、销售被诉侵权商品的情况

该案中，多米诺公司主张杜高公司于2008年3月至2012年3月生产、销售被诉A200喷码机及改装、销售E50喷码机，并主张心可公司于上述期间生产被诉A200喷码机的外壳。杜高公司及心可公司对上述主张予以确认，但杜高公司和心可公司认为被诉A200喷码机开机时显示多米诺公司的涉案"DOMINO"商标只是说明主板的来源，并认为该主板购买于多米诺公司，故多米诺公司已实现其销售利润，属权利用尽；杜高公司确认被诉侵权商品中主板以外的机器设备均由其生产，但喷码机外壳与多米诺公司的商品有区别，被诉侵权A200喷码机商品上无标签；杜高公司主张其改装的E50喷码机购买于多米诺公司，有合法来源，并认为其将多米诺公司E50喷码机商品中的一体化墨水箱进行改装是为迎合客户和环保的要求。多米诺公司则称其A200喷码机商品并无单独销售主板。

（三）被诉侵权商品的数量及价格

（2014）穗中法知刑终字第21号刑事判决中查明以下事实：（1）2008年3月至2012年3月，杜高公司在没有获取多米诺公司授权的情况下，生产、销售外形与多米诺A200相似的喷码机，改装多米诺原装E50喷码机后销售。其中，A200喷码机使用多米诺公司A200喷码机的二手主板，该喷码机机箱、墨水箱等由杜高公司生产并组装，A200喷码机上无商标，但开机时会显示涉案注册商标图样，即显示"DOMINO"；杜高公司购入多米诺原装E50喷码机，将该机器的一体式墨水箱更换改装后予以销售，该喷码机上标有涉案注册商标。（2）广州市越秀区价格认证中心出具的穗越鉴〔2012〕458号涉案财产鉴定结论书记载，假冒多米诺A200喷码机的单价是根据已销售价格认定的，鉴定单价为34000元。（3）广州大同司法会计鉴定所于2014年9月11日出具情况说明。内容如下：杜高公司125份送货单，在2010年1月4日至2012年3月14日，共销售机器204台，涉及销售的商品价值为5496700元。

其中，多米诺 E50 机器共 26 台，涉及销售的商品价值人民币 1070000 元，A200 字样机器共 175 台，涉及销售的商品价值人民币 4381700 元。（4）2012 年 3 月 28 日《关于使用广州市杜高精密机电有限公司喷码机的情况汇报》中记载，广东燕塘乳业股份有限公司 2008—2009 年购买了杜高公司代理的多米诺 E50 型黑墨喷码机 9 台。2010 年参观杜高公司工厂，杜高公司介绍一款开发的新商品 A200 黑墨喷码机，考虑到其介绍的新产品的技术性能和多米诺喷码机没什么区别，一共购买了 8 台。（5）杜高公司与广州风行牛奶有限公司于 2011 年签订喷码机销售合同，杜高公司向广州风行牛奶有限公司销售了一台总价为 49000 元的 A200 黑墨喷码机，该合同上未写明所售喷码机的商标或品牌等情况。（6）心可公司原法定代表人李某某供述称谢某周曾拿图纸让心可公司制作不锈钢机箱，总共制作过 80 多套。

广州市公安局越秀区分局于 2012 年 3 月 21 日出具的《扣押物品、文件清单》中记载，被扣押的物品包括 A200 喷码机 34 台、E50 喷码机 1 台。2014 年 12 月 3 日，杜高公司提交《返还扣押物品申请书》请求返还其被扣押的不含主板的 A200 喷码机。

五、该案诉讼时效问题的相关事实

广州市越秀区人民检察院以越检公刑诉［2012］987 号起诉书指控该案被告人谢某周、谢某标、李某某等犯假冒注册商标罪，于 2012 年 9 月 28 日向广州市越秀区人民法院提起公诉。广州市越秀区人民法院于 2012 年 12 月 25 日作出（2012）穗越法知刑初字第 17 号刑事判决，谢某周等不服提出上诉。2013 年 10 月 15 日，广州市中级人民法院以（2013）穗中法知刑终字第 39 号刑事裁定书，将该案发回广州市越秀区人民法院重新审理。2014 年 4 月 22 日，广州市越秀区人民法院作出（2013）穗越法知刑重字第 3 号刑事判决，认定谢某周、谢某标、李某某等犯假冒注册商标罪，谢某周等仍不服提出上诉。广州市中级人民法院于 2014 年 12 月 18 日作出（2014）穗中法知刑终字第 21 号刑事判决，撤销广州市越秀区人民法院（2013）穗越法知刑重字第 3 号刑事判决，并认定谢某周、谢某标、李某某等无罪。

二审诉讼期间，杜高公司向法院提交以下新证据：（1）杜高公司生产的A200喷码机（含主板），结合证据（15）以证明A200喷码机的开机界面显示内容可以在商标图形、机器型号和客户定义之间任意切换。（2）多米诺E50喷码机（二手未改装），结合证据（7）的多米诺E50喷码机操作与维修手册的第七部分，以证明E50喷码机的三大重要组成部分分别为打印头、电子系统和墨水系统，以及这三大组成部分中的主要部件中并没有包含一体式墨水箱，并且证明一体式墨水箱根本就不是E50喷码机的组成部件。（3）多米诺E50喷码机（二手已改装），结合证据（7）的多米诺E50喷码机操作与维修手册的第八部分，以证明改装过的E50喷码机所改装的部件只是墨水系统中零件号为85202的集合盖，并非原一审判决书中所指的一体式墨水箱。（4）多米诺原装200BK-P250型一体式墨水箱，证明一体式墨水箱是一个独立的商品，并非E50喷码机的组成部分。同时证明一体式墨水箱是属于高度易燃的危险化学品，不可能是和喷码机合为一体运输销售的商品。（5）多米诺E50喷码机原机附送文件袋，证明证据（7）打印版的E50喷码机操作与维修手册与原厂电子版手册是一致的。（6）杜高公司宣传光盘，证明杜高公司虽然没在产品上使用自己的商标，但是在销售的宣传上一直以杜高公司的品牌来宣传自己的产品。（7）多米诺E50喷码机操作手册，来自多米诺公司产品的随机光盘，证明一体式墨水箱不是E50喷码机的零部件，而是E50喷码机在工作中所使用的一种耗材。（8）冠德公司与多米诺公司签订的代理商合同协议，证明多米诺公司在E50喷码机销售过程中该机器所用的墨水箱只是作为可选件，并非E50喷码机的零部件。（9）多米诺公司向优捷公司出售机器及墨水箱的增值税专用发票，证明E50喷码机和一体式墨水箱是两个独立的商品，多米诺公司也是将这两个商品分开单独销售的。（10）各判决书对涉案E50喷码机的判定，证明在之前的所有刑事判决和该案的一审判决中由于法官从没见过E50喷码机实物，从而导致错误地认为一体式墨水箱必然连同E50喷码机一起销售。（11）杜高公司向多米诺公司代理商购买E50喷码机的增值税发票，证明杜高公司销售的26台E50机器是有合法的来源。（12）广州风行牛奶公司喷码机服务协议（复印件），证明杜高公司是应客户的需求来改装 E50 喷码机，而并非销售改装好的 E50 喷码机。(13) 多米诺 E50 喷码机出厂资料（复印件），证明 E50 喷码机出厂的装箱清单里并没有一体式墨水箱。(14) 有关用户陈某某的卷宗材料（复印件），证明杜高公司的 E50 喷码机和 E50 改装套件是分开销售的，同时证明陈某某曾经从杜高公司购买过含主板的 A200 型喷码机。(15) 证人吴某某在重审庭上的证言（复印件），证明杜高公司虽然仿制了多米诺公司的机器，但是并没有仿冒多米诺公司的品牌。(16) 杜高公司 A200 喷码机出厂时的要求，来源于公安机关侦查阶段材料的复印件，证明杜高公司出厂的 A200 喷码机除了在标识和标签上避免出现 DOMINO 商标标识和 DOMINO 字样的标签，在开机显示界面也避免出现"DOMINO"商标标识。(17) A200 开机不显示多米诺商标的证明，来源于公安机关侦查阶段材料的复印件，证明杜高公司的 A200 机器在出厂的时候其默认开机界面不是显示"DOMINO"商标的。(18) 案外人关于杜高公司销售时并未以多米诺公司名义销售的证明。(19) 燕塘喷码机使用情况说明，证明杜高公司在向燕塘公司销售 A200 喷码机之前主动邀请了燕塘公司的设备和生产人员到杜高公司参观，并明确告知杜高公司销售的 A200 机器是杜高公司自行开发的新产品，不存在任何主观故意侵权行为。(20) 证人刘某某的证言（复印件），证明在该案不能采用此证言，该证言是伪证。如果要用刘某某的证言来证明开机会显示 DOMINO 商标标识和杜高公司存在主观故意侵权行为，那必须让案件经办人武某或证人刘某某出庭质证。(21) 多米诺公司出具的鉴定报告（复印件），证明所有涉案的机器实物均是由多米诺公司作出鉴定的，除非多米诺公司可以提供有第三方公证人员在场证明或当初的经侦办案人员出庭证明涉案机器在鉴定前未经任何多米诺公司技术人员接触。(22) 广州铭诺公司与多米诺公司签订的代理商合同，证明多米诺公司曾授权广州铭诺公司为代理商。(23) 多米诺公司签发的代理商证明（复印件），证明多米诺公司曾授权黑龙江郭氏万德科技有限公司和徐州优捷科技有限公司为代理商。(24) 多米诺公司的声明（复印件），结合证据（8）、证据（22）和证据（23），证明多米诺公司对杜高公司所销售的产品作出的鉴定均不应采信，应该引入权威的第三方鉴定机构。(25) 大同司法会计鉴定所出具的机器情况说明（复印件），证明含主板的 A200 喷码机只有 12 台。(26) 原越秀公安分局局长何某某接受多米诺公司和英国领事馆的锦旗照片（复印件），证明该案不能全部引用公安的证据作为认定该案事实的依据。(27) 证人许某某出庭作证，证明其作为杜高公司负责机器调试的员工，可以对 A200 的开机画面进行设置。(28) 证人陈某某出庭作证，证明其向杜高公司购买 A200 喷码机、E50 喷码机，并提出对 E50 喷码机进行改装，向杜高公司购买后期的耗材。

多米诺公司质证认为，对证据（7）的真实性无异议，对打印件有异议。该打印件是杜高公司根据打印文件自行合成，并非多米诺公司给的，封面是杜高公司自行打印的，当庭打开证据（7）光盘显示 4～6 包含墨水箱，E50 是一体化的墨水箱，有效驳斥了杜高公司的主张。4～5 详细介绍更换墨水箱的程序，4～5、4～6 结合证明 E50 原装的操作系统告知用户供墨箱如何使用。对证据（8）的真实性无异议，对证明内容有异议，墨水箱是机器不可分割的一部分。对证据（9），尾号 8805 的发票没有原件，其他两份有原件，墨水箱是可以单独卖的，因为其是耗材，但物理上的分割（单独销售）不能证明墨路系统并非机器的一部分。对证据（10）、证据（11）、证据（12）、证据（13）、证据（14）、证据（15）、证据（16）的真实性无异议，但不认可关联性和杜高公司主张的证明内容。对证据（17）真实性不认可，没有证明人的身份信息，也没有其他付款凭证支持，不能证明销售的事实。对证据（18）的真实性、关联性不认可，没有签字只有公章，该证据形式不合法。对证据（19），真实性认可，但该证据形式上有瑕疵。多米诺公司没有委托杜高公司进行销售行为，该证据内容上的陈述有误导。对证据（20）认可。证据（21）与该案无关。对证据（22）、证据（23）、证据（24），不是刑事判决和该案一审判决认定的依据，与该案无关。对证据（25）的真实性无异议，该证据是根据杜高公司 125 份送货单制作的，而 125 份送货单中含 A200 喷码机、E50 喷码机，其中 A200 喷码机是多米诺公司独有产品，其中 95 台没标明但根据价格认为是含主板的。标有不含主板的 56 台我方认为这是半成品。对证据（26）的真实性无异议，但与该案无关。多米诺公司不认可证据（27）的证人证言，关于证据（28）的证人证言多米诺公司认为证人陈某某通过多米诺公司的代理人买过多米诺公司的产品,所以其很清楚多米诺公司产品的价格、销售途径、商标等,因此其从杜高公司买的产品应很清楚是假货,在案材料证明该证人买了 8 台 E50 喷码机,但证人只说改装了 1 台,他回避了另外 7 台,即该案应追究的改装之后卖的产品。法庭当庭展示证据(1)、证据(2)、证据(3),多米诺公司对杜高公司自行提交的产品不予确认,并认为不是被扣押的被诉机器。多米诺公司称不否认可以对 A200 喷码机主板的出厂设置显示状态进行设置。

一审判决

一审法院审理认为,该案属侵害商标权纠纷,多米诺公司主张杜高公司、心可公司于 2008 年 3 月至 2012 年 3 月生产、销售被诉侵权喷码机构成对其 G709885 号"DOMINO"注册商标的侵权,并请求认定其"DOMINO""DOMINO""多米诺"三个标识为未注册驰名商标,请求适用驰名商标保护。结合双方当事人的诉辩意见及该案事实,该案的争议焦点为:(1)在被诉侵权 A200 喷码机及 E50 喷码机上使用"DOMINO"标识是否属于商标性使用;(2)被诉侵权喷码机与多米诺公司涉案"DOMINO"注册商标所核定使用商品类别是否构成相同或近似;(3)杜高公司、心可公司关于多米诺公司商标权利用尽的抗辩是否成立;(4)在被诉侵权商品上使用多米诺公司"DOMINO"注册商标的行为是否构成商标侵权;(5)杜高公司、心可公司的侵权责任;(6)多米诺公司请求认定"DOMINO""DOMINO""多米诺"三个标识为驰名商标的主张是否成立;(7)心可公司的诉讼时效抗辩是否成立。

一、在被诉侵权商品 A200 喷码机及 E50 喷码机上使用"DOMINO"标识的行为均属于商标性使用

关于被诉侵权商品是否由杜高公司及心可公司所生产、销售的问题,多米诺公司在该案中主张杜高公司生产、销售被诉 A200 喷码机及改装、销售 E50 喷码机,并主张心可公司生产被诉 A200 喷码机的外壳,杜高公司及心可公司对上述主张予以确认，且（2014）穗中法知刑终字第 21 号刑事判决也已查明，被诉侵权 A200 喷码机使用多米诺公司 A200 喷码机的二手主板，杜高公司购入多米诺原装 E50 喷码机，将该机器的一体式墨水箱更换改装后予以销售等事实。因此，一审法院对多米诺公司主张杜高公司生产、销售被诉 A200 喷码机并改装、销售 E50 喷码机的事实及心可公司生产被诉 A200 喷码机的外壳的事实予以认定。

鉴于多米诺公司在该案中指控的被诉侵权事实发生在 2012 年 3 月前，故该案应适用 2001 年修正的《商标法》以及相关法律规定。根据《商标法》（2001 年修正）第八条规定，任何能够将自然人、法人或者其他组织的商品与他人商品区别开来的可视性标识，包括文字、图形、字母、数字、三维标志和颜色组合，以及上述要素的组合，均可以作为商标申请注册。《商标法实施条例》（2002 年施行）第三条规定，商标法和本条例所称商标的使用，包括将商标用于商品、商品包装或者容器以及商品交易文书上，或者将商标用于广告宣传、展览以及其他商业活动中。由此可见，商标是区分不同商品生产者或服务提供者的标识，在商品上使用商标的目的在于区分识别商品的来源。该案中：（1）被诉侵权的 A200 喷码机在开机时显示多米诺公司涉案 "DOMINO" 注册商标图样属于对该标识进行商标性使用。由于 A200 喷码机外观部分并无商标，故通过该喷码机商品的外观并不能判断其来源，而该喷码机商品唯一能用于辨别来源的标识，是在开机时显示多米诺公司涉案 "DOMINO" 注册商标图样，在 A200 喷码机商品开机时展示 "DOMINO" 标识的这一行为，极易导致相关公众产生该商品可能来源于多米诺公司的误认，故应认定该使用标识的行为，属于将 "DOMINO" 标识作商标性使用。（2）杜高公司将标有涉案 "DOMINO" 注册商标的多米诺原装 E50 喷码机的一体式墨水箱更换改装后予以销售，属于对该标识进行商标性使用。因杜高公司改装后的被诉侵权 E50 喷码机上除 "DOMINO" 商标外并无其他标识，亦即 "DOMINO" 商标是被诉侵权 E50 喷码机上唯一可用于识别商品来源的标识，故杜高公司在其提供的改装商品上保留多米诺公司 "DOMINO" 注册商标的行为，应认定属于在其商品上对该标识进行商标性使用的行为。

二、被诉侵权喷码机与多米诺公司涉案"DOMINO"注册商标所核定使用商品类别不同，但构成近似类别

（一）被诉侵权 A200 喷码机及 E50 喷码机与多米诺公司涉案"DOMINO"注册商标所核定使用商品类别不属同类

（1）多米诺公司在该案中主张被诉侵权喷码机属于其"DOMINO"注册商标在第九类核定使用商品中的"ink jet marking apparatus"（喷墨标示装置），且从属于该商标核定使用商品中的"ink jet printing apparatus"（喷墨打印装置）及"ink jet printers"（喷墨打印机）类别中，但喷墨标示装置、喷墨打印装置、喷墨打印机均未被列在《类似商品和服务区分表（第十版）》第九类商品中，多米诺公司所提交商标注册申请的补正通知书并无记载喷码机类别的内容，不能证实多米诺公司的上述主张，多米诺公司所提交的证据也不足以证实喷码机即"ink jet marking apparatus"的主张，其应对此承担举证不能的法律责任。（2）（2014）穗中法知刑终字第 21 号刑事判决已认定，杜高公司生产、销售的喷码机应属于工业用机械设备；喷码机行业的倾向性意见是喷码机商品属于第七类商品；现有证据不能证实第 G709885 号注册商标核定使用的第九类商品中具体哪一个商品包括杜高公司生产的喷码机；从多米诺公司的商标注册情况来看，其最初在喷码机商品上使用的商标是申请注册在第七类商品上的；商标局商标评审委员会认为第七类的印刷机器、喷墨印刷机、喷码机（印刷工业用）等商品与第九类的喷墨打印装置等商品不属于"同一种商品"；根据多米诺公司生产的喷码机在机器结构和功能上均可与计算机连用来判断涉案喷码机属于第九类商品，理由不成立。上述判决还认定，涉案喷码机属于《类似商品和服务区分表》中的第七类商品，即杜高公司生产、销售的喷码机与多米诺公司第 G709885 号注册商标核定使用的第九类商品并非"同一种商品"。现多米诺公司主张被诉侵权商品属于其第 G709885 号"DOMINO"注册商标核定使用的第九类商品的意见与上述生效裁判文书所作认定不符，其亦未能提交充分证据推翻上述认定，故多米诺公司关于被诉侵权商品属于其第 G709885 号 "DOMINO" 注册商标核定使用的第九类商品的意见依据不足，一审法院对此不予采纳。

(二) 被诉侵权喷码机与多米诺公司涉案 "DOMINO" 注册商标所核定使用商品属类似商品

《最高人民法院关于审理商标民事纠纷案件适用法律若干问题的解释》第十一条规定，商标法第五十二条第（一）项规定的类似商品，是指在功能、用途、生产部门、销售渠道、消费对象等方面相同，或者相关公众一般认为其存在特定联系、容易造成混淆的商品。关于该案中的类似商品问题，一审法院认定如下：(1) 关于商品功能、用途。被诉侵权商品为喷码机，杜高公司在刑事诉讼中确认喷码机即 "continuous ink jet printer"，"国家标准（GB/T 29017—2012）"中记载，连续式喷码机是通过连续产生的墨点在物品表面进行非接触式喷印的设备，用于喷印字符、图案等标识标记，而多米诺公司第 G709885 号 "DOMINO" 注册商标所核定使用商品中包括喷墨标示装置、喷墨打印机，虽两者在是否在物品表面喷印及是否接触式喷印上可能存在一定的区别，但均属用于喷印字符、图案等的喷印设备，可见两者在功能、用途上关联性较强。(2) 关于生产企业。生产喷墨标示装置、喷墨打印机的经营主体与生产喷码机的经营主体存在较强的关联性和重合性。多米诺公司作为喷码机商品的经营者，其此前已申请的注册商标部分核定在第七类喷码机商品上，部分核定在第九类喷墨打印装置上；多米诺标识科技有限公司作为多米诺喷码机商品的企业，其获授权使用的 "DOMINO" 注册商标核定使用在喷墨打印装置，且其同时经营的墨水箱等喷码机及喷墨打印装置均需配置的耗品，可见两者及其相关商品的经营存在关联。(3) 关于混淆。从多米诺公司所提交的商品宣传手册内容来看，部分企业对"全电脑喷墨射印机""喷码机"及"喷墨打印机"等商品名称存在混同使用的情况。综上，由于喷墨标示装置、喷墨打印机与喷码机在商品功能、生产企业等方面均有较强的关联性，企业也存在混用两者名称的情况，故可认定两者属于相关公众容易认为其存在特定联系、造成混淆的商品。综上，应认定被诉侵权喷码机与多米诺公司涉案 "DOMINO" 注册商标所核定使用商品属类似商品。

三、杜高公司和心可公司关于多米诺公司对"DOMINO"商标权利用尽的抗辩不能成立

关于商标权利用尽的问题。一般而言，标注注册商标的商品经过商标权人同意投入市场后，商标权利人对该商品的权利已经穷竭，购买人可以使用或者进一步销售该商品，商标权人不得干预。因在此情况下，商标仍在继续发挥指示商品来源的作用，且不会因为购买人使用或销售该商品而发生变化，消费者也不会对该商品的来源产生混淆或误认的后果。因此，商标权利用尽原则的适用前提是该商标被持续不变地用于指示同一商品的初始来源。该案中，多米诺公司的商标并非持续地被使用且仅被用于标识多米诺喷码机商品。（1）关于被诉侵权A200喷码机，杜高公司将多米诺A200喷码机商品中的主板取出并安装用于自己的A200喷码机商品后再次出售，且该商品上唯一可识别商品来源的标识正是开机时显示的多米诺公司涉案"DOMINO"注册商标，亦即杜高公司向消费者提供的商品上仅显示多米诺公司的"DOMINO"商标，而无标识明示该商品来源于杜高公司，此行为足以导致相关公众对该商品来源的混淆及误认，可见，A200喷码机上的"DOMINO"注册商标并非持续地被用于指示来源于多米诺品牌的商品。鉴于"DOMINO"注册商标作为被诉侵权A200喷码机上所显示的唯一标识，且杜高公司未能举证证实其曾在被诉侵权商品上作出"DOMINO"注册商标仅指示商品主板来源而不指示商品来源的明示，故杜高公司关于该标识仅用于说明机器主板来自多米诺公司的指示性使用的抗辩不能成立。综上，杜高公司和心可公司以多米诺公司在售出商品时已获利为由主张多米诺公司在被诉侵权A200喷码机上商标权利已用尽的意见缺乏事实和法律依据。（2）关于被诉侵权E50喷码机，被诉侵权商品E50喷码机外壳上使用多米诺公司"DOMINO"注册商标，但该商品的重要组成部分即一体式墨水箱已被改装，故该商品已成为杜高公司的新商品，改装后商品上的"DOMINO"商标所指示的已非原装多米诺E50喷码机，而是被用于标识由杜高公司向公众提供的被诉侵权商品，亦即在E50喷码机商品上的

"DOMINO"注册商标并非被持续地用于指示来源于多米诺公司的商品，因此，杜高公司主张多米诺公司在被诉侵权 E50 喷码机上商标权利用尽的意见也缺乏理据，一审法院对此不予采纳。

四、在被诉侵权商品上使用多米诺公司"DOMINO"注册商标的行为构成商标侵权

依据《商标法》（2001 年修正）第五十二条的规定，未经商标注册人的许可，在同一种商品或者类似商品上使用与其注册商标相同或者近似的商标的，属侵犯注册商标专用权的行为。该案中，杜高公司和心可公司的被诉侵权行为具体分析如下。

（一）关于被诉侵权 A200 喷码机

1. 杜高公司生产、销售的被诉侵权 A200 喷码机上使用"DOMINO"注册商标构成侵害多米诺公司"DOMINO"注册商标专用权

具体分析如下：（1）杜高公司生产的被诉侵权 A200 喷码机开机时显示的标识与多米诺公司 G709885 号"DOMINO"注册商标相同；（2）被诉侵权 A200 喷码机与多米诺公司第 G709885 号"DOMINO"注册商标所核定使用的商品属于类似商品；（3）被诉侵权 A200 喷码机外形与多米诺公司多米诺 A200 喷码机相似；（4）同时作为杜高公司及心可公司股东的谢某周，曾是多米诺公司投资设立的多米诺标识科技有限公司的职员；（5）广东燕塘乳业股份有限公司在（2014）穗中法知刑终字第 21 号案件中的陈述亦说明杜高公司向其客户销售多米诺 E50 喷码机及其自产的 A200 黑墨喷码机。上述事实形成证据链可证明杜高公司在实施被诉侵权行为时的主观故意及其行为足以导致相关消费者对商品的混淆和误认，故应认定杜高公司的被诉侵权行为构成对多米诺公司"DOMINO"注册商标专用权的侵害。

2. 心可公司生产被诉侵权 A200 喷码机外壳的行为也构成对多米诺公司"DOMINO"注册商标专用权的侵犯

心可公司于被诉侵权期间的法定代表人李某某在此前刑事案件中确认，心可公司根据谢某周所提供的图纸制作被诉侵权 A200 喷码机的外壳，而谢某

周是杜高公司及心可公司的股东。由此可见，心可公司明知所生产的喷码机外壳是专供杜高公司用于生产被诉侵权 A200 喷码机，故可认定心可公司与杜高公司的生产行为构成共同侵权。多米诺公司诉请确认杜高公司和心可公司的上述行为构成侵权于法有据，一审法院予以采纳。

（二）关于被诉侵权 E50 喷码机

杜高公司将标有"DOMINO"商标的多米诺 E50 喷码机中的一体式墨水箱更改换装后销售的行为构成商标侵权。由于喷码机的功能是通过连续产生的墨点喷印字符、图案，故就功能而言，一体式墨水箱是喷码机的重要组成部分，多米诺 E50 喷码机经过杜高公司改装已成为新商品，而非多米诺公司的原装商品，商品的部件、构造已被改变，其效能也必然有所差异，其改装行为已达到旧壳装新品的效果，故应认定杜高公司的改装行为属生产性质。杜高公司将改装后标有多米诺公司 G709885 号"DOMINO"注册商标的商品重新出售并获利，且被诉侵权 E50 喷码机与多米诺公司第 G709885 号"DOMINO"注册商标所核定使用的商品属于类似商品，杜高公司的行为足以导致相关消费者对改装后商品来源的误认，亦明显违背诚信。因此，多米诺公司主张杜高公司生产及销售的被诉侵权 E50 喷码机侵犯其 G709885 号"DOMINO"注册商标专用权并请求对此予以确认的意见于法有据，一审法院对此予以采纳。

五、关于杜高公司和心可公司的侵权责任问题

《侵权责任法》第十五条规定："承担侵权责任的方式主要有：（一）停止侵害……（六）赔偿损失……以上承担侵权责任的方式，可以单独适用，也可以合并适用。"如前所述，杜高公司及心可公司的行为构成对多米诺公司 G709885 号"DOMINO"注册商标专用权的侵犯，其应当承担相应的民事责任。一审法院具体分析如下。

（一）关于停止侵权的问题

由于被诉侵权行为发生于 2012 年 3 月之前，且广州市公安局越秀区分局于 2012 年 3 月 21 日出具的《扣押物品、文件清单》也记载被诉侵权商品已被扣押,现多米诺公司未能举证证实杜高公司及心可公司自 2012 年 3 月后至今仍有实施被诉侵权行为,其应对此承担举证不能的法律责任,故多米诺公司诉请杜高公司及心可公司停止侵权行为的意见缺乏事实依据,一审法院对此不予支持。

(二)关于销毁被诉侵权商品的问题

杜高公司已向公安机关申请返还被查扣的侵权商品,现其未能举证证实被诉侵权商品已被销毁或确已处置完毕,其应对此承担举证不能的法律责任,多米诺公司诉请杜高公司销毁被诉侵权商品的主张合理,一审法院对此予以支持。至于多米诺公司诉请心可公司销毁被诉侵权商品,因多米诺公司未提交证据证实心可公司确有被诉侵权商品,故一审法院对此不予支持。

(三)关于多米诺公司诉请禁止杜高公司和心可公司在喷码机商品上使用其未注册商标"DOMINO""多米诺"的问题

由于杜高公司和心可公司在被诉侵权商品上使用的标识与多米诺公司" DOMINO"注册商标样式一致,现多米诺公司未能举证证实杜高公司和心可公司另有在被诉侵权喷码机商品上使用"DOMINO""多米诺"标识的行为,也未举证证实其关于杜高公司和心可公司在商业票据和合同上使用"多米诺"商标的陈述,更未就其对"DOMINO""多米诺"标识享有商标权的问题进行举证,故多米诺公司在该案中诉请禁止杜高公司和心可公司使用"DOMINO""多米诺"标识的主张缺乏事实依据,一审法院对此不予支持。

(四)关于赔偿数额的问题

《商标法》(2001 年修正)第五十六条第一款规定:"侵犯商标专用权的赔偿数额,为侵权人在侵权期间因侵权所获得的利益,或者被侵权人在被侵权期间因被侵权所受到的损失,包括被侵权人为制止侵权行为所支付的合理开支。"《最高人民法院关于审理商标民事纠纷案件适用法律若干问题的解释》第十三条规定:"人民法院依据商标法第五十六条第一款的规定确定侵权人的赔偿责任时,可以根据权利人选择的计算方法计算赔偿数额";第十五条规定:"商标法第五十六条第一款规定的因被侵权所受到的损失,可以根据权利人因侵权所造成商品销售减少量或者侵权商品销售量与该注册商标商品的单位利润乘积计算";第十六条规定:"侵权人因侵权所获得的利益或者被侵权人因被侵权所受到的损失均难以确定的,人民法院可以根据当事人的请求或者依职权适用商标法第五十六条第二款的规定确定赔偿数额。人民法院在确定赔偿数额时,应当考虑侵权行为的性质、期间、后果,商标的声誉,商标使用许可费的数额,商标使用许可的种类、时间、范围及制止侵权行为的合理开支等因素综合确定……";第十七条规定:"商标法第五十六条第一款规定的制止侵权行为所支付的合理开支,包括权利人或者委托代理人对侵权行为进行调查、取证的合理费用。人民法院根据当事人的诉讼请求和案件具体情况,可以将符合国家有关部门规定的律师费用计算在赔偿范围内。"因此,多米诺公司在该案中主张按侵权商品销售量与该注册商标商品的单位利润乘积计算因被侵权所受到的损失的意见,符合上述法律规定,一审法院对此予以采纳。

1. 关于杜高公司的具体赔偿数额问题

一审法院认定如下:多米诺公司主张其A200喷码机的每台利润为11500元、E50喷码机的每台利润为9200元,但其对此利润的主张未能提交证据证实,其应对此承担举证不能的法律责任,一审法院对此不予全部采纳。结合以下事实:(1)广州大同司法会计鉴定所于2014年9月11日出具的情况说明记载,杜高公司在2010年1月4日至2012年3月14日期间的125份送货单中,包括多米诺E50机器共26台,涉及销售的商品价值为1070000元,A200字样机器共175台,涉及销售的商品价值人民币4381700元;(2)广州市越秀区价格认证中心出具的穗越鉴〔2012〕458号涉案财产鉴定结论书记载,被诉侵权A200喷码机的单价根据已销售价格认定,鉴定单价为34000元;(3)多米诺喷码技术有限公司广州分公司于1998年12月29日签订的销售合同中记载A200喷码机的单价为129500元;(4)多米诺喷码技术有限公司于2003年12月29日签订的合同中记载,"A200喷码机"的单价为64000元;(5)多米诺喷码技术有限公司于2007年4月28日签订的合同中记载A200喷码机的单价为69004元;(6)多米诺喷码技术有限公司于2007年11月签订的合同中记载E50喷码机的单价为48000元;(7)多米诺喷码技术有限公司于2008年4月10日签订的合同中记载E50喷码机的单价为48000元。综合考虑多米诺公司主张被诉侵权行为发生于2012年3月之前，双方的A200喷码机商品及E50喷码机商品的具体销售价格、价差，不同时期的销售价格、利润幅度及杜高公司在2010年1月4日至2012年3月14日销售被诉侵权商品货值等情况，一审法院酌情确定多米诺公司每台A200喷码机损失利润以6500元为宜、每台E50喷码机损失利润以4500元为宜，再根据杜高公司在2010年1月4日至2012年3月14日的125份送货单记载的涉案商品数量，包括"A200"字样机器共175台、"E50"机器共26台，可以确定多米诺公司于2010年1月4日至2012年3月14日因两类被诉侵权商品所致损失分别为1137500元及117000元。又因侵权注册商标专用权纠纷的诉讼时效为两年，故在多米诺公司未提供证据证实其向杜高公司和心可公司提出权利主张的时间早于公安部门在2012年3月21日查扣被诉侵权商品时间的情况下，侵权损害赔偿数额应自2010年3月22日起计算至2012年3月21日，而双方当事人均未就2010年3月22日至2012年3月21日的被诉侵权商品具体销售数量进行举证，故应结合现有证据及前述计算依据、期间，计算多米诺公司于2010年3月22日起至2012年3月21日因A200及E50两类被诉侵权商品所致损失，可算得分别为954454元及98172元，共计1052626元。超出部分的主张依据不足，一审法院对多米诺公司的赔偿主张不予全额支持。

至于多米诺公司要求以被查扣的A200喷码机的数量来计算其部分损失的问题，由于被查扣商品的查扣时间与申请发还的时间相距较长，商品的质量及效能存在变化的可能，且多米诺公司未能举证证实被广州市公安局越秀区分局扣押的34台A200喷码机已由杜高公司实际售出从而导致多米诺公司损失，故多米诺公司要求按被查扣商品的数量来计算其损失的意见缺乏依据，一审法院对此不予采纳。

2. 关于心可公司的赔偿责任问题

心可公司对其生产被诉A200喷码机外壳的事实无异议，心可公司的原法定代表人于此前的刑事案件中述称该公司共制作80多套不锈钢机箱，但心可公司对其实际生产机箱的数量未能举证证实，且仅生产80多套机箱外壳的陈述与杜高公司 2010 年 1 月 4 日至 2012 年 3 月 14 日的送货单上记载的 A200 机器共 175 台的数量不符，也与广州市公安局越秀区分局于 2012 年 3 月 21 日出具的《扣押物品、文件清单》中记载的尚有被查扣 A200 喷码机 34 台的事实不符，心可公司亦未能举证证实被诉侵权 A200 喷码机机箱尚有其他生产来源，故一审法院对心可公司上述关于生产数量的陈述意见不予采信。心可公司应对其涉案生产行为与杜高公司共同承担侵权责任，并与杜高公司就被诉侵权 A200 喷码机商品所致多米诺公司损失 954454 元承担连带赔偿责任。

3. 关于合理开支的问题

因多米诺公司确有委托律师到庭参加诉讼，且已提交其律师代理合同及收费票据，故一审法院对多米诺公司所主张的合理费用中具备合理性和必要性的部分予以支持，考虑到多米诺公司在该案中确有提交关于主体的公证认证材料、多米诺公司委托律师到庭参加诉讼、多米诺公司在该案中提交的证据材料多为此前（2014）穗中法知刑终字第 21 号案件中的证据以及同时结合考虑多米诺公司所提交的部分销售合同复印件与该案被诉侵权商品无关等情况，一审法院酌情确定维权合理开支以 60000 元为宜，超出部分不予支持。心可公司应对上述合理开支承担连带赔偿责任。

六、在该案中无须对多米诺公司主张权利的三个标识"DOMINO""DOMINO""多米诺"是否驰名作出认定

根据《最高人民法院关于审理涉及驰名商标保护的民事纠纷案件应用法律若干问题的解释》第二条的规定，当事人以商标驰名作为事实根据，人民法院根据案件具体情况，认为确有必要的，对所涉商标是否驰名作出认定。对于多米诺公司在该案中主张权利的标识是否需认定驰名的问题，具体分析如下。

（一）无须在该案中对"DOMINO""多米诺"标识是否驰名作出认定

由于杜高公司和心可公司在被诉侵权商品上使用的标识与多米诺公司"DOMINO"注册商标样式一致，此外杜高公司和心可公司并无其他使用被诉侵权标识的方式，多米诺公司既未能举证证实杜高公司和心可公司在喷码机上使用"DOMINO"标识的行为构成对多米诺公司"DOMINO""多米诺"标识的侵权,也未举证证实杜高公司和心可公司存在使用"DOMINO""多米诺"标识的行为,故该案侵权事实的认定并不以"DOMINO""多米诺"标识是否驰名为前提,多米诺公司在该案中诉请认定"DOMINO"及"多米诺"标识驰名缺乏事实和法律依据,一审法院对此不予采纳。

(二)至于多米诺公司请求认定"DOMINO"注册商标驰名的问题

因杜高公司和心可公司在"DOMINO"注册商标所核定使用类别的类似商品上使用被诉标识,因此该案中对于被诉行为是否构成侵权的判定不涉及跨类保护的问题,判定杜高公司和心可公司使用的标识与多米诺公司商标是否相同,及在多米诺公司注册商标核定使用范围的类似商品上使用的标识是否误导相关公众,均不以认定该注册商标是否驰名为前提,故多米诺公司的诉请在该案中认定"DOMINO"商标驰名缺乏理据,一审法院不予支持。

七、心可公司关于多米诺公司提起该案诉讼已过诉讼时效的抗辩不能成立

依据《最高人民法院关于审理民事案件适用诉讼时效制度若干问题的规定》第十五条的规定:"权利人向公安机关、人民检察院、人民法院报案或者控告,请求保护其民事权利的,诉讼时效从其报案或者控告之日起中断。上述机关决定不立案、撤销案件、不起诉的,诉讼时效期间从权利人知道或者应当知道不立案、撤销案件或者不起诉之日重新计算;刑事案件进入审理阶段,诉讼时效期间从刑事裁判文书生效之日起重新计算。"该案中,由于广州市公安局越秀区分局于2012年3月21日查扣被诉侵权商品,广州市越秀区人民检察院以越检公刑诉〔2012〕987号起诉书指控该案被告人谢某周、谢某标、李某某等犯假冒注册商标罪,于2012年9月28日向广州市越秀区人民法院提起公诉,其后该案曾历经一审、二审及重审等程序,至广州市中级人民法院于2014年12月18日作出(2014)穗中法知刑终字第21号刑事判决,撤销广州市越秀区人民法院(2013)穗越法知刑重字第3号刑事判决,改判谢某周、谢某标、李某某等无罪。结合上述事实,应认定多米诺公司就该案提出诉讼的时效中断，诉讼时效应自 2014 年 12 月 18 日起重新起算，多米诺公司于 2015 年 9 月 24 日已向一审法院提起对杜高公司和心可公司的侵害商标权纠纷诉讼，故在 2014 年 12 月 18 日起的两年诉讼时效内，心可公司主张多米诺公司提起该案诉讼已过诉讼时效的意见缺乏依据，一审法院对此不予采纳。

综上，一审法院依照《民法通则》第一百三十四条第一款第（一）项、第（七）项、第二款，《商标法》（2001 修正）第五十二条第（一）项、第（二）项、第五十六条第一款、第二款，《侵权责任法》第十五条，《最高人民法院关于审理商标民事纠纷案件适用法律若干问题的解释》第九条第一款、第十一条、第十三条、第十五条、第十六条第二款、第十七条、第二十二条第一款，《最高人民法院关于审理涉及驰名商标保护的民事纠纷案件应用法律若干问题的解释》第二条、第三条，《最高人民法院关于审理民事案件适用诉讼时效制度若干问题的规定》第十五条，《民事诉讼法》第六十四条第一款之规定，判决如下：（1）确认杜高公司和心可公司在其 A200 喷码机上及杜高公司在其 E50 喷码机上使用"DOMINO"商标的行为侵害多米诺公司享有的第 G709885 号"DOMINO"注册商标专用权；（2）杜高公司于判决发生法律效力之日起十日内赔偿多米诺公司经济损失人民币 1052626 元；（3）杜高公司于判决发生法律效力之日起十日内赔偿多米诺公司为维权而支出的合理费用人民币 60000 元；（4）心可公司对上述第二项由杜高公司承担赔偿责任中的人民币 954454 元、第三项由杜高公司承担赔偿责任的合理费用人民币 60000 元承担连带责任；（5）驳回多米诺公司的其他诉讼请求。一审案件受理费人民币 29418 元，由多米诺公司负担 8920 元，由杜高公司和心可公司共同负担 20498 元。

二审判决

二审法院认为，该案系侵害商标权纠纷。《民事诉讼法》第一百六十八条规定："第二审人民法院应当对上诉请求的有关事实和适用法律进行审查。"一审法院未认定多米诺公司主张的三个标识构成驰名商标，多米诺公司未提出上诉，故二审不再就涉案商标是否驰名以及多米诺公司主张的"DOMINO""多米诺"是否被侵害进行审理。关于被诉喷码机与多米诺公司商标所核定使用的商品种类问题，心可公司认可一审法院认定两者不属于同类商品，上诉仅就一审认定类似提出异议，杜高公司和多米诺公司对一审认定未提出上诉，故二审不再围绕两者是否属于同类商品进行审理。综合上诉请求及理由、答辩意见、相关证据及事实，该案二审的争议焦点为：（1）被诉 E50 喷码机是否侵犯了多米诺公司注册商标"DOMINO"的商标权；（2）被诉 A200 喷码机是否侵犯了多米诺公司注册商标"DOMINO"的商标权；（3）如果构成侵害商标权，民事责任承担方式和范围如何确定。

一、被诉 E50 喷码机是否侵犯多米诺公司注册商标"DOMINO"的商标权

根据多米诺公司的诉讼请求及事由，以及其在诉讼过程中进一步明确的内容可知，多米诺公司主张侵权针对的是杜高公司更换多米诺公司 E50 产品墨路系统之后再销售的情形，并未在该案中针对第三人购买多米诺公司产品后杜高公司为其更换墨路系统的行为主张商标侵权。在明确侵权主张范围的情况下，杜高公司上诉认为并非所有的 E50 产品均是更换墨路系统后再销售，有的是应客户要求对客户已购的产品进行改装，该上诉理由并非有效的不侵权抗辩。

《商标法》（2001 年修正）第七条规定，"商标使用人应当对其使用商标的商品质量负责"；第五十二条规定，"有下列行为之一的，均属侵犯注册商标专用权：（一）未经商标注册人的许可，在同一种商品或者类似商品上使用与其注册商标相同或者近似的商标的；（二）销售侵犯注册商标专用权的商品的……"。多米诺公司的 E50 喷码机首次售出后，杜高公司对其墨路系统进行改装并再次销售，二审法院认为，杜高公司的该项行为侵犯了多米诺公司的商标权，理由如下：（1）商标的功能在于发挥识别商品来源的作用，该识别来源的过程，既是商标与商品之间建立联系的过程，也是商标权人对其使用商标的商品质量负责，构建和维护其商誉的过程。在商标未改变的情况下，

商标权利用尽原则的适用

如果未经商标权人同意对商品进行实质替换,商品品质发生实质变化,则人为地将商品和商标进行分离,将阻碍商标功能的发挥。(2)杜高公司改装的墨路系统,即便在物理层面上不属于不可分割的部分,但却是喷码机产品正常运行的核心部件,该改装行为实质性改变了商品,商品品质已发生实质变化。(3)被改装墨路系统的 E50 产品再销售,该产品上仍然标有多米诺公司的"DOMINO"商标。无论杜高公司在销售时是否明确告知相关公众该产品的改装情况,多米诺公司的商标识别来源、对商品质量负责的功能都已遭到损害。因此杜高公司的行为构成对多米诺公司"DOMINO"商标权的侵害。

二、被诉 A200 喷码机是否侵犯多米诺公司注册商标"DOMINO"的商标权

各方当事人对一审查明的被诉 A200 产品组装情况的事实均无异议,即杜高公司和心可公司回收多米诺公司 A200 喷码机的二手主板,作为零部件组装成新的喷码机并销售,开机画面默认显示"DOMINO",除此之外机身、包装等处并无其他标识。就该类行为是否构成商标侵权的问题,二审法院认为不构成侵权,理由如下:(1)我国《商标法》并未明文规定商标权用尽抗辩,但从法理上讲,不存在毫无限制的权利,任何权利都有边界,都涉及权利用尽问题。就商标权而言,商标依附商品而生,在市场经济发展过程中有效的市场是商品可以合法自由流通的市场,如果没有商标权利用尽,那么商标可以对商品生产、销售、使用、转让、回收、再生等各个环节进行无限的控制,也可能对商品流通的市场区域进行控制,导致人为地割裂市场,阻碍商品自由流通和利用,因此商标权应当受到一定限制。(2)对已经售出的产品进行回收利用,符合资源充分利用和节约理念,有利于创造和增进社会福祉,因此,在商品的回收利用市场模式中,需要对商标权人与相关行为人、社会公众的权益作出平衡和协调。何种情形下商标权受限制而用尽,需视回收利用的具体方式和情况而定。(3)具体到该案中,从回收利用的内容、商标显示方式、商标功能的发挥等因素进行分析。杜高公司和心可公司回收利用的是多米诺公司 A200 喷码机的二手主板，双方当事人已经确认 A200 二手主板在默认设置情况下开机画面显示"DOMINO"，因此杜高公司和心可公司并未主动使用多米诺公司商标。组装而成的新产品包装上并未显示多米诺公司的商标，相关公众无法直接接触到多米诺公司的商标而发生混淆，又因为回收利用的是原产品中的一个部件，该组装行为并非对原有整个产品的改装，不是改变原产品质量的行为，也不是直接去除原产品上的商标后再次投入市场的行为，因此不属于阻碍多米诺公司商标对商品识别来源功能发挥的情况。这一点与前述涉案 E50 产品的改装行为及其行为定性上存在本质差别。在不直接发生混淆和损害商标功能发挥的情况下，应当合理地给予回收利用行为一定的自由空间，商标权人基于商标权对商品及其零部件的控制相应地受到一定限制，在此情形下宜认定商标权利用尽。(4) 因被诉 A200 产品机身、包装上均无标识，开机显示的多米诺公司商标是唯一标识，而且被诉喷码机使用与 A200 一致的型号、基本一致的外形，多米诺公司据此主张可能导致混淆或售后混淆而理应认定商标侵权。对此，二审法院认为，是否存在商品混淆的可能性系认定是否构成侵犯商标权的重要考虑因素之一，但发生商品混淆，并不必然认定为商标侵权行为，在《反不正当竞争法》中规制的诸多类行为，皆因引人误认来源或与他人存在特定联系，对商品发生混淆而被认定为不具有正当性。就该情形而言，多米诺公司诉求的权益可另循法律途径解决。

另外，杜高公司和心可公司上诉理由中强调被诉 A200 产品开机画面可以被更改，更改后的显示画面完全可以不显示"DOMINO"。对此，二审法院认为，通过该案证据内容查明的事实可知，该案证据内容中的被诉 A200 的开机画面事实上就是默认设置状态下显示有"DOMINO"的情形，多米诺公司也是以该事实为基础主张侵权的，因此杜高公司和心可公司不能以开机画面存在被更改的可能性，否定前述客观事实。需要指出的是，正因为杜高公司和心可公司是将回收利用的二手主板作为零部件进行组装，因此没有刻意更改其中的软件设置，若回收组装过程中主动添加使用他人标识，则可能无法适用商标权利用尽抗辩。

商标权利用尽原则的适用

此外，心可公司上诉认为被诉喷码机与多米诺公司商标所核定使用的商品类似属于事实判断，在没有证据的情况下应认定两者不相同也不类似。对此，二审法院认为：首先，就被诉 E50 产品而言，一审法院仅认定杜高公司实施了商标侵权行为，未认定心可公司实施侵权行为和承担法律责任，就被诉 E50 产品的侵权认定心可公司无权上诉；其次，就被诉 A200 产品而言，心可公司的该上诉理由也不成立，商品类别相同或类似并非一个纯粹的客观事实问题，而是包含法律判断的事实认定。

综上，被诉 A200 产品不构成对多米诺公司"DOMINO"商标权的侵害，一审认定杜高公司、心可公司共同侵权，适用法律错误，二审法院予以纠正。

三、民事责任承担方式和范围如何确定

杜高公司侵害了多米诺公司"DOMINO"商标权，依法应承担侵权责任。被诉 A200 产品不侵权，心可公司依法不承担民事责任。

关于杜高公司具体应承担的民事责任。多米诺公司起诉请求判令侵权人承担停止侵权、销毁侵权产品、赔偿损失等民事责任。一审法院未支持其停止侵权和销毁被诉商品的请求，多米诺公司未提出上诉，对该部分二审法院不予审理。关于赔偿责任，《商标法》（2001 年修正）第五十六条第一款、第二款规定："侵犯商标专用权的赔偿数额，为侵权人在侵权期间因侵权所获得的利益，或者被侵权人在被侵权期间因被侵权所受到的损失，包括被侵权人为制止侵权行为所支付的合理开支。前款所称侵权人因侵权所得利益，或者被侵权人因被侵权所受损失难以确定的，由人民法院根据侵权行为的情节判决给予五十万元以下的赔偿。"《最高人民法院关于审理商标民事纠纷案件适用法律若干问题的解释》第十三条规定："人民法院依据商标法第五十六条第一款的规定确定侵权人的赔偿责任时，可以根据权利人选择的计算方法计算赔偿数额"；第十五条规定："商标法第五十六条第一款规定的因被侵权所受到的损失，可以根据权利人因侵权所造成商品销售减少量或者侵权商品销售量与该注册商标商品的单位利润乘积计算"；第十六条规定："侵权人因侵权

所获得的利益或者被侵权人因被侵权所受到的损失均难以确定的,人民法院可以根据当事人的请求或者依职权适用商标法第五十六条第二款的规定确定赔偿数额。人民法院在确定赔偿数额时,应当考虑侵权行为的性质、期间、后果,商标的声誉,商标使用许可费的数额,商标使用许可的种类、时间、范围及制止侵权行为的合理开支等因素综合确定……";第十七条规定:"商标法第五十六条第一款规定的制止侵权行为所支付的合理开支,包括权利人或者委托代理人对侵权行为进行调查、取证的合理费用。人民法院根据当事人的诉讼请求和案件具体情况,可以将符合国家有关部门规定的律师费用计算在赔偿范围内。"该案中,多米诺公司主张的计算赔偿依据包括三项,第一项是根据被诉侵权产品计算出的直接损失,第二项是因被诉侵权产品切断耗材利润的间接损失,第三项是合理维权费用,并主张前两项损失总额至少达到2677200元。二审法院认为,广州市公安局越秀分局扣押1台E50产品,广州大同司法会计鉴定所审核的2010年1月4日至2012年3月14日的送货单中包括26台被诉E50产品,相关证据显示其销售单价为48000元,多米诺公司主张其销售利润为9200元,综合考虑该产品单价、行业利润率,二审法院确认多米诺公司主张的销售利润合理,据此计算出该部分的直接损失为248400元。虽然杜高公司上诉认为不能将26台E50产品均认定为侵权产品,但没有提供有效反证,二审法院不予支持。由于喷码机此类产品与耗材具有较强的匹配性,被诉E50产品更改产品墨路系统这一核心部件直接影响相关耗材的销售,因此多米诺公司主张的耗材利润损失与被诉侵权行为之间具有直接因果关系,属于明显可期待利益落空的间接损失,多米诺公司的该项赔偿请求依法应予支持。至于间接损失的具体数额,二审法院考虑侵权情节、持续时间、同类商品平均价格等因素酌情确定为240000元。多米诺公司为制止侵权行为委托律师进行了大量的调查、取证等,其请求的维权费用150000元合理,二审法院予以全额支持。

综上所述,一审判决认定基本事实属实,但部分内容适用法律有误,二审法院依法予以纠正,上诉人杜高公司、心可公司上诉请求及事由部分成立,二审法院予以支持。依照《商标法》(2001年修正)第七条、第五十二条第

(一)项、第(二)项、第五十六条第一款、第二款,《侵权责任法》第十五条,《最高人民法院关于审理商标民事纠纷案件适用法律若干问题的解释》第十三条、第十五条、第十六条第二款、第十七条、第二十二条第一款,《民事诉讼法》第一百六十八条、第一百七十条第(二)项之规定,判决如下:

"(1)撤销广州知识产权法院(2016)粤73民初2529号民事判决;

(2)确认广州市杜高精密机电有限公司生产、销售E50喷码机的行为构成对多米诺印刷科学有限公司第G709885号" DOMINO "商标权的侵害;

(3)广州市杜高精密机电有限公司于本判决生效之日起十日内赔偿多米诺印刷科学有限公司经济损失共计人民币488400元;

(4)广州市杜高精密机电有限公司于本判决生效之日起十日内赔偿多米诺印刷科学有限公司为维权支出的合理开支人民币150000元;

(5)驳回多米诺印刷科学有限公司的其他诉讼请求。

如未按本判决指定的期间履行金钱给付义务的,应当依照《民事诉讼法》第二百五十三条的规定,加倍支付迟延履行期间的债务利息。

本案一审案件受理费人民币29418元,二审案件受理费人民币14813.63元,财产保全费人民币5000元,由广州市杜高精密机电有限公司负担。多米诺印刷科学有限公司向一审法院预交的案件受理费人民币29418元、向二审法院预交的财产保全费人民币5000元,广州心可工业设计有限公司向二审法院预交的案件受理费人民币14813.63元,由一审法院及本院分别予以退回。广州市杜高精密机电有限公司应自本判决发生法律效力之日起七日内分别向一审法院及本院分别补交上述诉讼费用。"

案例解析

该案是一个侵害商标权纠纷的案件,该案争议的焦点主要集中在两个方面:一是被诉侵权喷码机与注册商标所核定使用商品类别是否构成相同或近似;二是被告关于原告注册商标权利用尽的抗辩是否成立。

一、商标侵权与相同或近似商品类别的认定

《商标法》（2001 年修正）第五十二条规定，"有下列行为之一的，均属侵犯注册商标专用权：（一）未经商标注册人的许可，在同一种商品或者类似商品上使用与其注册商标相同或者近似的商标的；（二）销售侵犯注册商标专用权的商品的……"商标具有识别商品来源的功能，该识别来源的过程既是商标与商品之间建立联系的过程，也是商标权人对其使用商标的商品质量负责，构建和维护其商誉的过程。在商标未改变的情况下，如果未经商标权人同意对商品进行实质替换，商品品质发生实质变化，则人为地将商品和商标进行分离，阻碍商标功能的发挥。多米诺公司的 E50 喷码机首次售出后，杜高公司对其墨路系统进行改装并再次销售构成商标侵权。

被诉侵权喷码机与多米诺公司涉案"DOMINO"注册商标所核定使用商品属类似商品。《最高人民法院关于审理商标民事纠纷案件适用法律若干问题的解释》第十一条规定，"商标法第五十二条第（一）项规定的类似商品，是指在功能、用途、生产部门、销售渠道、消费对象等方面相同，或者相关公众一般认为其存在特定联系、容易造成混淆的商品。"在该案中，由于喷墨标示装置、喷墨打印机与喷码机在商品功能、生产企业等方面均有较强的关联性，企业也存在混用两者名称的情况，故可认定两者属于相关公众容易认为其存在特定联系、造成混淆的商品。因此，应认定被诉侵权喷码机与多米诺公司涉案"DOMINO"注册商标所核定使用商品属类似商品。

二、商标侵权与权利用尽原则

我国《商标法》并未明文规定商标权用尽抗辩，但从法理上讲，不存在毫无限制的权利，任何权利都有边界，都涉及权利用尽问题。对已经售出的产品进行回收利用，符合资源充分利用和节约理念，有利于创造和增进社会福祉，因此，在商品的回收利用市场模式中，需要对商标权人与相关行为人、社会公众的权益作出平衡和协调。何种情形下商标权受限制而用尽，需视回收利用的具体方式和情况而定。

在该案中，从回收利用的内容、商标显示方式、商标功能的发挥等因素来进行分析。杜高公司和心可公司回收利用的是多米诺公司 A200 喷码机的二手主板，双方当事人已经确认 A200 二手主板在默认设置情况下开机画面显示"DOMINO"，因此杜高公司和心可公司并未主动使用多米诺公司商标。组装而成的新产品包装上并未显示多米诺公司的商标，相关公众无法直接接触多米诺公司的商标而发生混淆，又因为回收利用的是原产品中的一个部件，该组装行为并非对原有整个产品的改装，不是改变原产品质量的行为，也不是直接去除原产品上的商标后再次投入市场的行为，因此不属于阻碍多米诺公司商标对商品识别来源功能发挥的情况。被告杜高公司和心可公司是将回收利用的二手主板作为零部件进行组装，没有刻意更改其中的软件设置，这一点与前述涉案 E50 产品的改装行为及其行为定性上存在本质差别。若回收组装过程中主动添加使用他人标识，则可能无法适用商标权利用尽抗辩。因此在不直接发生混淆和损害商标功能发挥的情况下，应当合理地给予回收利用行为一定的自由空间，商标权人基于商标权对商品及其零部件的控制相应地受到一定限制，在此情形下宜认定商标权利用尽。

8 商标授权程序中一事不再理原则的适用

——广州泓美化妆品有限公司、美国宝洁公司与中华人民共和国国家工商行政管理总局商标评审委员会无效宣告（商标）请求行政诉讼案

> **裁判要旨**

该案诉争商标核准注册日在2001年《商标法》实施期间，无效宣告申请日和被诉裁定作出日在2013年《商标法》修正的实施期间。由于诉争商标被核准时的审查依据是2001年修正的《商标法》，该案审理的实体问题适用2001年修正的《商标法》，程序问题适用2013年修正的《商标法》。"一事不再理"属于程序性事项，涉及被告商标评审委员会是否应当对宝洁公司在无效宣告请求中提出2001年修正的《商标法》第二十八条进行受理或实体审理的问题，应当适用2013年修正的《商标法》及相关规定。

2001年修正的《商标法》第四十二条规定了"一事不再理""对核准注册前已经提出异议并经裁定的商标，不得再以相同的事实和理由申请裁定"。2013年《商标法》修改后，这一条文在新《商标法》中被删除，并被修改为《商标法实施条例》第六十二条。依照《商标法实施条例》第六十二条的规定："商标评审委员会对商标评审申请已经作出裁定或者决定的，任何人不得以相同的事实和理由再次提出评审申请。但是，经不予注册复审程序予以核准注册后向商标评审委员会提起宣告注册商标无效的除外。"同时，依照《商

标法实施条例》第五十一条的规定，商标评审是指商标评审委员会依照《商标法》第三十四条、第三十五条、第四十四条、第四十五条、第五十四条的规定审理有关商标争议事宜。可见商标评审包括驳回复审、不予注册复审、无效宣告程序、商标撤销复审的商标争议事宜评审。故《商标法》第六十二条后半段的规定，仅针对商标局不予注册的情形。在该情形下，权利人可以提出不予注册复审，并在商标评审委员会予以注册后提起无效宣告程序，这是对商标局和商标评审委员会相互不同意见的特殊程序安排，也是对异议人无法提起行政诉讼的一种补偿救济程序，是"一事不再理"的例外规定，除了这种情况外，其余商标评审均应适用一事不再理。

入选理由

2013年修正的《商标法》删除了2001年修正的《商标法》第四十二条对"一事不再理"的规定，而仅在2014年《商标法实施条例》第六十二条作出相应的补充规定。该案基于对立法本意的解读，从法理、情理和涉案商标注册、使用的实际情况出发，对原告关于"一事不再理"的起诉请求予以支持，为今后此类案件的处理树立了规则。

案例索引

一审：北京知识产权法院（2016）京73行初3502号

基本案情

原告：广州泓美化妆品有限公司（以下简称"泓美公司"）

被告：中华人民共和国国家工商行政管理总局商标评审委员会（以下简称"商标评审委员会"）

第三人：宝洁公司（美国）（以下简称"宝洁公司"）

一审诉请

广州泓美公司提起诉讼称：诉争商标是对原告在先权利的合法延续申请，诉争商标与引证商标不构成近似商标，双方共存多年未造成相关公众混淆误认。诉争商标在异议和异议复审程序中被认定不构成近似商标，被告违背审查一致性原则，同时违反2001年修正的《商标法》修正的第四十二条的规定，违反一事不再理。诉争商标经过原告长期大量使用已经具有稳定的消费群体，不应予以轻易撤销。故原告请求法院撤销被诉裁定并责令商标评审委员会重新作出裁定。

案件事实

诉争商标系"伊卡露诗"文字商标（商标图样附后），于2009年11月2日向中华人民共和国国家工商行政管理总局商标局（以下简称"商标局"）申请注册，核定使用在国际分类第3类的"化妆品"等商品上，商标注册号为7801543号，专用权期限至2021年6月20日，目前权利人为泓美公司。

引证商标系"伊卡璐"文字商标（商标图样附后），于1998年8月21日向商标局申请注册，核定使用在国际分类第3类的"化妆品"等商品上，商标注册号为1347603号，专用权期限至2019年12月27日，其间权利人为宝洁公司。

2015年4月27日，宝洁公司向被告商标评审委员会提出商标无效宣告请求，商标评审委员会作出被诉裁定，裁定被诉商标的注册予以无效。

原告泓美公司不服被诉裁定，在法定期限内向法院提起行政诉讼，并提交原告公司介绍、"伊卡露诗"品牌荣誉、广告及凭证、生产销售合同等189份证据。其中证据显示，"伊卡露诗ICARLUS"商标先后获得2005年世界旅游小姐大赛中国赛区指定彩妆品牌、2007年凤凰生活杂志中国化妆品行业植物彩妆NO.1、2008年《凤凰生活》中国彩妆行业质量信誉示范品牌、2009年《广州日报》消费者最喜爱的洗涤化妆品行业十佳品牌评选的"彩妆类"十佳品牌、2010年中华全国工商业联合会美容化妆品业商会的"2010年化妆品口碑传播奖"、2011年商务部国际商报社"2011年度中国化妆品最佳彩妆品牌"等奖项，陈乔恩、李小璐等在《瑞丽》《化妆品牌》《凤凰生活》《化妆品报》《女报》《新锐》等诸多杂志的代言广告，以及其他形式的电视剧植入广告、新闻和活动报道等。

被告商标评审委员会收到应诉通知后，在法定答辩期间内提交了答辩状，并提交了诉争商标档案，引证商标档案，原告在评审程序中提交的申请书、证据复印件，第三人在评审程序中提交的答辩书复印件、答辩通知书、证据交换通知书等证据。其中，宝洁公司提交给商标评审委员会的证据显示，2004年前，《商海周刊》《中国妇女报》《广西日报》《无锡日报》《南方都市报》《南方日报》《中国企业报》《信息日报》《消费日报》《中经网》《新闻晚报》《世界经理人》《羊城晚报》《中国质量报》《日用化学品科学》等报刊刊登有关于伊卡璐品牌被宝洁公司并购、洗发水产品介绍等文章；其后，《广州日报》《中国质量报》《汕头日报》《今晚报》《成都晚报》《中山日报》《辽宁日报》《郑州晚报》《长沙晚报》等对伊卡璐洗发水等商品进行介绍和报道。2000年3月17日，《中国服饰报》刊登文章显示，伊卡璐1999年北京市场畅销品牌排名前十；2000年7月28日，《中国服饰报》刊文显示，2000年北京化妆品市场品牌中，伊卡璐位于前四；2002年6月27日，《中经网》关于4月份上海地区化妆品（洗发美发类）品牌零售额排名第三；2003年9月12日，《消费日报》报道6月份中南地区美发销售排行榜，伊卡璐位居第六；2004年9月13日，《消费日报》报道内容显示，全国范围内，伊卡璐位居洗发水销售榜第10位。

宝洁公司向一审法院提交"伊卡露诗"系列商标查询结果、（2017）京方圆内经证字第60024号公证书（第60024号公证书）等共计4份证据。其中，对泓美公司申请注册商标查询结果列表显示，泓美公司自2004年后注册有含有"伊卡露诗ICARLUS"或"伊卡露诗"共计13枚商标，注册在多类商品或服务上。宝洁公司的注册商标查询列表显示，自1994年宝洁公司注册含有"伊卡璐"文字的7枚商标，注册在第3类化妆品或个人卫生清洁用品等商品上。第60024号公证书显示，在"晋江论坛"网友留言区有显示于2015

年 11 月关于"我还以为是洗发水的那个伊卡璐""本想说伊卡璐还不错啊,你们还嫌弃啥,原来是多了个诗!",百度贴吧"陈乔恩吧"显示"2010 - 07 - 15 偶像天后陈乔恩与国际名模比美,好精彩!"的帖子,有回帖"伊卡璐和伊卡露诗是什么关系""乔恩代言的伊卡露诗啊?? 你不会不知道吧"。

另查,2012 年,宝洁公司针对诉争商标提起异议程序,商标局于 2012 年 9 月 18 日作出 [2012] 商标异字第 54163 号《"伊卡露诗"商标异议裁定书》(第 54163 号裁定),裁定诉争商标予以核准注册。2012 年 10 月 31 日,宝洁公司提出异议复审申请,商标评审委员会于 2013 年 12 月 30 日作出商评字 [2013] 第 144665 号《关于第 7801543 号"伊卡露诗"商标异议复审裁定书》(第 144665 号裁定),裁定诉争商标予以核准注册,适用法律依据为 2001 年《商标法》第十条第一款第(八)项、第二十八条等,引证商标为第 1347603 号(该案引证商标)。

另查,2004 年 8 月 2 日,原告申请第 4199822 号"伊卡露诗 ICARLUS"商标,核定使用在国际分类第 3 类的"洗面奶、浴液"等商品上,专用权期限自 2009 年 4 月 7 日至 2019 年 4 月 6 日,目前权利人为原告。此外,原告在多个类别上注册有"伊卡露诗 ICARLUS"商标。

一审判决

法院认为:

一、关于法律适用

该案诉争商标核准注册日在 2001 年《商标法》实施期间,无效宣告申请日和被诉裁定作出日在 2014 年《商标法》(2013 年修正)实施期间。由于诉争商标被核准时的审查依据是 2001 年修正的《商标法》,该案审理的实体问题适用 2001 年修正的《商标法》,程序问题适用 2013 年修正的《商标法》。

二、关于"一事不再理"的诉讼主张

1. 关于"一事不再理"事项的性质及法律选择

原告起诉称,诉争商标在异议和异议复审程序中被认定不构成近似商标,被告商标评审委员会受理并作出被诉裁定违反2001年《商标法》第四十二条的规定。一审法院认为，"一事不再理"属于程序性事项，涉及被告商标评审委员会是否应当对宝洁公司在无效宣告请求中提出2001年《商标法》第二十八条进行受理或实体审理的问题，应当适用2014年《商标法》及相关规定。

2. 关于"一事不再理"的规定和适用

2001年《商标法》第四十二条规定，对核准注册前已经提出异议并经裁定的商标，不得再以相同的事实和理由申请裁定。但2014年《商标法》并未对所谓"一事不再理"情形和结果予以明确规定，而2014年《商标法实施条例》第六十二条规定，商标评审委员会对商标评审申请已经作出裁定或者决定的，任何人不得以相同的事实和理由再次提出评审申请。但是，经不予注册复审程序予以核准注册后向商标评审委员会提起宣告注册商标无效的除外。同时，《商标法实施条例》第五十一条规定，商标评审是指商标评审委员会依照《商标法》第三十四条、第三十五条、第四十四条、第四十五条、第五十四条的规定审理有关商标争议事宜。故，商标评审包括驳回复审、不予注册复审、无效宣告程序、商标撤销复审的商标争议事宜评审。

3. 该案的情况

该案中，2012年宝洁公司依据2001年修正的《商标法》针对诉争商标提起异议，商标局和商标评审委员会先后在第54163号裁定和第144665号裁定中均予以准则注册。第144665号裁定的法律依据是2001年修正的《商标法》第十条第一款第（八）项、第二十八条等，在适用第二十八条时的引证商标为该案引证商标，宝洁公司该引证商标的权利人。2015年，宝洁公司依据2013年修正的《商标法》提出无效宣告请求，商标评审委员会认为不构成"一事不再理"情形并进行实体审理，并认定诉争商标与引证商标构成使用在相同或类似商品上的近似商标。

法院认为，被诉裁定对2001年修正的《商标法》第二十八条的具体适用违反了2013年修正的《商标法实施条例》第六十二条的规定，构成"一事不再理"，原因如下。

第一，商标评审委员会已经在第144665号裁定的异议复审程序中处理过该案被诉裁定关于2001年修正的《商标法》第二十八条的适用问题，且引证商标相同。根据评审工作的对象和结果，该案无效宣告针对已经过商标评审委员会实体审理的事实和理由，符合《商标法实施条例》第六十二条前半段规定的情形，商标评审委员会对商标评审申请已经作出裁定或者决定的，任何人不得以相同的事实和理由再次提出评审申请。而且，该案情形不符合《商标法实施条例》第六十二条但书，即后半段规定的情形。《商标法实施条例》第六十二条后半段规定的情形，仅针对商标局不予注册的情形，权利人可以提出不予注册复审，并在商标评审委员会予以注册后，可以提起无效宣告程序，这是对商标局和商标评审委员会相互不同意见的特殊程序安排，也是对异议人无法提起行政诉讼法一种补偿救济程序，是"一事不再理"的例外规定，故除了这种情况外，其余均应适用一事不再理。该案异议程序和异议复审程序的结果均是予以注册，商标评审委员会已经实体审理过，再次审理明显有违《商标法实施条例》第六十二条的本意。

第二，2013年商标评审委员会在第144665号裁定中作出予以核准注册的异议复审裁定后，根据2001年修正的《商标法》，宝洁公司已经不能以相同的事实和理由再次提出争议行政程序，但尚有机会和法律依据在第144665号裁定收到后的一定期限内提起行政诉讼，而且该期限仍在2001年修正的《商标法》实施期间。但宝洁公司放弃该程序权利，故异议复审裁定已经生效。在2013年修正的《商标法》框架下，该院认定其无效宣告请求构成一事不再理对宝洁公司而言并无不公平之处。

第三，关于商标评审委员会的答辩意见。商标评审委员会认为第144665号裁定是异议复审程序，该案被诉裁定程序是无效宣告程序，是不同的程序阶段，故不适用一事不再理规则。该答辩理由缺乏法律依据。

第四，关于第三人宝洁公司称其在无效程序中提交的证据不同于异议程序，故该案不构成"一事"的理由。2017年3月1日施行的《最高人民法院关于审理商标授权确权行政案件若干问题的规定》(以下简称《商标授权确权规定》)第二十九条第一款对不属于"相同的事实和理由"进行了解释：(1) 依据原行政行为之后新发现的证据；(2) 依据在原行政程序中因客观原因无法取得或在规定的期限内不能提供的证据；(3) 依据新的法律依据。因此，不能仅根据证据的差异即认定是否构成"新的事实和理由"，对明显不属于原裁决之后新发现的、新产生的证据，不应予以考虑。该案中，2001年修正的《商标法》第二十八条适用时，商标评审委员会在商标近似性方面考虑了诉争商标和引证商标的使用情况，第三人宝洁公司提交的大量证据也是诉争商标申请日前后的引证商标的使用证据，这些证据明显不属于原裁决之后新发现的、新产生的证据，也并未举证证明这些证据属于在原行政程序中因客观原因无法取得或在规定的期限内不能提供的证据，因此，不能认定第三人宝洁公司在无效程序中关于2001年修正的《商标法》第二十八条的证据提交情况构成"新的事实和理由"。而且，在诉讼过程中，第三人宝洁公司并未明确阐述"新的事实和理由"的具体内容，商标评审委员会也未对此发表答辩意见。

此外，结合该案具体情况，法院还考虑以下因素。

第一，关于该案诉争商标的异议复审程序经过商标评审委员会审理后作出予以核准注册的结论，此后商标评审委员会受理了无效宣告申请，并以相同的法律条款作出完全相反的结论，且并未在被诉裁定中和诉讼中充分说明依据，其行为有违审查和审理一致性的要求，亦有损行政裁决的权威性和稳定性。

第二，诉争商标在异议复审程序中已经予以核准注册，现有证据也可以证明诉争商标在此前后进行大量使用，在化妆品尤其是彩妆类商品上具有一定的知名度，商标评审委员会在证据不足、说理不充分的情况下对诉争商标与引证商标是否构成使用在相同或类似商品上的近似商标问题作出相反的结论，并将诉争商标予以无效，严重损害了诉争商标权利人的信赖利益。

因此，一审法院对原告关于"一事不再理"的起诉理由予以支持。被诉裁定的作出违反《商标法实施条例》第六十二条的规定，构成程序违法，并在不应启动的程序中作出与此前程序的实体结果相反的结论，故应予撤销。《商标法实施条例》第五十七条规定，商标评审委员会受理商标评审申请后，发现不符合受理条件的，予以驳回，书面通知申请人并说明理由，故该案无须再重新作出无效宣告裁定。

三、关于 2001 年修正的《商标法》第二十八条

2001 年修正的《商标法》第二十八条规定，申请注册的商标，凡不符合本法有关规定或者同他人在同一种商品或者类似商品上已经注册的或者初步审定的商标相同或者近似的，由商标局驳回申请，不予公告。

该案中，诉争商标和引证商标核定使用的商品在功能用途、消费对象、消费销售渠道等方面相同，构成相同或类似商品。诉争商标为"伊卡露诗"文字商标，与作为人名的"ICARLUS"相对应；引证商标为"伊卡璐"文字商标。尽管"伊卡露诗"和"伊卡璐"前两个汉字相同，第三个汉字发音相同，但在文字数量、结尾文字构成等方面尚可区分。尤其是"伊卡露诗"，与其在先商标"ICARLUS"发音相呼应，其结尾汉字的"诗"字在发音方面占有单独的音节，故这两个商标呼叫方面也尚可区分。此外，现有证据可以证明，诉争商标及在先"伊卡露诗 ICARLUS"商标在彩妆相关商品上经过大量使用具有一定的知名度，而且现有证据可以证明，引证商标也具有一定的知名度。而且"ICARLUS"为人名，并非原告臆造词语，亦难谓原告攀附第三人的引证商标知名度。因此，综合考虑这两个商标标志的近似程度和市场使用情况，法院认为，这两个商标共同使用在相同或类似商品上，相关公众尚可区分，不致出现混淆误认的结果。

另外，行政诉讼中的被告应当对其行政行为进行举证，否则应当承担举证不能的后果。该案中，商标评审委员会并未明确说明无效宣告中认定结果与此前异议复审中认定结果完全相反的充分依据，未能举证证明其行政行为的合法性，应当承担举证不能的后果。

据此，原告起诉理由成立，被诉裁定认定事实不清，适用法律错误，作出程序违法，应予撤销。依照《行政诉讼法》第七十条第（一）、（二）、（三）项之规定，本院判决如下：

撤销被告中华人民共和国国家工商行政管理总局商标评审委员会作出的商评字〔2016〕第 44675 号关于第 7801543 号"伊卡露诗"商标无效宣告请求裁定。

案件受理费人民币一百元，由被告中华人民共和国国家工商行政管理总局商标评审委员会承担（于本判决生效后七日内缴纳）。

案例解析

该案是一个商标无效宣告行政诉讼案件，该案争议的焦点主要集中在两个方面：一是"一事不再理"的适用规则；二是在相同或类似商品上应如何判定商标"相同或类似"。

一、关于"一事不再理"

在该案中，诉争商标核准注册日在2001年修正的《商标法》实施期间，无效宣告申请日和被诉裁定作出日在2013年修正的《商标法》实施期间。因此该案审理的实体问题应适用2001年修正的《商标法》，程序问题应适用2013年修正的《商标法》。"一事不再理"应属于程序性事项，该案涉及被告商标评审委员会是否应当对宝洁公司在无效宣告请求中提出2001年修正的《商标法》第二十八条进行受理或实体审理的问题，应当适用2014年修正的《商标法》及相关规定。

2001年修正的《商标法》第四十二条规定，对核准注册前已经提出异议并经裁定的商标，不得再以相同的事实和理由申请裁定。但2013年修正的《商标法》并未对所谓"一事不再理"情形和结果予以明确规定，而2014年《商标法实施条例》第六十二条规定，商标评审委员会对商标评审申请已经作出裁定或者决定的，任何人不得以相同的事实和理由再次提出评审申请。但是，经不予注册复审程序予以核准注册后向商标评审委员会提起宣告注册商标无效的除外。同时，《商标法实施条例》第五十一条规定，商标评审是指商标评审委员会依照《商标法》第三十四条、第三十五条、第四十四条、第四十五条、第五十四条的规定审理有关商标争议事宜。故，商标评审包括驳回复审、不予注册复审、无效宣告程序、商标撤销复审的商标争议事宜评审。

二、在相同或类似商品上商标的"相同或类似"

2001年修正的《商标法》第二十八条规定，申请注册的商标，凡不符合本法有关规定或者同他人在同一种商品或者类似商品上已经注册的或者初步审定的商标相同或者近似的，由商标局驳回申请，不予公告。

该案中，诉争商标和引证商标核定使用的商品在功能用途、消费对象、消费销售渠道等方面相同，构成相同或类似商品。诉争商标为"伊卡露诗"文字商标，与作为人名的"ICARLUS"相对应；引证商标为"伊卡璐"文字商标。尽管"伊卡露诗"和"伊卡璐"前两个汉字相同，第三个汉字发音相同，但在文字数量、结尾文字构成等方面尚可区分。尤其是"伊卡露诗"，与其在先商标"ICARLUS"发音相呼应，其结尾汉字的"诗"字在发音方面占有单独的音节，故两商标呼叫方面也尚可区分。此外，现有证据可以证明，诉争商标及在先"伊卡露诗ICARLUS"商标在彩妆相关商品上经过大量使用具有一定的知名度，而且现有证据可以证明，引证商标也具有一定的知名度。而且"ICARLUS"为人名，并非原告臆造词语，亦难谓原告攀附第三人的引证商标知名度。因此，综合考虑到两商标标志的近似程度和市场使用情况，法院认为，两商标共同使用在相同或类似商品上，相关公众尚可区分，不致出现混淆误认的结果。

9 确认不侵犯商标权诉讼的起诉条件

——王老吉有限公司（香港地区）诉广州王老吉大健康产业有限公司确认不侵害商标权纠纷案

> 裁判要旨

由于商标侵权之诉在举证和事实查明上优于确认不侵权之诉，为了尽量促使当事人之间通过侵权之诉解决争议，防止被警告人动辄提起确认不侵权之诉，对于被警告人提起确认不侵权之诉，有必要设置被警告人向权利人催告行使权利的程序，以及留给权利人提起侵权之诉的合理期限。《最高人民法院关于审理侵犯专利权纠纷案件应用法律若干问题的解释》第十八条一般情况下可在确认不侵害商标权之诉中参照适用，但在确认不侵害商标权之诉中，对于该条规定的催告程序不宜机械地适用，应当结合确认不侵权之诉的立法目的，根据个案具体情况，妥当地理解和适用，以恰当平衡双方当事人的利益。

如果他人将商标权人的商标标识使用在他人的商品上，但是，该商品上的标识并没有发挥识别来源的作用，此时他人对该标识的使用，也就不可能使得消费者发生下一步的混淆误认判断，该种使用行为并不构成侵害商标权。

> 入选理由

该案涉及商标领域的确认不侵权之诉。确认不侵害商标权纠纷虽然是

《民事案件案由规定》中的一类案由，但对于该类诉讼的受理条件，尚未有法律或司法解释明确作出规定。该案从确立不侵权之诉的立法目的出发，对比侵权之诉与确认不侵权之诉在举证和事实查明上的区别，明确法院受理确认不侵害商标权纠纷的条件、考量因素等，为今后受理此类案件提供可借鉴的参考。

案例索引

一审：广州市中级人民法院（2012）穗中法知民初字第 264 号

二审：广东省高级人民法院（2016）粤民终 240 号

基本案情

上诉人（原审被告）：王老吉有限公司（香港地区）（以下简称"王老吉公司"）

被上诉人（原审原告）：广州王老吉大健康产业有限公司（以下简称"大健康公司"）

一审诉请

大健康公司向一审法院起诉请求：（1）确认大健康公司不侵犯王老吉公司"吉庆时分"商标权；（2）案件诉讼费由王老吉公司承担。

案件事实

一审法院认定事实：广州医药集团有限公司是"王老吉"、第 3980709 号"王老吉"、第 626155 号"王老吉"注册商标的商标权人。上述商标核定使用商品种类均为第 32 类：包括无酒精饮料、果汁/固体饮料等。2009 年 4 月 24 日，国家工商行政管理总局商标局作出商标驰字〔2009〕第 18 号《关于认定"王老吉"商标为驰名商标的批复》，认定广州医药集团有限公司使用在商标注册用商品和服务国际分类第32类无酒精饮料商品上的"王老吉"注册商标为驰名商标。

广州医药集团有限公司属下的广州药业股份有限公司（广药）于2012年2月28日全资设立了大健康公司。同年5月11日，广州医药集团有限公司与大健康公司签订商标使用许可合同，约定广州医药集团有限公司将前述第626155号、第9095940号、第3980709号商标授予大健康公司在第32类饮料指定商品上使用。随后，大健康公司委托生产"王老吉"凉茶饮料。

2012年11月29日的《广州日报》和《信息时报》分别登载了名称为《加多宝广药"吉庆时分"再交锋——加多宝称对方遭50多个地区查封 广药指"吉庆时分"被注册违规》和《加多宝王老吉"侵权战"升级——加多宝指责广药使用"吉庆时分"侵权，广药称"吉庆时分"商标在大陆无效》的文章，内容均包括"加多宝称，在山西、辽宁、浙江、新疆、陕西等省份的50多个地区的工商部门已查封广药大量涉嫌侵权的凉茶产品"。同日，中国保护知识产权网登载了《第一财经日报》题目为《加多宝下月将诉广药商标侵权 围绕吉庆时分商标》的文章。

大健康公司为证明其销售商被投诉的情况，向一审法院提交了以下材料：2012年11月9日，甬慈工商封字［2012］546号《宁波市工商行政管理局慈溪分局实施行政强制措施决定书》；2012年11月12日，并工商万经字［2012］078号《太原市工商行政管理局万柏林分局实施行政强制措施通知书》；2012年11月13日，威商工商询字［2012］10号《威海市工商行政管理局火炬高技术产业开发区分局询问通知书》；2012年11月19日，抚工商新食听告字［2012］009号《新抚区工商行政管理局行政处罚听证告知书》；2012年11月15日，太工商先登字［2012］8A01号《太湖县工商行政管理局先行登记保存证据通知书》；2012年11月12日，甬慈工商解字［2012］546号《宁波市工商行政管理局慈溪分局解除行政强制措施决定书》。大健康公司还自制了王老吉公司向各地工商举报投诉后各地工商的处理情况表，共有98件。大健康公司称截至2013年1月15日，因"吉庆时分"被查封货物共

109513箱，罚款76.385万元，已解封货物32071箱。

大健康公司在该案中确认的其主张的不侵害王老吉公司商标权的"吉庆时分"使用方式在"王老吉"凉茶的外包装箱上，该外包装一面为大大的"吉"字，另一面为"王老吉"凉茶产品的图案。在"吉"下方的两侧分别有较小字体的"吉庆时分"和"喝王老吉"字样。对称位置，在"产品图案"下方的两侧分别为"怕上火"和"就喝王老吉"字样。该包装盒其他四面侧边均有明显的"王老吉"字样，并标注有注册商标标识®（详见附图）。

王老吉公司是于1991年10月1日在香港注册的，现任董事包括陈某某。该公司名称先后为善和企业发展有限公司、松田集团有限公司、鸿道发展（中国）有限公司，于2004年8月9日变更为现公司名称"王老吉有限公司"。第9102892号"吉庆时分"注册商标，为王老吉公司于2011年1月28日申请，于2012年2月7日公告，核定使用商品种类为第32类，注册有效期限自2012年2月7日至2022年2月6日。王老吉公司将该"吉庆时分"商标许可给其关联企业，包括加多宝（中国）饮料有限公司在内的6家"加多宝"公司。2012年11月2日，王老吉公司全权委托加多宝（中国）饮料有限公司在中国境内处理侵犯其公司名下商标（包括本案"吉庆时分"商标）专用权的一切行为，加多宝（中国）饮料有限公司有权全权行使维权权利，独立采取一切有关附件商标的维权行为，并确认加多宝（中国）饮料有限公司在处理授权事务过程中签署的有关文件，授权有效期为2012年11月2日至2022年11月1日。

2012年11月16日，广州医药集团有限公司就王老吉公司的"吉庆时分"提出争议申请，国家工商行政管理总局商标评审委员会于2014年4月14日作出商评字［2014］第050090号《关于第9102892号"吉庆时分"商标争议书》裁定：争议商标予以维持。该裁定已经生效。

王老吉公司为证明工商部门已经作出行政处罚决定，提交了三份行政处罚决定书复印件。其中，包括2012年11月23日，新抚区工商行政管理局作出抚工商新处字［2012］016号《关于李德喜商标侵权案的行政处罚决定》，称该局接到加多宝（中国）饮料有限公司的投诉，抚顺市新抚德喜食品商行经销的"王老吉"外包装上的"吉庆时分"字样，构成商标侵权。经查，该局认定构成商标侵权，决定责令当事人停止违法行为，并罚款290900元，上缴国库。2013年1月7日，淮阳县工商行政管理局作出淮工商处字（2013）经第001号行政处罚决定书。2013年2月27日，襄阳市工商行政管理局樊城分局作出樊城工商处字［2013］第155号行政处罚决定书。

另查明，在广州医药集团有限公司授权"加多宝"公司生产"王老吉"凉茶期间，产品外包装和媒体宣传中多处可见"吉庆时分当然是王老吉"的广告语。

再查明，2012年12月6日，大健康公司曾在一审法院起诉王老吉公司侵害"王老吉"注册商标的侵权行为，案号为（2012）穗中法知民初字第250号，后于2014年12月5日撤回起诉。

广东加多宝饮料食品有限公司在重庆市第一中级人民法院起诉何某以及大健康公司，认为王老吉公司使用"怕上火喝王老吉"广告语构成不正当竞争，案号为（2012）渝一中法民初字第777号。2013年12月16日，重庆市第一中级人民法院作出判决，认为大健康公司作为"王老吉"商标的合法使用人对"怕上火喝王老吉"广告语享有合法利益，其继续延用"怕上火喝王老吉"广告语在行为动机及行为结果上不具有不正当性，因此不构成不正当竞争，驳回广东加多宝饮料食品有限公司的全部诉讼请求。

2014年12月12日，广东省高级人民法院作出（2013）粤高法民三初字第1号、第2号民事判决，认定涉案知名商品特有包装装潢的内容是指明在王老吉红罐凉茶产品的罐体上包括黄色字体"王老吉"等文字、红色底色等色彩、图案及其排列组合等组成部分在内的整体内容，该知名商品特有包装装潢权应由广州医药集团有限公司享有。

2013年4月22日，广东明镜律师事务所律师刘某某受大健康公司委托，通过邮政EMS向王老吉公司注册地址发出律师催告函，内容概括为：王老吉公司于2012年10月1日起，向工商行政部门投诉大健康公司的各地经销商销售侵犯王老吉公司的"吉庆时分"商标，但迄今为止未起诉大健康公司，却又在媒体报道广州医药集团有限公司和大健康公司侵权。特此催告王老吉公司,要么立即撤回对大健康公司所有经销商的行政投诉,要么在一个月内向法院提出侵权之诉。该函件于2013年4月26日被退回。

大健康公司称王老吉公司授权广东加多宝饮料食品有限公司,在中国境内全权处理侵犯授权人持有的所有有效注册商标的一切侵权行为,为此提交了授权委托书复印件一份。

一审判决

一审法院认为,该案的争议焦点包括:(1)该案是否具备确认不侵害商标权之诉的受理条件;(2)大健康公司在其外包装上使用"吉庆时分"字样是否构成对王老吉公司商标权的侵害。

关于第一个问题,确认不侵权的诉讼请求,是对其实施的某一行为是否构成对他人依法享有的某项权利的侵犯而向人民法院提出的一种确认请求;确认不侵权之诉,是为相关民事主体主动行使诉讼权利,排除所受到的是否侵犯他人知识产权的不确定状态的干扰,提供的诉讼救济途径。从现行法律规定看,除《最高人民法院关于审理侵犯专利纠纷案件应用法律若干问题的解释》第十八条规定了确认不侵犯专利权纠纷的受理条件外,知识产权其他类别并无规定。

大健康公司提起的是确认不侵害商标权纠纷,涉及的商标为王老吉公司享有的第9102892号"吉庆时分"注册商标。大健康公司对王老吉公司注册该商标有异议,称王老吉公司的企业名称侵犯广州医药集团有限公司的"王老吉"注册商标,并称王老吉公司恶意抢注"吉庆时分"商标。国家工商行政管理总局商标评审委员会已经就广州医药集团有限公司就涉案"吉庆时分"商标提出的争议申请作出裁定,涉案"吉庆时分"商标予以维持。故一审法院对该商标现行有效予以确认。

2012年11月,王老吉公司授权加多宝(中国)饮料有限公司向全国各地工商部门投诉当地商户销售的大健康公司生产的凉茶产品涉嫌侵犯其商标权。大健康公司提交了一份授权委托书复印件,称王老吉公司是授权广东加多宝饮料食品有限公司进行的上述行为,该授权书仅为复印件,王老吉公司不予确认，且与相关行政处罚决定书上列明的投诉人不符，一审法院不予采信。大健康公司自述，截至2013年1月15日，因王老吉公司举报行为，共98处经销商被查处，被查封货物共109513箱，罚款76.385万元，已解封货物32071箱。遑论大健康公司所述数据的真实性，单从王老吉公司在媒体上的宣传，可见王老吉公司至少在山西、辽宁、浙江、新疆、陕西等省份的50多个地区向工商部门举报当地商户销售的大健康公司生产的凉茶产品涉嫌侵犯其商标权，大量涉嫌侵权的凉茶产品被查封。涉嫌侵权的凉茶产品上有标明生产厂商是大健康公司，但大健康公司作为涉嫌侵权产品的生产者并未收到王老吉公司的直接投诉，甚至现有证据显示王老吉公司也未投诉大健康公司在广州地区的销售商，王老吉公司的行为显然不符合一般商标权人维权的思路。

王老吉公司抗辩称大健康公司的起诉不符合受理条件。其投诉的行为是正常的商标维权行为，是行政纠纷解决程序，已经有部分工商部门作出行政处罚决定，不是向大健康公司发出的警告，且认为大健康公司没有履行书面催告的程序。对此，一审法院认为，王老吉公司所述受理条件是《最高人民法院关于审理侵犯专利纠纷案件应用法律若干问题的解释》第十八条规定的内容，但该规定仅涉及确认不侵犯专利权纠纷受理的条件，并不必然适用于确认不侵犯商标权的案件。在《商标法》未对此有明确规定的情况下，一审法院认为，从确认不侵权之诉确立的立法本意出发，在符合民事诉讼法规定的民事案件受理条件的基础上，符合以下三个条件即可：（1）商标权利人已向其发出警告，而被诉侵权人不承认自己的行为构成侵权；（2）商标权利人无正当理由延迟向人民法院起诉或向有关知识产权行政管理部门投诉；（3）商标权利人的此种延迟行为可能对被诉侵权人的权益造成损害。结合该案的实际情况，王老吉公司在全国范围内向工商行政管理部门投诉大健康公司的销售商，并在媒体上进行宣传，而未对大健康公司采取直接的行为。诚如王老吉公司所述有部分工商行政管理部门已经作出行政处罚决定，并向一审法院提交了三份行政处罚决定书，虽然王老吉公司提交的行政处罚决定书为复印件，但是考虑到大健康公司有提交反证的能力，一审法院采纳这些文书的真实性。但是由于大健康公司并非这些行政行为的相对人，这些行政决定不应认定为工商部门已经就原告、王老吉公司双方之间的争议作出处理。王老吉公司投诉以及宣传的行为使得大健康公司处于是否侵权的不确定状态，大健康公司的起诉符合上述第一个条件。进而，如上所述，王老吉公司在全国范围内向工商行政管理部门投诉大健康公司的经销商，其在媒体宣传的就有多个省份的50多个地区，王老吉公司在同一时间段、在全国展开了如此大范围的投诉行为，但是却不选择投诉或起诉被诉产品的生产商大健康公司，显然无任何正当理由。虽然王老吉公司在媒体上宣称要起诉大健康公司，大健康公司也在该案立案后向王老吉公司发出书面催告函，但是事实是王老吉公司至今未起诉大健康公司或在该案中提出反诉。故大健康公司的起诉符合上述第二个条件。至于上述第三个条件，王老吉公司如此大范围地投诉大健康公司的经销商，显然会对大健康公司生产、经营产生不利影响。综上，一审法院认为，大健康公司的起诉符合确认不侵犯商标权纠纷的受理条件。

关于第二个问题，商标的主要功能是识别产品的来源。《商标法实施条例》第三条规定，商标法和本条例所称商标的使用，包括将商标用于商品、商品包装或者容器以及商品交易文书上，或者将商标用于广告宣传、展览以及其他商业活动中。具体到涉案外包装箱，首先，"吉庆时分"字样字体较小，与"喝王老吉"字样分列在大"吉"字下方的两侧，并与包装箱另一侧的"怕上火""就喝王老吉"字样在对称位置。该"吉庆时分"字样虽和"喝王老吉"是分开的，但是无论是从排版上还是语义上消费者都很容易将两者联系起来，如同包装另一侧的"怕上火就喝王老吉"为一句完整的广告语一样。其次，王老吉公司的"吉庆时分"商标有明确的中文含义，显著性较弱。王老吉公司亦未提交其将"吉庆时分"作为商标使用的相关证据。加之"加多宝"公司生产"王老吉"凉茶时的宣传中也多以广告语的形式使用"吉庆时分"字样，比如"吉庆时分当然是王老吉"，故消费者很难意识到该"吉庆时分"字样是商标。最后，涉案外包装上标识有明显的"王老吉"注册商标，基于"王老吉"商标的知名度以及明显的注册商标标识®，更加使得消费者不会去从商标角度理解被诉外包装上的"吉庆时分"字样，更容易从排版、语义上将"吉庆时分喝王老吉"理解为广告语。综合以上分析，一审法院认为，涉案包装上的"吉庆时分"字样，为"吉庆时分喝王老吉"广告语的一部分，大健康公司对该字样的使用不构成商标性的使用，不会使消费者对产品的来源产生误解。进而，大健康公司对该字样的使用显然不会侵犯王老吉公司的注册商标专用权。

王老吉公司还称大健康公司有其他使用吉庆时分的形式，但是大健康公司已经明确其诉请就是确认其举证的外包装不侵犯王老吉公司的商标权，即使大健康公司有其他使用吉庆时分的形式，也不是该案处理的范畴。另外，大健康公司还向一审法院提交了（2012）渝一中法民初字第777号民事判决和广东省高级人民法院作出（2013）粤高法民三初字第1号、第2号民事判决，案件所涉的"怕上火喝王老吉"广告语以及知名商品特有包装、装潢权的权益归属，与该案并无直接关联，该案应当依照《商标法》的相关规定进行审理。

综上，大健康公司的诉讼请求有事实和法律依据。一审法院依照《商标法》（2001年修订）第三条、《商标法实施条例》第三条、《民事诉讼法》第一百一十九条的规定判决：确认大健康公司涉案使用"吉庆时分"字样的方式不侵犯王老吉公司的商标权。一审案件受理费人民币1000元，由王老吉公司负担。

二审判决

二审法院认为，该案系确认不侵害商标权纠纷。根据当事人的上诉请求和答辩意见，该案的争议焦点如下。

一、关于该案是否符合确认不侵害商标权之诉受理条件的问题

上诉人认为，法院受理确认不侵害商标权之诉，应当按照《最高人民法院关于审理侵犯专利权纠纷案件应用法律若干问题的解释》第十八条的规定，以诉前先行书面催告、在规定期限后起诉等条件为前提。二审法院认为，确认不侵权之诉的立法目的在于规制权利人滥用诉权。在被警告人遭受侵权警告、而权利人怠于行使诉权使得被警告人处于不安状态的情形下，被警告人能够获得司法救济的途径。但是，由于侵权之诉在举证和事实查明上优于确认不侵权之诉，为了尽量促使当事人之间通过侵权之诉解决争议，防止被警告人动辄提起确认不侵权之诉，对于被警告人提起确认不侵权之诉，有必要设置被警告人向权利人催告行使权利的程序，以及留给权利人提起侵权之诉的合理期限。《最高人民法院关于审理侵犯专利权纠纷案件应用法律若干问题的解释》第十八条规定："权利人向他人发出侵犯专利权的警告，被警告人或者利害关系人经书面催告权利人行使诉权，自权利人收到该书面催告之日起一个月内或者自书面催告发出之日起二个月内，权利人不撤回警告也不提起诉讼，被警告人或者利害关系人向人民法院提起请求确认其行为不侵犯专利权的诉讼的，人民法院应当受理。"该司法解释明确规定了确认专利不侵权之诉的条件。在商标领域，虽然未有法律或者司法解释对此作出规定，一般情况下，可以参照前述司法解释第十八条规定执行，但是在确认不侵害商标权之诉中，对于前述规定的催告程序，亦不宜机械地适用，应当结合确认不侵权之诉的立法目的，根据个案具体情况，妥当地理解和适用，以恰当平衡双方当事人的利益。该案中，由于王老吉公司向工商行政管理部门投诉，从2012年11月23日起至2012年12月11日该案立案期间，大健康公司的经销商被工商行政管理部门查处。而且，王老吉公司在媒体上宣传大健康公司侵权。由此可知，在此期间，大健康公司遭受王老吉公司侵权警告的事实确实存在。在该案争议之前，双方当事人已经发生不正当竞争纠纷等多起纷争。而且，在该案商标行政评审程序中，大健康公司的关联公司广州医药集团有限公司以在先使用"吉庆时分喝王老吉"广告语为理由，主张撤销该案商标；商标评审委员会以该广告语"不能作为在先使用的商标"为理由，维持该案商标。在明知双方商品市场争夺激烈的情形下，王老吉公司认为在被诉商品上使用"吉庆时分"标识侵犯其商标权，本来可以及时地向被诉商品的生产者大健康公司直接主张权利，而不仅仅投诉大健康公司的经销商。大健康公司在王老吉公司仅仅投诉其经销商、其无法参与到行政程序中主张权益的情况下，未经诉前书面催告程序而直接提起确认不侵害商标权之诉，以尽快明确双方权利边界，有其合理之处。不仅如此，大健康公司代理人于一审起诉之后不久，向王老吉公司发出律师催告函，王老吉公司拒收该律师催告函的邮件。在一审期间收到起诉状之时，王老吉公司即已知道大健康公司在维护其权益。王老吉公司可以在一审期间收到起诉状之后的合理期限内提起侵权之诉或者撤回警告。但是，在该案历经的管辖权异议及其上诉期间，直至一审法院实体审理开庭辩论终结之前，王老吉公司一直未提起侵权之诉或者撤回警告。而且，无论是一审还是二审，王老吉公司始终主张大健康公司侵害其商标权，可见，大健康公司仍然明显处于王老吉公司侵权警告的不安之中。在此种情形下，如果机械地参照前述司法解释的书面催告程序及其"自权利人收到该书面催告之日起一个月内或者自书面催告发出之日起二个月内"期限来设定受理条件，从而驳回大健康公司起诉，然后再由大健康公司提起确认不侵害商标权之诉，这在事实上只是徒增了无意义的司法程序空转。综上，一审法院认为大健康公司符合确认不侵害商标权之诉的受理条件正确，本院予以维持。王老吉公司该项上诉主张依据不足，本院不予支持。

二、关于大健康公司在其商品外包装等使用"吉庆时分"标识的行为，是否侵害王老吉公司商标权的问题

王老吉公司上诉认为，大健康公司将"吉庆时分"使用在商品包装上，该标识已经具备区别商品来源的功能，且《商标法实施条例》等并未将商标使用限定为商标性的使用，无论该使用行为是否属于商标性使用，均不影响判定该使用行为构成商标侵权。二审法院认为，《商标法》保护商标的本质在于保护商标的识别功能，侵害商标权实质上是他人行为对商标识别功能的破坏。他人将商标权人的商标标识使用在他人的商品上，只有该标识起到识别来源的作用时，才有可能进一步引起消费者对商品来源产生混淆误认，进而有可能构成侵害商标权。如果他人将商标权人的商标标识使用在他人的商品上，但是，该商品上的标识并没有发挥识别来源的作用，那么，此时他人对该标识的使用也就不可能使消费者发生下一步的混淆误认判断，此种使用行为并不构成侵害商标权。该案中，大健康公司商品外包装上，既标有广告语

"吉庆时分喝王老吉"，又标有其"王老吉"注册商标；注册商标字体较大，标注在包装盒较为显眼的位置；广告语字体较小，标注在包装盒一面下部边缘处。而且，在王老吉公司"吉庆时分"注册商标获得授权之前，大健康公司的关联公司广州医药集团有限公司亦曾在其商品上使用过类似的广告语。在此情形下，在商品包装等使用"吉庆时分喝王老吉"的广告语，消费者并不认为其中的"吉庆时分"标识是在发挥识别商品来源的作用，因此也就不可能引起消费者对该商品的来源产生混淆误认。一审法院关于被诉商品包装等使用"吉庆时分"标识不构成侵害该案商标权的认定正确，二审法院予以维持。2002年颁布的《商标法实施条例》第三条列举了商标使用的情形，该条款的"商标使用"亦应当理解为包含"用于识别商品来源"这一要件。综上，王老吉公司该项主张依据不足，二审法院不予支持。

综上，王老吉公司的上诉请求不成立，应予驳回；一审判决认定事实清楚，适用法律正确，应予维持。依照《民事诉讼法》第一百七十条第一款第（一）项之规定，判决如下：

驳回上诉，维持原判。

二审案件受理费1000元，由上诉人王老吉有限公司负担。

案例解析

该案系确认不侵害商标权纠纷。该案争议的焦点主要集中在两个方面：一是该案是否符合确认不侵害商标权之诉的受理条件；二是大健康公司在其商品外包装上使用"吉庆时分"标识的行为是否侵害王老吉公司的商标权。对于上述焦点问题，合议庭已经在该案判决理由中作了较为详尽而充分的论述，现结合该案，对其中反映的理论和实践问题，再作简要的分析。

一、关于知识产权确认不侵害之诉

（一）知识产权确认不侵权之诉之定性

国内学者对于确认知识产权不侵权之诉在法律性质上属于确认之诉还是

侵权之诉，存在不同的观点。一种观点认为，其属于侵权之诉，主要理由是该类案件的审理与侵权之诉的审理对象相同，都是审理被控侵权产品是否落入知识产权权利人保护的范围，因而应当认定其为侵权之诉。另一种观点认为，确认知识产权不侵权之诉属于确认之诉❶，主要是对原被告之间是否存在侵权关系进行确认性判断。从我国现有的司法实践及其解释和相关案件的批复来看❷，确认知识产权不侵权诉讼性质定位更倾向于第一种观点。

然而，我们不能简单地将确认知识产权不侵权之诉与侵权之诉加以划分。侵权之诉实质上是一种给付之诉；而确认知识产权不侵权之诉没有给付的内容，只是确认当事人之间的法律关系。在诉讼目的、法院审理的侧重点上，确认不侵权之诉不同于侵权之诉。❸ 侵权之诉的审理重点是被告行为是否侵权，确认侵权关系存在构成诉讼关系的主线；而确认不侵权之诉的审理重点是原告的行为是否侵权，确认侵权关系不成立构成诉讼关系的主线。若当事人之间存在侵权关系，则应驳回原告的诉讼请求。从判决形式上看，侵权不成立，确认不侵权之诉的判决应支持原告的诉讼请求，而侵权之诉的判决应当驳回原告的诉讼请求；侵权成立，确认不侵权之诉的判决只需驳回原告的诉讼请求，而侵权之诉的判决应确认该侵权法律关系。

从司法实践上看，知识产权确认不侵权之诉是与知识产权侵权之诉相对应的概念。知识产权侵权之诉，是指知识产权人的著作权、商标权、专利权、集成电路布图等知识产权受到他人侵犯时，权利人向人民法院起诉，要求侵权人承担停止侵权、赔偿损失等民事责任的一种诉讼类型。在侵权之诉中，

---

❶ 参见江伟．民事诉讼法［M］．北京：高等教育出版社，2008：51.
❷ 最高人民法院在《关于本田技研工业株式会社与石家庄双环汽车股份有限公司、北京旭阳恒兴经贸有限公司专利纠纷案件指定管辖的通知》［（2004）民三他字第4号］中写道："确认不侵犯专利权诉讼属于侵权类纠纷，应当依据民事诉讼法第二十九条的规定确定地域管辖。涉及同一事实的确认不侵犯专利权诉讼和专利权诉讼，是当事人双方依照民事诉讼法为保护自己的权益在纠纷发生过程的不同阶段分别提起的诉讼，均属独立的诉讼，一方当事人提起的确认不侵犯专利权诉讼不因对方当事人另行提起专利侵权诉讼而被吸收。但为了避免就同一事实的案件为不同法院重复审判，人民法院应当依法移送管辖合并审理。"
❸ 参见杨志祥，龙龙，钟慧英．论知识产权确认不侵权之诉［J］．学术论坛，2012，35（1）：181.

诉讼由权利人向侵权人提起，权利人处于原告的地位，向侵权方主张自己因拥有所有权而衍生出的使用、收益、处分等权能。

而知识产权确认不侵权之诉却与之不同，有的学者将确认不侵权纠纷定义为"利益受到特定知识产权影响的行为人，以该知识产权权利人为被告提起的，请求确认其有关行为不侵犯该知识产权的诉讼"❶。总的来说，知识产权确认不侵权之诉，就其内容实质上是对其实施的某一行为是否构成对他人依法享有的知识产权的侵犯而向人民法院提出的一种确认请求。在确认不侵权之诉中，不论当事人起诉的目的还是法院的审理，都始终围绕对当事人之间是否存在侵权关系进行判断和确认。显然，在诉讼中诉讼被告一般为知识产权权利人，作为权利相对人的原告对自己已为或欲为的行为并未侵犯权利人的知识产权进行抗辩，甚至可能对知识产权人所拥有知识产权的合法性、有效性提出质疑或挑战。因此，知识产权确认不侵权之诉应为确认之诉。

（二）知识产权确认不侵权之诉的受理条件

知识产权确认不侵权之诉的受理条件在法律上并无明确的规定，而《最高人民法院关于审理侵犯专利权纠纷案件应用法律若干问题的解释》第十八条中明确规定了确认专利不侵权之诉的三个条件，但此司法解释仅仅针对确认不侵犯专利权诉讼作出，对于其他知识产权案件在立法层面并无相应的条文予以解释，因此在实践当中各法院会参考和援引该司法解释判断个案是否符合知识产权确认不侵权之诉的受理条件。根据此司法解释，受理知识产权确认不侵权案件需要具备三个条件：第一，权利人发出侵权警告；第二，权利相对方不承认侵权行为，提出书面催告；第三，权利人在合理期限内未撤回警告，也未提起诉讼。

而该案中，虽然在商标领域未有法律或者司法解释对确认不侵权之诉作出规定，但确认不侵犯商标权诉讼可以参照前述司法解释第十八条规定执行。该案中，王老吉公司向工商行政管理部门投诉，使得大健康公司的经销商被

---

❶ 参见于小白. 知识产权民事案由的理解与适用 [M] //奚晓明. 知识产权审判指导. 北京：人民法院出版社，2008：102.

工商行政管理部门查处。显而易见，大健康公司遭受侵权警告事实明确，而王老吉公司本可以及时地向被诉商品的生产者大健康公司直接主张权利，却怠于行使诉权使得被警告人大健康公司处于不安状态的情形，因此大健康公司有权提起确认不侵权之诉来获得司法救济的途径。该案较好地运用确认不侵权之诉受理法定条件的规则，保证了当事人之间的利益平衡，对于同类案件具有一定的示范意义。

二、关于"吉庆时分"作为广告语的认定

一般来说，商标虽然具备一定的广告宣传功能，但商标与广告语具有较大区别。首先，两者本质属性不同，商标的本质属性在于区分商品或服务来源，而广告语的本质属性在于宣扬商品的某种特性或传播商品提供者的经营理念等。其次，两者排他效力不同，商标被核准注册后具有在相同或类似商品上排斥他人使用相同或近似商标的权利，而广告语即使获准注册为商标，广告商家也不能禁止他人描述性使用该词语或语句。最后，两者对显著特征的要求不同，商标如需进行注册和保护，应具备便于识别的显著特征，而广告语适用展现产品的特点，无须着重强调显著特征。

正是因为商标与广告语存在上述区别，就该案而言，"吉庆时分"有明确的中文含义，大健康公司在其商品外包装上使用"吉庆时分"字样，主要目的是宣扬其商品可在欢乐愉快的时刻里饮用，如同包装另一侧的"怕上火就喝王老吉"一样，故消费者很难意识到该"吉庆时分"字样是商标，而涉案外包装上标识有明显的"王老吉"注册商标，且基于"王老吉"商标的知名度以及明显的注册商标标识®，使得消费者不会从商标角度理解被诉外包装上的"吉庆时分"字样，更容易从排版、语义上将"吉庆时分喝王老吉"理解为广告语。因此，涉案包装上的"吉庆时分"字样属于"吉庆时分喝王老吉"广告语的一部分。

三、关于商标性使用的认定

商标是一种使用在商品上的标识，商标的主要功能在于使相关公众通过

商标区分不同商品或服务的来源，这种识别功能是为消费者识别被标识的商品来源提供保障，避免相关公众对不同来源的商品或服务产生混淆、误认，即显著性是商标最基本的特性，商标权是以保护商标为目的的民事权利。

从上可知，涉案包装上的"吉庆时分"字样系"吉庆时分喝王老吉"广告语的一部分。而大健康公司对该字样的使用是否构成商标性使用，进而判断其是否侵害王老吉公司商标权，应从以下方面进行分析。

（一）商标必须在商业活动中使用

根据《商标法》（2013年修正）第四十八条规定，商标的使用，是指将商标用于商品、商品包装或者容器以及商品交易文书上，或者将商标用于广告宣传、展览以及其他商业活动中，用于识别商品来源的行为。商标性使用，是把商标运用到商业活动中去。构成侵害商标权的行为是在商业标识意义上使用相同或者近似商标的行为，被控侵权标识的使用必须是商标性使用；反之，非商标性使用，则不会构成对他人注册商标权的侵害。基于此，商业活动作为商标使用的认定标准毋庸置疑，同时可以将商业活动的内涵基本定义为，经营者以营利为目的，将商品或服务投入市场，使得消费者有机会接触并了解该商品或服务，进而激发其购买欲并促进双方交易的完成。而该案大健康公司在商品包装等使用"吉庆时分"字样的行为，虽然符合《商标法》规定的在商业活动中使用，但是是否构成商业性使用从而构成侵权，要进一步分析。

（二）使用商标是否具有识别商品来源的功能

根据《商标法》（2013年修正）第四十八条列举了商标使用的情形，明确说明"用于识别商品来源"这一要件应当包含在"商标使用"中。任何权利的行使都不是绝对的，商标权的行使也不例外。商标权的边界是由其功能界定的，而商标的功能是确定侵权行为标准的基础。商标的标识、产品、出处及商誉通过商标性使用实现互动，商标性使用使得消费者将商标与固定的商品、服务联系起来，附着于商标背后的商誉也逐渐得到消费者的认同，最终形成的这种互动性引导消费者识别和购买，为权利人带来商业利益。商标性使用的核心在于发挥商标的识别功能，并不是所有将商标与产品进行物理性结合的使用方式都归属为商标性使用。

(三) 商标的使用方式能否使相关公众混淆、误认

商标的实质在于它是一种来源标志,指示商品的来源,该识别功能要依附于商品或服务才能最终得以实现;换言之,商标必须在经营过程中通过与商品或服务的结合,才能与商标所有人产生特定联系。基于这种联系,相关公众对产品或服务的来源产生混淆、误认。这种联系通常包括两种情形:一种是相关公众会误认为被控侵权商标所标示的商品或服务来源于商标专用权人;另一种是会误认为被控侵权商标所标示的商品来源与商标专用权人之间存在特定的联系。若使用他人商标不是作为识别性使用,则不会存在混淆的可能性,法律并不禁止。

综上所述,具体到该案,大健康公司商品外包装上既标有"吉庆时分喝王老吉",又标有其"王老吉"注册商标,而基于"王老吉"商标的知名度以及明显的注册商标标识®,而就字面理解"吉庆时分"具有吉祥喜庆的意味,大健康公司在其商品外包装上使用"吉庆时分"字样,主要目的是宣扬其商品可在欢乐愉快的时刻里饮用,如同包装另一侧的"怕上火就喝王老吉"一样,故消费者很难意识到该"吉庆时分"字样是商标。显然,大健康公司在商品包装等使用"吉庆时分"字样的行为不是以识别商品来源为目的使用某一标识,此时他人对该标识的使用也就不可能使消费者发生下一步的混淆误认判断,该种使用行为并不构成侵害商标权,大健康公司在商品包装等使用"吉庆时分喝王老吉"广告语的行为不满足商标性使用中的用于识别商品来源要件,也不符合商业性使用要件中使相关公众混淆、误认,因此不侵害王老吉公司的商标权。

第三部分　涉外著作权纠纷

10 著作权权属认定的举证规则

——日本株式会社万代与汕头市澄海区领乐帆玩具厂等著作权侵权纠纷案

裁判要旨

为了对被告在举证期间最后一天提交的抗辩证据提出反驳，著作权人于举证期限届满后提交有关涉案作品著作权归属的新证据的，不属于逾期举证，法院可以在质证基础上采纳该证据。

入选理由

该案涉及著作权权属与侵权纠纷。其中，作为前置问题的权属问题是该案的争议焦点。权属问题主要是证据的问题。该案的核心争议即在于原告于举证期限届满后提交的关于权属的证据应否被采纳。该案原告于举证期限届满后提交的证据是就被告提交的抗辩证据提出反驳的证据，其及时提交了该证据。法院认为，这种情形不属于逾期举证。该判决对国内外主体的权利进行平等的保护，具有典型意义。

案例索引

一审：汕头市中级人民法院（2017）粤05民初948-951号

二审：广东省高级人民法院（2017）粤民终 2934—2937 号

基本案情

上诉人（原审被告）：汕头市澄海区领乐帆玩具厂（以下简称"领乐帆玩具厂"）、广东省蒙巴迪文化娱乐有限公司（以下简称"蒙巴迪公司"）

被上诉人（原审原告）：株式会社万代

一审诉请

株式会社万代向一审法院起诉，请求判令：（1）领乐帆玩具厂立即停止生产、销售侵犯株式会社万代"国作登字－2017－F－00347668""国作登字－2017－F－00347671"（第 948 号案）、"国作登字－2017－F－00347669""国作登字－2017－F－00347670"（第 949 号案）、"国作登字－2017－F－00355437"（第 950 号案）、"国作登字－2017－F－00355438"（第 951 号案）美术作品著作权的玩具产品的行为，立即销毁库存侵权产品和包装材料，立即回收、销毁在销售渠道中的侵权产品，立即销毁用于生产侵权产品的模具；（2）蒙巴迪公司立即停止销售侵犯株式会社万代"国作登字－2017－F－00347668""国作登字－2017－F－00347671"（第 948 号案）、"国作登字－2017－F－00347669""国作登字－2017－F－00347670"（第 949 号案）、"国作登字－2017－F－00355437"（第 950 号案）、"国作登字－2017－F－00355438"（第 951 号案）美术作品著作权的玩具产品的行为，立即销毁库存侵权产品；（3）领乐帆玩具厂、蒙巴迪公司连带赔偿株式会社万代经济损失及为制止侵权行为所支付的合理费用（第 948 号案为 20 万元、第 949 号案为 20 万元、第 950 号案为 5 万元、第 951 号案为 5 万元）；（4）领乐帆玩具厂、蒙巴迪公司连带承担案件全部诉讼费用。

案件事实

一审法院认定以下事实。

一、与株式会社万代享有涉案作品著作权有关的事实

株式会社万代是一家成立于日本的公司，经营范围包括玩具、游戏用具的企划、制造及销售，电影、电视等衍生物的企划、制作、推广及销售等。

2017年6月21日，株式会社万代与株式会社PLEX作出共同声明，内容为甲方（株式会社万代）与乙方（株式会社PLEX）于1999年4月1日签订企划开发基本协议书，约定甲方继续委托乙方为自己的企划开发提供企划支持，甲方向乙方支付报酬。乙方根据本委托交付的企划方案以及作为成果的企划作品（无论有形或无形）包含著作权在内的一切知识产权都归甲方所有。甲方享有乙方根据委托制作的设计图或根据设计图进行商品化的商品，以及甲方自行设计发行有关衍生产品包含著作权在内的一切知识产权。双方确认，根据委托，乙方制作了《2016动物战队》系列兽王立方、机器人设计图，甲方根据此设计图制作了兽王立方、机器人玩具的3D设计图。根据协议，乙方在2015年下半年独自创作完成《2016动物战队》企划中的"兽王立方"（包括但不限于立方鹰、立方鲨、立方狮、立方象、立方虎、立方猩、立方长颈鹿、立方鼹鼠）和"巨大机器人"（包括但不限于兽王帝1-2-3、兽王狂野6-5-4、狂野兽王帝4-3-2-5-1-6-长颈鹿-鼹鼠）系列设计图。共同声明附有上述"兽王立方"系列2D和系列3D设计图。

2017年1月13日，株式会社万代就上述"兽王立方"3D、机器人玩具3D设计图制作的玩具系列，向中国国家版权局办理了作品登记，作品登记号分别为68号、71号、69号、70号、37号和38号。

68号作品登记证书登记的作品名称为"动物合体（1鹰+2鲨+3狮）"，作品类型为美术作品，著作权人为株式会社万代，创作完成时间为2015年11月2日，首次发表时间为2015年12月2日，作品内容为鹰、鲨、狮三款玩具的打开状态、合拢状态、组合时的合拢状态及组合时的打开状态共68张图片。其中，立方鹰打开状态呈现一只鹰展翅飞翔的形态，呈左右对称设计，鹰身和鹰翅为红色，鹰头背部为白色，鹰嘴为黄色，鹰爪为黑色，鹰身背部有一V型白色锯纹，管体中空设计贯穿鹰身中部。立方鹰合拢状态为一红色

正立方体，其中一面有白色数字"1"的符号，在其对应面有一V型白色锯纹，另外还有黑色锯齿花纹点缀其中。立方鲨打开状态呈现一只怒吼的鲨鱼形态，呈左右对称设计，鲨身为蓝色，鲨头有一白色环带，鲨眼为红色，牙齿和胸鳍为白色，背鳍上有两道白杠，鱼尾内部为管体中空设计。立方鲨合拢状态为一蓝色正立方体，其中一面有白色镂空数字"2"的符号，在其对应面有两个银色方块，每个方块下端都连有一V型白色锯纹，并有黄色斑纹与V型锯纹相连。在该平面另有一长条锯纹横置一端。立方狮打开状态呈现一只矗立雄狮龇牙怒视的形态，呈左右对称设计，狮身为黄色，狮头整体呈一立起的扁形正方体形状，狮鬃上有一黑色方框将狮脸包围，狮眼和狮口为红色，狮牙为白色，狮脚覆盖一层黑色锯纹，狮头背部有倒置的黑色镂空数字"3"的符号。玩具狮的四肢为三角锥体设计，前后肢组成一平面状的狮身。狮尾为管体中空设计。立方狮合拢状态为一黄色正立方体，其中一面有黑色镂空数字"3"的符号，两侧平面各有一V型黑色锯纹，数字"3"的对应面有两个狮子头像，每个头像都与一黑爪狮脚相连。立方鹰、鲨、狮组合时的合拢状态为一竖立的长方体，由合拢状态鹰、鲨、狮自上至下排序并以含有数字一面对齐组合而成。立方鹰、鲨、狮组合时的打开状态呈现一手持长剑的机器人形态，与组合时的合拢状态不同之处在于，红色立方体上方有一人头，头顶有一正方形黄块设计，胸部正中有一鹰头，两侧有手，手臂为红色，手掌为黑色，呈中空的圆柱体设计，其中一只手执银色长剑（见附图）。

71号作品登记证书登记的作品名称为"动物合体外包装"，作品类型为美术作品，著作权人为株式会社万代，创作完成时间为2015年11月2日，首次发表时间为2015年12月2日，作品内容为68号作品组合机器人玩具产品外包装盒的平面图。图片内容展示了68号玩具鹰、鲨、狮的打开及合拢状态，还有组合成机器人时的演示示意图，并配有日文说明文字，另有蒙面战士的人物图像。

69号作品登记证书登记的作品名称为"动物合体（4象+5虎+6猩）"，作品类型为美术作品，著作权人为株式会社万代，创作完成时间为2015年11月29日，首次发表时间为2015年12月2日，作品内容为象、虎、猩三款玩具的打开状态、合拢状态、组合时的合拢状态及组合时的打开状态共 70 张图片。其中，立方象打开状态呈现一只大象仰着长鼻矗立的形态，呈左右对称设计，象身为灰色，象鼻为绿色，象头有白色条状设计，象眼为红色，头顶为黄色，左耳有白色锯齿纹，右耳有黄色条纹，右前腿有黄色锯齿纹，象身左侧有一绿色方框，中间为一大象图案，左侧后腿上有两个绿色方块，上面各有三个白色方形图案。象尾为管体中空设计。立方象合拢状态为一灰色正立方体，其中一面有黄色的镂空数字"4"的符号。数字"4"右侧的楞边为象头的合拢形态，数字"4"平面的对应面有两个带大象图案的绿色方框，并各有三个白色方形设计。立方虎打开状态呈现一只矗立老虎平视前方尾巴高翘的形态，呈左右对称设计，虎身为白色，虎头、虎身、尾部有黑色条纹，虎眼为红色，虎鼻为黑色。虎身上部有两对黄色尖爪设计，两对尖爪可向前伸展，虎身中部为中空设计。立方虎合拢状态为一白色正立方体，其中一面有黑色镂空数字"5"的符号，在其对应面为两对尖爪的合拢状态，还有一个方形的虎脸图案和黑色条纹。立方猩打开状态呈现一肩驮武器双臂向前支撑的猩猩形态，呈左右对称设计，猩猩的身体为黑色，头部、手臂和后腿为红色，猩猩的头部有两圈鬃毛设计，内圈为黑色，外圈为黄色，上面有两道白纹，右肩上驮有一黄色矩形武器，矩形武器有 V 型黑白锯纹，矩形武器上方附有黑色冲锋枪。尾部为管体中空设计。立方猩合拢状态为一黑色立方体，其中一面为红色，上有白色镂空数字"6"的符号，对应面为猩猩头部的合拢状态，头部下方有两条后腿。立方猩、虎、象组合时的合拢状态为一竖立的长方体，由合拢状态的猩、虎、象由上至下排序并以含有数字一面对齐组合而成。立方猩、虎、象组合时的打开状态呈现一手持冲锋枪的机器人形态，与组合时的合拢状态不同之处在于，黑色立方体上方有一人头，头上有两个对称向上翘起的白色犄角。机器人背部附着一黄色正方体，表面有 V 型黑白锯纹。两侧有手，手臂为红色，手掌为黑色，呈中空的圆柱体设计，其中右手执黑色冲锋枪。肩部各有一羽翼，一白色条纹分别横穿两肩。

70 号作品登记证书登记的作品名称为"动物合体外包装"，作品类型为美术作品，著作权人为株式会社万代，创作完成时间为 2015 年 11 月 29 日，首次发表时间为 2015 年 12 月 2 日，作品内容为 69 号组合机器人玩具产品外包装盒的平面图。图片内容展示了 69 号作品玩具象、虎、猩的打开及合拢状态，还有组合成机器人时的演示示意图，并配有日文说明文字，另有蒙面战士的人物图像。

37 号作品登记证书登记的作品名称为"动物武装"（CUBEKIRIN），作品类型为美术作品，著作权人为株式会社万代，创作完成时间为 2015 年 11 月 2 日，首次发表时间为 2015 年 12 月 2 日，作品内容为玩具长颈鹿的打开状态和合拢状态共 18 张图片。立方长颈鹿打开状态呈现一矗立长颈鹿平视前方的形态，呈左右对称设计，鹿身为橙黄色，并有棕色方块斑点。鬃毛为银色，鹿眼和鹿嘴为棕色，鹿嘴下方连接一银色管体，鹿颈和前腿有白色花纹。鹿头可 90°向上延伸，与颈部呈水平方向，在管体处可伸出一黑色支架。立方长颈鹿合拢状态为一黄色正立方体，其中一面有白色镂空的一大一小的环形花纹。

38 号作品登记证书登记的作品名称为"动物武装"（CUBEMOGURA），作品类型为美术作品，著作权人为株式会社万代，创作完成时间为 2016 年 1 月 4 日，首次发表时间为 2016 年 2 月 4 日，作品内容为玩具鼹鼠的打开状态和合拢状态共 17 张图片。立方鼹鼠打开状态呈现一匍匐地面的鼹鼠形态，呈左右对称设计，鼠身为紫色，鼠头为一金色地钻。鼠眼为蓝色，眉毛为黄色，脚爪为银色。立方鼹鼠合拢状态为一紫色正立方体，其中一面有白色镂空的一大一小的环形花纹。

2016 年，日本朝日电视台播出电视剧《动物战队兽王者》，电视剧开头画面显示制作方为朝日电视台、东映株式会社和东映广告公司，首播时间为 2016 年 2 月 14 日。该电视剧系以上述立方动物和合体机器人为主题拍摄的电视剧，剧中出现的立方动物和合体机器人均以株式会社万代上述作品登记中所显示的玩具实物拍摄。

2017 年 5 月 19 日，东映株式会社作出声明，内容为：东映株式会社享有"动物战队"系列形象在影视作品上的有关著作权；株式会社万代享有"动物战队兽王者""动物合体"系列玩具机器人的有关著作权。

二、与领乐帆玩具厂、蒙巴迪公司实施被诉侵权行为有关的事实

2016年9月30日，株式会社万代与坚山公司签订业务委托合同，委托坚山公司对领乐帆玩具厂、蒙巴迪公司侵犯株式会社万代著作权的行为进行调查取证，包括对蒙巴迪公司的买样公证。委托期间为2016年10月1日至2017年1月31日。

上海市闵行公证处根据坚山公司的申请，对坚山公司代理人于2016年11月15日在位于中国广东省广州市越秀区东风中路389号的广州希尔顿逸林酒店四楼宴会厅的"2016《图腾领域》品牌暨玩具新品发布会"现场购买玩具产品、拍照和公证处人员取得产品宣传资料、名片的行为，以及2016年11月21日就前述购买取得的物品进行拍照、封存的行为进行公证，并于2016年11月25日出具闵行公证处（2016）沪闵证经字第2796号公证书（第2796号公证书）。该公证书显示，坚山公司代理人在发布会现场购买了"BX203""BX204""CX318""CX319"型号玩具各两套，取得加盖有"广东蒙巴迪文化娱乐有限公司财务专用章"的收款收据一张，金额为149元。发布会现场照片显示其中一个展台上标有"蒙巴迪玩具"字样，陈列有"MACHINEBOY 蒙巴迪"标识的"百兽创战纪"玩具包装盒和玩具实物若干。在发布会现场取得的工作人员名片上印有"广东蒙巴迪文化娱乐有限公司大区经理"字样及"MACHINEBOY 蒙巴迪"标识。从发布会现场取得的产品宣传资料上印有"MACHINEBOY 蒙巴迪"标识，首页印有"欢迎光临蒙巴迪"字样，内附《图腾领域》新品发布会流程、《蒙巴迪2016年订货会激励政策的通知》（顶端有"MACHINEBOY 蒙巴迪"标识，页眉和落款处写有"广东蒙巴迪文化娱乐有限公司"字样，正文处列明百兽创战纪产品返点标准）、"蒙巴迪订货单"（其中含有"BX203""BX204""CX318""CX319"型号的百兽创战纪产品）。

闵行公证处根据坚山公司的申请，对坚山公司代理人于2017年3月13日在淘宝店铺"悠闲一生"上购买"蒙巴迪百兽创战纪动物战队兽王者守望合体"名称下的"CX303""CX314"型号玩具（每款单价30元）各一件的行

为，在淘宝店铺"方林变形世界"上购买"蒙巴迪百兽创战纪动物战队八方块兽王帝兽王狂野狂野兽王帝"名称下的"CX309""CX313"型号玩具（每款单价28元）各一件的行为，在淘宝店铺"好好母婴玩具店"上购买"蒙巴迪百兽创战纪动物战队兽王者兽王合体鹰鲨狮万代动物魔方块"名下的"EX504"（单价35元）、"CX306"（单价25元）型号玩具各一件的行为进行保全，并对上述购买产品进行拍照、封存，于2017年3月27日分别出具（2017）沪闵证经字第546号、547号、548号公证书（第546号、第547号、第548号公证书）。

经一审法院组织证据交换，对上述公证保全实物进行拆封比对，"BX203"型号玩具与68号作品内容基本一致。"BX204"型号玩具与69号作品内容基本一致。"CX319"型号玩具与37号作品内容基本一致。"CX318"型号玩具与38号作品内容基本一致。"EX504"型号玩具与68号立方鹰的作品内容基本一致。"CX306"型号玩具与68号立方狮的作品内容基本一致。"CX309"型号玩具与69号立方象的作品内容基本一致。"CX313"型号玩具与69号立方虎的作品内容基本一致。"CX303"型号玩具与68号立方鲨的作品内容基本一致。"CX314"型号玩具与69号立方猩的作品内容基本一致。"BX203"型号玩具的外包装盒外观，除文字部分外，与71号作品内容基本一致。"BX204"型号玩具的外包装盒外观，除文字和部分图片顺序调整外，与70号作品内容大部分近似。上述公证购买的玩具外包装盒都写明生产厂商为"汕头市澄海区领乐帆玩具厂"，并附有"MACHINEBOY蒙巴迪"标识（见附图）。

领乐帆玩具厂、蒙巴迪公司承认上述公证购买产品系由领乐帆玩具厂组装，但否认"BX203""BX204""CX318""CX319"型号玩具系由蒙巴迪公司在展会上销售。

领乐帆玩具厂于2013年8月2日申请注册了第13019588号中英文商标"MACHINEBOY蒙巴迪"，核定使用在包括玩具、智能玩具等在内的第28类商品上，有效期自2014年12月21日至2024年12月20日。

领乐帆玩具厂为个体户，注册日期为2011年9月15日，经营者为林依玲，经营范围包括加工玩具等。

蒙巴迪公司成立于 2016 年 6 月 24 日，为自然人独资有限责任公司，法定代表人为林铱博，经营范围包括玩具制造、玩具零售、玩具批发等。

三、其他事实

株式会社万代就委托坚山公司对蒙巴迪公司买样公证支付了代理费 30522 元。株式会社万代就第 2796 号公证书支付了公证费 1 万元，就第 546 号、第 547 号、第 548 号公证书共支付了公证费 1 万元。株式会社万代就四案支付了律师费 5 万元。

株式会社万代第 948 号、第 949 号涉案作品合体版玩具正品在淘宝网上售价分别为 469 元和 460 元。

株式会社万代向一审法院申请对领乐帆玩具厂、蒙巴迪公司进行证据保全，一审法院于 2017 年 4 月 13 日依法作出（2017）粤 05 民初 948－951 号民事裁定，裁定提取领乐帆玩具厂经营场所和仓库内被控侵犯株式会社万代四案涉案作品著作权的玩具产品样品（包括但不限于以下型号：BX203、EX504、CX303、CX306、BX204、CX309、CX313、CX314、CX319、CX318），并清点被诉侵权产品数量；对生产上述第一项被诉侵权产品的模具予以拍照；提取、复制有关被诉侵权产品的所有销售合同、出货单、财务账册等文件。一审法院于 2017 年 4 月 14 日到领乐帆玩具厂经营场所执行上述裁定，现场发现有"CX306""CX319"型号玩具。一审法院现场提取了"BS104""BS107"型号外包装盒各 1 个、"百兽创世纪"玩具组装示意图片 1 张、"CX306""CX319"型号玩具各 2 件。领乐帆玩具厂现场表示其没有被诉侵权产品的相关财务账册，也没有生产被诉侵权产品的模具。经一审法院组织证据交换，对保全产品进行拆封比对，"BS104""BS107"型号外包装盒上有涉案作品的图片，"百兽创世纪"玩具组装示意图上的玩具造型与 69 号作品内容基本一致，"CX306""CX319"型号玩具与株式会社万代公证购买的对应型号玩具在外观上完全相同。

株式会社万代向一审法院申请对领乐帆玩具厂、蒙巴迪公司进行财产保全，一审法院于2017年4月13日依法作出（2017）粤05民初948-951号之一民事裁定，裁定查封、扣押、冻结领乐帆玩具厂、蒙巴迪公司的财产，价值以50万元为限。一审法院于2017年4月14日冻结领乐帆玩具厂银行存款，以45万元为限。株式会社万代于同日撤回对蒙巴迪公司的财产保全申请。

株式会社万代向一审法院申请对领乐帆玩具厂、蒙巴迪公司进行行为保全，一审法院于2017年5月16日依法作出（2017）粤05民初948-951号之二民事裁定，裁定领乐帆玩具厂立即停止生产、销售被控侵犯株式会社万代四案涉案作品著作权的玩具产品的行为；蒙巴迪公司立即停止销售被控侵犯株式会社万代四案涉案作品著作权的玩具产品的行为。

一审判决

一审法院认为，该四案为著作权侵权纠纷。综合当事人的诉辩主张，该四案的争议焦点为：（1）株式会社万代是否享有涉案作品著作权以提起诉讼；（2）领乐帆玩具厂、蒙巴迪公司是否侵害株式会社万代就涉案作品享有的著作权；（3）如果侵权，领乐帆玩具厂、蒙巴迪公司应承担的侵权责任。

一、关于株式会社万代是否享有涉案作品著作权以提起诉讼的问题

株式会社万代系一家日本公司，该四案为发生在我国的著作权侵权纠纷，根据《涉外民事关系法律适用法》第四十八条和第五十条的规定，该四案适用中华人民共和国法律。

《最高人民法院关于审理著作权民事纠纷案件适用法律若干问题的解释》（以下简称《著作权司法解释》）第七条第一款规定："当事人提供的涉及著作权的底稿、原件、合法出版物、著作权登记证书、认证机构出具的证明、取得权利的合同等，可以作为证据。"株式会社万代提供的其与株式会社PLEX的共同声明及其附带的涉案作品2D和3D设计稿、株式会社万代在我国的作品登记证书，以及东映株式会社的声明，已经形成完整的逻辑一致的证据链，可以确定株式会社万代系第948号案"动物合体（1鹰+2鲨+3狮）""动物合体外包装"、第949号案"动物合体（4象+5虎+6猩）""动物合体外包装"、第950号案"动物武装"（CUBEKIRIN）和第951号案"动物武装"（CUBEMOGURA）作品的著作权人。对于领乐帆玩具厂、蒙巴迪公司依据电视剧《动物战队兽王者》的制片人情况辩称涉案作品属于朝日电视台、东映株式会社和东映广告公司的问题。由株式会社万代举证和一审法院查明情况可知，电视剧中出现的涉案作品形象早在电视剧上映之前已由株式会社万代委托创作完成，不存在株式会社万代根据电视剧的动物形象再行创作衍生作品的情况。另外，根据《著作权法》第十五条的规定："电影作品和以类似摄制电影的方法创作的作品的著作权由制片者享有，但编剧、导演、摄影、作词、作曲等作者享有署名权，并有权按照与制片者签订的合同获得报酬。电影作品和以类似摄制电影的方法创作的作品中的剧本、音乐等可以单独使用的作品的作者有权单独行使其著作权。"即便如领乐帆玩具厂、蒙巴迪公司所称，朝日电视台、东映株式会社、东映广告公司享有电视剧《动物战队兽王者》的著作权，其享有的也仅是该电视剧的完整著作权，而非其中的具体动物玩具形象的著作权，这与东映株式会社的声明内容并不矛盾。综上，领乐帆玩具厂、蒙巴迪公司虽然辩称株式会社万代不享有涉案作品著作权，但针对株式会社万代的举证情况并没有提供相应的反驳证据，根据谁主张谁举证的原则，领乐帆玩具厂、蒙巴迪公司应承担举证不能的法律后果。领乐帆玩具厂、蒙巴迪公司关于涉案作品归属案外人的主张缺乏事实和法律依据，一审法院不予认可。

《著作权法》第二条第二款规定："外国人、无国籍人的作品根据其作者所属国或者经常居住地国同中国签订的协议或者共同参加的国际条约享有的著作权，受本法保护。"我国和株式会社万代的所属国日本都是《保护文学和艺术作品伯尔尼公约》（以下简称《伯尔尼公约》）的成员国，按照该公约的国民待遇原则，享受《伯尔尼公约》保护的作品，作者在起源国以外的该成员国中享受该国法律给予其国民的权利。株式会社万代在该四案中请求对上述作品给予美术作品的保护。由于美术作品属于《伯尔尼公约》第二条第一款明文列举的作品类型，因此，株式会社万代主张的权利能否受我国著作权法的保护，前提是其享有的第948号案"动物合体（1鹰+2鲨+3狮）""动物合体外包装"、第949号案"动物合体（4象+5虎+6猩）""动物合体外包装"、第950号案"动物武装（CUBEKIRIN）"和第951号案"动物武装（CUBEMOGURA）"作品构成著作权法下的美术作品。

《著作权法实施条例》第四条第（八）项规定："美术作品，是指绘画、书法、雕塑等以线条、色彩或者其他方式构成的有审美意义的平面或者立体的造型艺术作品。"涉案作品中的"动物合体（1鹰+2鲨+3狮）""动物合体（4象+5虎+6猩）""动物武装（CUBEKIRIN）"和"动物武装（CUBE-MOGURA）"，包含以鹰、鲨、狮、象、虎、猩、长颈鹿、鼹鼠动物为原型而设计的机器玩具立方体。每个立方体的打开状态为一种动物形象的机器玩具造型，合拢状态为一标有数字符号的正方体。这些立方体根据特定的排列顺序合体并打开，就成为另一个机器人造型的玩具。具体表现为由鹰、鲨、狮组合而成的机器人造型，以及由象、虎、猩组合而成的机器人造型。由于《著作权法》保护的是文学、艺术和科学领域具有独创性的表达，而非为实现某一特定功能而设计的技术方案。因此，对于"动物合体（1鹰+2鲨+3狮）""动物合体（4象+5虎+6猩）""动物武装（CUBEKIRIN）"和"动物武装（CUBEMOGURA）"中展现的为了实现由立方体"变身"为动物，以及由动物"变身"为机器人这些特定功能而设计的立方体打开及合拢的技术方案，以及数个立方体如何合并形成机器人造型的技术方案，并不在《著作权法》的保护范围。相反，上述立方体分别在打开、合拢以及最终合体成为机器人的三个状态下的造型，作为一种美术造型则可能获得《著作权法》的保护。

涉案作品中的立方鹰、立方鲨、立方狮、立方象、立方虎、立方猩、立方长颈鹿、立方鼹鼠的打开状态分别展现了以各自动物为原型的机器人造型。每一种动物造型都有一种主题颜色，将动物的身体部位以机器风格进行转变设计，既有机器风格的硬朗感又有动物本身的灵动性，体现了较高的独创性和一定程度的美感，构成《著作权法》意义下的美术作品。上述立方体的合拢状态虽然在外观上呈现为正方体，但是其表面上却展现了动物造型在实现合拢而进行的折叠、扭转状态。这些暴露在外的折叠、扭转设计，连同形成的数字符号，构成了正方体的外观设计，使其自身具有一定的独创性和美感，达到《著作权法》下美术作品的保护要求。上述立方体组合成为机器人的造型体现了不同于分体状态下的新的造型设计，具有较高的独创性和美感，构成《著作权法》意义下的美术作品。

第948号案的"动物合体外包装"和第949号案"动物合体外包装"是上述玩具的产品外包装平面图，其中绘制了机器人在分体状态下的各自动物形态，以及合并为机器人时的造型，同时还有组装示意图，并添加了特定的背景图案设计，使该外包装的图像设计满足由线条、色彩构成的具有审美意义的美术作品的要求，可以获得美术作品的保护。

综上，株式会社万代请求保护的第948号案"动物合体（1鹰+2鲨+3狮）""动物合体外包装"、第949号案"动物合体（4象+5虎+6猩）""动物合体外包装"、第950号案"动物武装（CUBEKIRIN）"和第951号案"动物武装（CUBEMOGURA）"作品构成《著作权法》意义下的美术作品，株式会社万代作为著作权人有权提起该四案的诉讼。

二、关于领乐帆玩具厂、蒙巴迪公司是否侵害株式会社万代涉案作品著作权的问题

领乐帆玩具厂、蒙巴迪公司在证据交换环节承认公证购买的被诉侵权产品系由领乐帆玩具厂组装，这一自认与被诉侵权产品外包装上标注的生产厂家、"MACHINEBOY蒙巴迪"商标的商标权人为领乐帆玩具厂，以及一审法院对领乐帆玩具厂实施证据保全时提取的被诉侵权产品相一致。结合株式会社万代在展会和淘宝网上购买到被诉侵权产品的情况，可以认定被诉侵权产品已进入市场流通环节，领乐帆玩具厂存在销售其生产的被诉侵权产品的行为。因此，一审法院认定领乐帆玩具厂实施了生产、销售被诉侵权产品的行为。

领乐帆玩具厂、蒙巴迪公司在证据交换环节和庭审中均否认在展会上销售了被诉侵权产品。一审法院认为，根据株式会社万代在展会"蒙巴迪"展台上购买被诉侵权产品时现场取得的工作人员名片、当场取得的收款收据上加盖的公章，以及产品宣传资料上写明的内容都指向了蒙巴迪公司，可以确认蒙巴迪公司在展会上销售了被诉侵权产品。

经比对，株式会社万代公证购买的型号为"BX203""BX204""CX319""CX318""EX504""CX306""CX309""CX313""CX303""CX314"的被诉侵权产品分别与株式会社万代的"动物合体（1鹰+2鲨+3狮）""动物合体（4象+5虎+6猩）""动物武装（CUBEKIRIN）""动物武装（CUBEMOGURA）""立方鹰""立方狮""立方象""立方虎""立方鲨""立方猩"作品内容基本一致。其中，型号为"BX203""BX204"的被诉侵权产品外包装盒上的图案分别与第948号案和第949号案的"动物合体外包装"作品构成实质性近似。

综上，领乐帆玩具厂生产、销售被诉侵权产品的行为已经侵犯株式会社万代对涉案作品享有的复制权和发行权；蒙巴迪公司销售被诉侵权产品的行为已经侵犯株式会社万代对涉案作品享有的发行权。

三、关于领乐帆玩具厂和蒙巴迪公司应承担的侵权责任问题

领乐帆玩具厂和蒙巴迪公司侵犯株式会社万代对涉案作品享有的著作权，依法应承担停止侵权、赔偿损失等法律责任。株式会社万代请求领乐帆玩具厂停止生产、销售被诉侵权产品，蒙巴迪公司停止销售被诉侵权产品，于法有据，一审法院予以支持。由于一审法院在领乐帆玩具厂实施保全措施时发现被诉侵权产品，蒙巴迪公司存在在展会上展览、销售被诉侵权产品的事实，因此株式会社万代请求领乐帆玩具厂和蒙巴迪公司立即销毁库存侵权产品，理由成立，可予支持。考虑到蒙巴迪公司在展会及产品资料上使用"MANCHINEBOY蒙巴迪"标识的情况，以及一审法院对领乐帆玩具厂进行证据保全时对蒙巴迪公司法定代表人的现场询问等综合情况，领乐帆玩具厂和蒙巴迪公司之间对侵权行为存在一定的意思联络，故领乐帆玩具厂和蒙巴迪公司应共同赔偿株式会社万代经济损失及为制止侵权所支付的合理费用。

关于赔偿损失的具体数额问题，株式会社万代请求领乐帆玩具厂和蒙巴迪公司赔偿经济损失及合理支出费用（第948号案为20万元，第949号案为

20万元，第950号案为5万元，第951号案为5万元），但没有提供证据证明因侵权所受到的实际损失或者侵权人因侵权所获得的利益，株式会社万代请求在法定赔偿数额范围内予以酌定。《著作权法》第四十九条第二款规定："权利人的实际损失或者侵权人的违法所得不能确定的，由人民法院根据侵权行为的情节，判决给予五十万元以下的赔偿。"《著作权司法解释》第二十五条第二款规定："人民法院在确定赔偿数额时，应当考虑作品类型、合理使用费、侵权行为性质、后果等情节综合确定。"一审法院同时结合正品售价，领乐帆玩具厂和蒙巴迪公司侵权恶意程度、侵权产品宣传销售情况和价格，一审法院采取证据保全时现场侵权产品的数量，以及株式会社万代为制止侵权行为支付的公证费和律师费等情况综合考虑，确定领乐帆玩具厂和蒙巴迪公司赔偿株式会社万代经济损失（包含合理维权费用）为：第948号案为4万元，第949号案为4万元，第950号案为2万元，第951号案为2万元，共12万元，并负担该四案全部诉讼费用。

关于株式会社万代要求领乐帆玩具厂回收、销毁在销售渠道中的侵权产品，以及立即销毁用于生产侵权产品的模具的请求，由于株式会社万代并未举证销售的具体情况以及领乐帆玩具厂存在侵权产品模具的情况，一审法院不予支持。

综上所述，一审法院依照《涉外民事关系法律适用法》第四十八条、第五十条，《侵权责任法》第八条，《著作权法》第二条第二款、第十条第一款第（一）项、第（五）项、第（六）项、第（八）项、第二款、第十五条、第十七条、第四十七条第（六）项、第四十八条第（一）项、第四十九条，《著作权法实施条例》第二条、第四条第（八）项，《最高人民法院关于审理著作权民事纠纷案件适用法律若干问题的解释》第七条第一款、第二十五条第一款、第二款，《民事诉讼法》第六十四条第一款之规定，四案合并判决如下：(1) 领乐帆玩具厂应立即停止生产、销售侵犯株式会社万代登记号为"国作登字－2017－F－00347668"的"动物合体（1鹰＋2鲨＋3狮）"、"国作登字－2017－F－00347671"的"动物合体外包装"、"国作登字－2017－F－00347669"的"动物合体（4象＋5虎＋6猩）"、"国作登字－2017－F－

00347670"的"动物合体外包装"、"国作登字-2017-F-00355437"的"动物武装（CUBEKIRIN）"、"国作登字-2017-F-00355438"的"动物武装（CUBEMOGURA）"美术作品著作权的产品的行为，立即销毁库存侵权产品；（2）蒙巴迪公司应立即停止销售侵犯株式会社万代登记号为"国作登字-2017-F-00347668"的"动物合体（1鹰+2鲨+3狮）"、"国作登字-2017-F-00347671"的"动物合体外包装"、"国作登字-2017-F-00347669"的"动物合体（4象+5虎+6猩）"、"国作登字-2017-F-00347670"的"动物合体外包装"、"国作登字-2017-F-00355437"的"动物武装（CUBEKIRIN）"、"国作登字-2017-F-00355438"的"动物武装（CUBEMOGURA）"美术作品著作权的产品的行为，立即销毁库存侵权产品；（3）领乐帆玩具厂、蒙巴迪公司应于一审判决发生法律效力之日起10日内向株式会社万代支付赔偿金12万元；（4）驳回株式会社万代的其他诉讼请求。如果未按一审判决指定的期间履行给付金钱义务，应当依照《民事诉讼法》第二百五十三条之规定，加倍支付迟延履行期间的债务利息。四案受理费10700元（第948号和第949号案每案4300元、第950号和第951号案每案1050元）、证据保全费120元（每案30元）、财产保全费4080元（第948号和第949号案每案1520元、第950号和第951号案每案520元）、行为保全费120元（每案30元），共15020元，由领乐帆玩具厂、蒙巴迪公司负担。

二审判决

二审法院认为，该案系著作权权属、侵权纠纷。根据双方的诉辩意见，二审诉讼争议焦点是：（1）株式会社万代是否对涉案美术作品享有著作权，是否有权提起该案诉讼；（2）一审判赔金额是否适当。

一、关于株式会社万代是否对该案美术作品享有著作权，是否有权提起该案诉讼的问题

领乐帆玩具厂和蒙巴迪公司主张株式会社万代在一审开庭后提交了株式会社万代与株式会社PLEX的共同声明，该证据属于逾期提交的证据，不应被法院采纳。对此，二审法院认为，《著作权司法解释》第七条第一款规定："当事人提供的涉及著作权的底稿、原件、合法出版物、著作权登记证书、认证机构出具的证明、取得权利的合同等，可以作为证据。"该案中，株式会社万代在起诉时提交了美术作品的作品登记证书、株式会社万代公开发表作品的承诺书以及在日本公开发售的登载了该案作品的杂志相关页面的公证文本，以证明株式会社万代享有该案美术作品著作权。至此，株式会社万代对其是否享有该案美术作品的著作权问题已完成初步举证责任。株式会社万代在开庭时补充提交了东映株式会社作出的声明。由于领乐帆玩具厂和蒙巴迪公司在一审法院组织双方当事人进行证据交换的当天才向法庭提交其抗辩证据，包括《动物战队兽王者》第一话及影片动物截图等，证据交换的第二天就是一审的开庭日期。株式会社万代收到抗辩证据后为了反驳而于庭后向一审法院补充提交株式会社万代与株式会社 PLEX 作出的共同声明，一审法院随后组织双方当事人对该证据进行质证。根据《最高人民法院关于民事诉讼证据的若干规定》第四十条"当事人收到对方交换的证据后提出反驳并提出新证据的，人民法院应当通知当事人在指定的时间进行交换"的规定，株式会社万代提交上述共同声明的行为符合法律规定，不属于逾期举证，更非因故意或重大过失逾期提供证据，一审法院组织当事人对该证据进行质证，并采纳该证据并无不当。领乐帆玩具厂和蒙巴迪公司的前述主张缺乏事实及法律依据，二审法院不予采纳。

　　领乐帆玩具厂和蒙巴迪公司主张根据动漫产业的一般规律，该案中应当是先有《动物战队兽王者》电视剧，才有衍生类的玩具，而株式会社万代未提交其具有《动物战队兽王者》电视剧制片人东映公司的授权，故无权提起该案诉讼。对此，二审法院认为，株式会社万代提交的作品登记证书、承诺书、公开发售的日本杂志页面的公证文本、东映株式会社作出的声明以及株式会社万代与株式会社 PLEX 作出的共同声明等证据足以证明：（1）PLEX 接受株式会社万代的委托于 2015 年下半年创作完成的《2016 动物战队》系列"兽王立方"和机器人，包括该案美术作品，双方约定该案美术作品的著作权属于株式会社万代；（2）东映株式会社与株式会社万代就"动物战队兽王者"系列作品在中国境内的著作权作出了明确的约定,即东映株式会社享有"动物战队"系列形象在影视作品上的有关著作权,而株式会社万代享有"动物战队兽王者""动物合体"系列玩具机器人的有关著作权。由此可见,株式会社万代提交的证据已形成完整的证据链条,可以证明其享有该案美术作品的著作权,领乐帆玩具厂和蒙巴迪公司以《著作权法》第十五条的规定为依据,主张该案作品归属电视剧《动物战队兽王者》的制片者,与该案相关事实与法律相关规定均不符,其主张没有事实和法律依据,二审法院不予支持。

综上,二审法院认定株式会社万代享有该案美术作品的著作权,有权提起该案诉讼。

二、关于一审法院判决的赔偿数额是否适当的问题

《著作权法》第四十八条规定:"侵犯著作权或者与著作权有关的权利的,侵权人应当按照权利人的实际损失给予赔偿;实际损失难以计算的,可以按照侵权人的违法所得给予赔偿。赔偿数额还应当包括权利人为制止侵权行为所支付的合理开支。权利人的实际损失或者侵权人的违法所得不能确定的,由人民法院根据侵权行为的情节,判决给予五十万元以下的赔偿。"《著作权司法解释》第二十五条规定:"权利人的实际损失或者侵权人的违法所得无法确定的,人民法院根据当事人的请求或者依职权适用著作权法第四十八条第二款的规定确定赔偿数额。人民法院在确定赔偿数额时,应当考虑作品类型、合理使用费、侵权行为性质、后果等情节综合确定。当事人按照本条第一款的规定就赔偿数额达成协议的,应当准许。"上述司法解释第二十六条规定:"著作权法第四十八条第一款规定的制止侵权行为所支付的合理开支,包括权利人或者委托代理人对侵权行为进行调查、取证的合理费用。人民法院根据当事人的诉讼请求和具体案情,可以将符合国家有关部门规定的律师费用计算在赔偿范围内。"该案中,一审法院综合考虑正品售价,领乐帆玩具厂和蒙巴迪公司侵权恶意程度,侵权产品宣传销售情况和价格,一审法院采取证据保全时现场侵权产品的数量,以及株式会社万代为制止侵权行为支付的公证费和律师费等情况,确定领乐帆玩具厂和蒙巴迪公司赔偿株式会社万代经济

损失(包含合理维权费用)为:第 948 号案为 4 万元,第 949 号案为 4 万元,第 950 号案为 2 万元,第 951 号案为 2 万元,共 12 万元,并负担该四案全部诉讼费用,并无不当。领乐帆玩具厂和蒙巴迪公司主张上述赔偿数额过高,该主张缺乏事实及法律依据,二审法院不予采纳。

综上所述,领乐帆玩具厂和蒙巴迪公司的上诉请求均不能成立,应予驳回。一审判决认定事实清楚,适用法律正确,应予维持。依照《民事诉讼法》第一百七十条第一款第(一)项之规定,判决如下:

驳回上诉,维持原判。

二审案件受理费第 2934 号案 800 元、第 2935 号案 800 元、第 2936 号案 300 元、第 2937 号案 300 元,共 2100 元,由领乐帆玩具厂和蒙巴迪公司负担。

案例解析

该案是一起著作权纠纷案件,该案争议的焦点主要为:一是株式会社万代是否享有涉案作品著作权以提起诉讼;二是领乐帆玩具厂和蒙巴迪公司是否侵害株式会社万代就涉案作品享有的著作权;三是领乐帆玩具厂、蒙巴迪公司如果侵权,应承担什么侵权责任以及赔偿数额的确定。对于上述焦点问题,合议庭已经在该案判决理由中作了较为详尽而充分的论述,现结合该案,对其中反映的理论和实践问题再作简要的分析。

一、逾期举证的认定

我国对于民事诉讼中举证期限的规定,见于 2002 年颁布的第一部专门针对民事诉讼证据的司法解释——《最高人民法院关于民事诉讼证据的若干规定》。设置举证时限制度,旨在防止举证迟延,提高诉讼效率,顺应大陆法系国家和地区民事诉讼集中审理的趋势,克服分割审理、随时提出证据资料等

传统审判方式的弊端,以应对民事案件井喷式增长所带来的审案压力。❶

超过举证时限进行举证的,则有可能要承担逾期举证的后果。根据我国《民事诉讼法》及其司法解释,对于当事人逾期举证的,视其主观情节轻重采取不同的处理方式:(1)证据法上的不利后果:故意或重大过失逾期举证将遭遇证据失权制裁,除非该证据对于认定案件基本事实有重要作用。(2)诉讼法上的不利后果:故意或者重大过失逾期举证是一种妨害民事诉讼秩序的行为,应当对其课以训诫或者罚款,非因故意或重大过失逾期举证导致诉讼迟延,应该予以训诫。(3)私法上的不利后果:当事人逾期举证没有正当理由的,可能承担私法上的赔偿。这种不利后果的承担只能基于对方当事人的请求才能启动,包括因逾期举证致使对方当事人增加的交通、住宿、就餐、误工、证人出庭等必要费用及对方当事人由此扩大的直接损失。❷ 这一系列对于逾期举证的规制,在提高诉讼效率的同时也能够防止证据突袭,保证程序公正。

该案中,株式会社万代在起诉时提交了系列证据以证明株式会社万代享有该案美术作品著作权,已经完成初步举证责任。由于领乐帆玩具厂和蒙巴迪公司在一审法院组织双方当事人进行证据交换的当天才向法庭提交其抗辩证据,而证据交换的第二天就是一审的开庭日期,株式会社万代收到抗辩证据后为了反驳而于庭后向一审法院补充提交株式会社万代与株式会社 PLEX 作出的共同声明,一审法院随后组织双方当事人对该证据进行质证。根据《最高人民法院关于民事诉讼证据的若干规定》第四十条"当事人收到对方交换的证据后提出反驳并提出新证据的,人民法院应当通知当事人在指定的时间进行交换"的规定,株式会社万代提交上述共同声明的行为符合法律规定,不属于逾期举证,更非因故意或重大过失逾期提供证据。法院采纳共同声明作为证据,是实体正义与程序正义的共同体现。

---

❶ 张卫平. 民事诉讼中举证迟延的对策分析[J]. 法学家, 2012 (5).
❷ 龙兴盛, 王聪. 契合与超越:我国证据失权制度的司法审慎适用——以 2012 年《民事诉论法》及其司法解释为对象[J]. 证据科学, 2016 (1).

二、美术作品的《著作权法》保护

美术作品是人类思想的可视性表达，也是作者智力劳动的成果。《著作权法》第三条规定："本法所称的作品，包括以下列形式创作的文学、艺术和自然科学、社会科学、工程技术等作品……（四）美术、建筑作品……"《著作权法实施条例》第四条第八款规定："美术作品，是指绘画、书法、雕塑等以线条、色彩或者其他方式构成的有审美意义的平面或者立体的造型艺术作品。"

《著作权法》不保护思想，而是保护文学、艺术和科学领域具有独创性的表达。就该案而言，《著作权法》保护的是作品的造型，而非为实现这一造型而设计的技术方案：涉案作品中展现的为了实现由立方体"变身"为动物，以及由动物"变身"为机器人这些特定功能而设计的立方体打开及合拢的技术方案，以及数个立方体如何合并形成机器人造型的技术方案，并不在《著作权法》的保护范围；相反，上述作品分别在打开、合拢以及最终合体成为机器人的三个状态下的造型，因为体现了较高的独创性和一定程度的美感，能够构成《著作权法》意义下的美术作品，获得《著作权法》的保护；其外包装平面图满足了由线条、色彩构成的具有审美意义的美术作品的要求，也可以获得《著作权法》的保护。

三、著作权侵权损害赔偿数额的确定

《著作权法》第四十八条规定："侵犯著作权或者与著作权有关的权利的，侵权人应当按照权利人的实际损失给予赔偿；实际损失难以计算的，可以按照侵权人的违法所得给予赔偿。赔偿数额还应当包括权利人为制止侵权行为所支付的合理开支。权利人的实际损失或者侵权人的违法所得不能确定的，由人民法院根据侵权行为的情节，判决给予五十万元以下的赔偿。"《著作权司法解释》第二十五条规定："权利人的实际损失或者侵权人的违法所得无法确定的，人民法院根据当事人的请求或者依职权适用著作权法第四十八条第二款的规定确定赔偿数额。人民法院在确定赔偿数额时，应当考虑作品类型、合理使用费、侵权行为性质、后果等情节综合确定。当事人按照本条第一款的规定就赔偿数额达成协议的，应当准许。"《著作权司法解释》第二十六条规定："著作权法第四十八条第一款规定的制止侵权行为所支付的合理开支，包括权利人或者委托代理人对侵权行为进行调查、取证的合理费用。人民法院根据当事人的诉讼请求和具体案情，可以将符合国家有关部门规定的律师费用计算在赔偿范围内。"

该案中，一审、二审法院均结合正品售价，领乐帆玩具厂和蒙巴迪公司侵权恶意程度、侵权产品宣传销售情况和价格，一审法院采取证据保全时现场侵权产品的数量，以及株式会社万代为制止侵权行为支付的公证费和律师费等情况综合考虑，确定了领乐帆玩具厂和蒙巴迪公司赔偿株式会社万代的经济损失数额（包含合理维权费用）。

需要补充的是，我国虽然对于著作权侵权损害赔偿数额作出了规定，但实践中并不能得到很好的执行。首先，权利人不一定会因为侵权受到财产损失，且受到损失的，其损失原因可能源于多方面的，侵权人可以比较容易地针对这种计算方法提出合理的抗辩事由[1]；其次，如果能够查明侵权人获利，基本上都按照获利来计算赔偿额[2]，但现实中侵权人可能未开始获利，或可以利用自身优势作假谎报数据，则获利数额也难以计算；最后，在前两种计算方式无法完成的情况下，"由人民法院根据侵权行为的情节，判决给予五十万元以下的赔偿"的做法，由于缺乏足够的依据，容易使诉讼双方都产生疑虑。因此，我国关于《著作权法》侵权损害赔偿数额的认定方式还需要进一步细化，可以从更多诸如涉案知识产权的许可使用费[3]、涉案知识产权的市场欢迎度、市场规模等多种相关因素来综合考虑。

---

[1] 刘宁. 知识产权若干理论热点问题探讨 [M]. 北京：中国检察出版社，2007.
[2] 蒋志培. 知识产权法律适用与司法解释 [M]. 北京：中国法制出版社，2002.
[3] 张广良. 知识产权侵权民事救济 [M]. 北京：法律出版社，2003.